J. Cazeillier fermier general a Lyon en 1719

Decest par le S.r Lenguenelle

Sur les memoires que j'envoié le 18. juillet a Monsieur d'argenson Garde des Sceaux alors chargé de la finance du Royaume le Conseil avoit resolu fibrieux la lettre que je receu a Lyon le 7. aoust 1719 l'extinction du tiers-surtaux et quarentieme des droits de la doüanne de Lyon de Valence, de foraine, table de mer et denier St andre sur les soyeries, mais l'arrest n'est intervenu que le 18. may 1720 au raport du Sr Law alors Controlleur general sur les memes memoires, moy Carsillier aiant eté obligé par ordre de S. A. R. Monseigneur le Regent d'avoir conference avec ~~ledit~~ ~~sieur~~ Law

lorsque j'etois a Lyon en 1719 je jugé a propos d'apostiller le tarif de la doüanne de Lyon d'y faire plusieurs observations, d'adjouter a chaque ~~article~~ lettre les articles obmis ainsy qu'a ceux de la doüanne de Valence dont les droits se perçoivent dans aucuns bureaux du departement du Lyonnois dont j'etois chargé avec ceux de Bourgognes et de franchecomté

# TARIF DE LA DOÜANE DE LYON POUR LE ROY

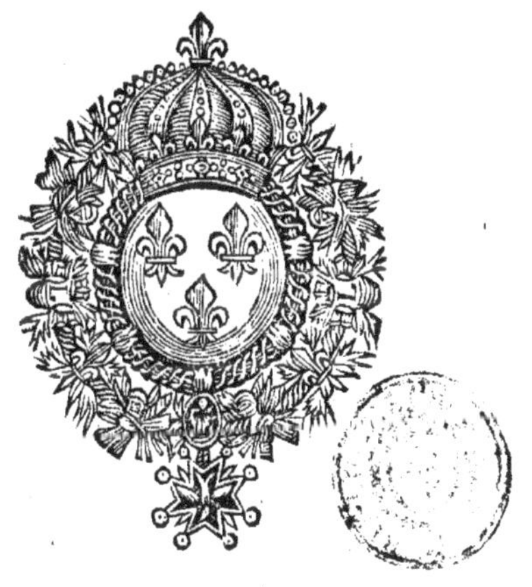

A LYON,
De l'Imprimerie de FRANÇOIS BARBIER, ſeul Impr. & Libr. ordin. du Roy, Ruë Confort, prés la Place des Jacobins au Chef S. Jean.

M. DCC. XIII.

*AVEC PERMISSION.*

# TARIF DE LA DOÜANE DE LYON POUR LE ROY.

ETAT des Danrées & Marchandiſes, Drogueries & Eſpiceries, ſur leſquelles le Roy veut & entend les droits de Doüane être pris & levez dans ſa Ville de Lyon & Fauxbourgs d'icelle, tant pour les Cinq pour cent ſur tous Draps & Etoffes, Matieres d'Or & d'Argent, de Soye, & autres Marchandiſes étrangeres, Quatre & Deux & demy pour cent ſur toutes ſortes de Drogueries & Eſpiceries, & Deux & demy pour cent des Marchandiſes originaires du Royaume, enſemble les droits de Reapreciation que Sa Majeſté par ſes Lettres Patentes du quatorziéme jour d'Août mil ſix cens trente-deux a ordonné être pareillement pris & levez ſur toutes leſdites Marchandiſes, Drogueries & Eſpiceries, tous Privileges ceſſans pour ce regard, ſans neanmoins que le Fermier du Tiers-ſur-Taux de ladite Doüane puiſſe pretendre autres plus grands droits que ceux qu'il leve à present ſur le pied des anciennes taxes. Et ſera le preſent Etat gardé & obſervé dans les Provinces de Languedoc, Provence & Dauphiné, comme en ladite Ville de Lyon pour les Marchandiſes, Drogueries & Eſpiceries ſujettes à Cinq, Quatre & Deux & demy pour cent, même ſur les Drogueries & Eſpiceries, qui entrent dans leſdites Provinces venans de la Mer du Ponant.

Il faut sçavoir que les epiceries qui viennent d'hollande et de Geneve paient tous les droits en entier c'est a dire tout l'ancien droit, la nouvelle reappretiation des 4. p%, ;

Plus il est a remarquer qui les marchandises qui viennent d'enhaut paient a certificat et leur prix en est marqué a la marge a coté du mot. Cer. qui veut dire certificat et celles qui viennent d'enbas paient a composition, leur prix a la marge a coté du mot Comp. qui veut dire composition : cette difference n'est observée que dans les marchandises specifiées droguerie et epiceries

# *Espiceries & Drogueries.*

## A

AGaric, le quintal cy-devant taxé dix-sept sols six deniers. £—ß17₰ 6.
Et pour la nouvelle reapreciation dix sols. —— £—ß10₰—
Pour les quatre pour cent cy-devant taxez vingt sols. £ 1 ß—₰—
Et pour la nouvelle reapreciation vingt-cinq sols.— £ 1 ß 5 ₰—

Aloës, le quintal cy-devant taxé trois livres deux sols six deniers. £ 3 ß 2 ₰ 6
Et pour la nouvelle reapreciation quinze sols.—— £—ß15₰—
Pour les quatre pour cent cy-devant taxez quatre livres. £ 4 ß—₰—
Et pour la nouvelle reapreciation trente-cinq sols. — £ 1 ß15₰—

Alun de plumes, le quintal cy-devant taxé trois livres six sols quatre deniers.—— £ 3 ß 6 ₰ 4
Et pour la nouvelle reapreciation. —— neant.

Alun gras du Pays, le quintal cy-devant taxé deux sols. —— £—ß 2 ₰—
Et pour la nouvelle reapreciation deux sols.—— £—ß 2 ₰—

Alun, le quintal cy-devant taxé six sols quatre deniers —— £—ß 6 ₰ 4
Et pour la nouvelle reapreciation cinq sols. —— £—ß 5 ₰—
Pour les quatre pour cent cy-devant taxez trois livres. £ 3 ß—₰—
Et pour la nouvelle reapreciation vingt-deux sols.— £ 1 ß 2 ₰—

Ambre gris pour tous droits, la livre cy-devant taxée douze livres neuf sols,—— £ 12ß 9 ₰—
Et pour la nouvelle reapreciation. —— neant.

Ambre jaune, le quintal cy-devant taxé trois livres cinq sols. £ 3 ß 5 ₰—
Et pour la nouvelle reapreciation vingt sols. —— £ 1 ß—₰—

Ambre en roche, le quintal cy-devant taxé seize sols. —— £—ß16₰—
Et pour la nouvelle reapreciation cinq sols. —— £—ß 5 ₰—

Amidon, le quintal cy-devant taxé trois sols. —— £—ß 3 ₰—
Et pour la nouvelle reapreciation cinq sols. —— £—ß 5 ₰—

Angelica, le quintal cy-devant taxé trois livres deux sols six den. £ 3 ß 2 ₰ 6
Et pour la nouvelle reapreciation. —— neant.
Pour les quatre pour cent cy-devant taxez douze livres. £ 12ß—₰—
Et pour la nouvelle reapreciation. —— neant.

Antimoine, le quintal cy-devant taxé trois sols trois deniers.— £—ß 3 ₰ 3
Et pour la nouvelle reapreciation un sol. —— £—ß 1 ₰—
Pour les quatre pour cent cy-devant taxez huit sols. £—ß 8 ₰—
Et pour la nouvelle reapreciation quatre sols. —— £—ß 4 ₰—

Antofle de gerofle, le quintal cy-devant taxé quarante-sept sols six deniers. —— £ 2 ß 7 ₰ 6
Et pour la nouvelle reapreciation dix sols. —— £—ß10₰—
Pour les quatre pour cent cy-devant taxez trois livres. £ 3 ß—₰—
Et pour la nouvelle reapreciation trente sols. —— £ 1 ß10₰—

Anis en graine, le quintal cy-devant taxé trois sols neuf deniers. £—ß 3 ₰ 9
Et pour la nouvelle reapreciation deux sols. —— £—ß 2 ₰—

Pour les quatre pour cent cy-devant taxez quatre ſols. £ — ß 4 ₰ —
Et pour la nouvelle reapreciation quatre ſols. —— £ — ß 4 ₰ —

Arcanette, le quintal cy-devant taxé quatre ſols. —— £ — ß 4 ₰ —
Et pour la nouvelle reapreciation deux ſols. —— £ — ß 2 ₰ —

Arcenic, le quintal cy-devant taxé treize ſols trois deniers. £ — ß 13 ₰ 3
Et pour la nouvelle reapreciation. —— neant.
Pour les quatre pour cent cy-devant taxez douze ſols. £ — ß 12 ₰ —
Et pour la nouvelle reapreciation huit ſols. —— £ — ß 8 ₰ —

Aſphaltum, le quintal cy-devant taxé quarante-deux ſols neuf deniers. —— £ 2 ß 2 ₰ 9
Et pour la nouvelle reapreciation. —— neant.
Pour les quatre pour cent cy-devant taxez vingt ſols. £ 1 ß — ₰ —
Et pour la nouvelle reapreciation vingt ſols. —— £ 1 ß — ₰ —

Aſſarum, le quintal cy-devant taxé onze ſols. —— £ — ß 11 ₰ —
Et pour la nouvelle reapreciation. —— neant.
Pour les quatre pour cent cy-devant taxez huit ſols. £ — ß 8 ₰ —
Et pour la nouvelle reapreciation. —— neant.

Aſpiny ou Eſpines Angelieres, le quintal cy-devant taxé trois livres douze ſols ſix deniers. —— £ 3 ß 12 ₰ 6
Et pour la nouvelle reapreciation. —— neant.
Pour les quatre pour cent cy-devant taxez douze ſols. £ — ß 12 ₰ —
Et pour la nouvelle reapreciation. —— neant.

Argent vif, le ballon de cent cinquante livres cy-devant taxé quarante-cinq ſols. —— £ 2 ß 5 ₰ —
Et pour la nouvelle reapreciation. —— neant.
Pour les quatre pour cent, le quintal cy-devant taxé vingt-quatre ſols. —— £ 1 ß 4 ₰ —
Et pour la nouvelle reapreciation quarante ſols. —— £ 2 ß — ₰ —

Ariſtologie, le quintal cy-devant taxé cinq ſols. —— £ — ß 5 ₰ —
Et pour la nouvelle reapreciation deux ſols. —— £ — ß 2 ₰ —

Affecteum, le quintal cy-devant taxé treize ſols quatre deniers. £ — ß 13 ₰ 4
Et pour la nouvelle reapreciation ſix ſols huit deniers. £ — ß 6 ₰ 8
Pour les quatre pour cent cy-devant taxez vingt ſols. £ 1 ß — ₰ —
Et pour la nouvelle reapreciation dix ſols. —— £ — ß 10 ₰ —

Aſſa fœtida, le quintal cy-devant taxé cinquante-deux ſols ſix deniers. —— £ 2 ß 12 ₰ 6
Et pour la nouvelle reapreciation deux ſols ſix deniers. £ — ß 2 ₰ 6
Pour les quatre pour cent cy-devant taxez trois livres. £ 3 ß — ₰ —
Et pour la nouvelle reapreciation. —— neant.

Azur fin, la livre cy-devant taxée deux ſols quatre deniers. — £ — ß 2 ₰ 4
Et pour la nouvelle reapreciation. —— neant.
Pour les quatre pour cent le quintal cy-devant taxé huit livres. —— £ 8 ß — ₰ —
Et pour la nouvelle reapreciation trois livres. —— £ 3 ß — ₰ —

Azur moyen, le quintal cy-devant taxé trente ſols. —— £ 1 ß 10 ₰ —

Et pour la nouvelle reapreciation deux sols. —— £ — ß 2 ₰ —

Azerbes, le quintal cy-devant taxé quarante-sept sols six deniers. £ 2 ß 7 ₰ 6

Et pour la nouvelle reapreciation deux sols six deniers. £ — ß 2 ₰ 6

Pour les quatre pour cent cy-devant taxez trois livres. £ 3 ß — ₰ —

Et pour la nouvelle reapreciation vingt sols. —— £ 1 ß — ₰ —

Amandes d'Espagne, & autres Etrangeres, le quintal cy-devant taxé dix sols. —— £ — ß 10 ₰ —

Et pour la nouvelle reapreciation deux sols. —— £ — ß 2 ₰ —

Amomy verum, le quintal cy-devant taxé trois livres deux sols six deniers. —— £ 3 ß 2 ₰ 6

Et pour la nouvelle reapreciatiõ dix-sept sols six deniers. £ — ß 17 ₰ 6

Pour les quatre pour cent cy-devant taxez quatre livres. £ 4 ß — ₰ —

Et pour la nouvelle reapreciation vingt sols. —— £ 1 ß — ₰ —

Appros ou Schine, le quintal cy-devant taxé trois livres. —— £ 3 ß — ₰ —

Et pour la nouvelle reapreciation trente sols. —— £ 1 ß 10 ₰ —

Pour les quatre pour cent cy-devant taxez douze livres. £ 12 ß — ₰ —

Et pour la nouvelle reapreciation. —— neant.

Arquifoul ou mine de plomb, le quintal six sols. —— £ — ß 6 ₰ —

Avelines, le quintal pour tous droits huit sols. —— £ — ß 8 ₰ —

Aguittan ou poix molle, le quintal un sol. —— £ — ß 1 ₰ —

## *Marchandises.*

Acier de Piedmont & autres Païs Etrangers, le ballon cy-devant taxé six sols six deniers. —— £ — ß 6 ₰ 6

Et pour la nouvelle reapreciatiõ, le cent pesant cinq sols. £ — ß 5 ₰ —

Acier fin & mol de Dauphiné, le ballon cy-devãt taxé quatre sols. £ — ß 4 ₰ —

Et pour la nouvelle reapreciatiõ, le cẽt pesant quatre sols. £ — ß 4 ₰ —

Agnis surge d'Espagne, la balle cy-devant taxée douze sols six deniers. —— £ — ß 12 ₰ 6

Et pour la nouvelle reapreciation, le cent pesant six sols. £ — ß 6 ₰ —

Agnis surge, le quintal cy-devant taxé cinq sols. —— £ — ß 5 ₰ —

Et pour la nouvelle reapreciation deux sols. —— £ — ß 2 ₰ —

Agnis lavé, le quintal cy-devant taxé douze sols six deniers. — £ — ß 12 ₰ 6

Et pour la nouvelle reapreciation six sols. —— £ — ß 6 ₰ —

Aiguilles de Milan, la balle cy-devant taxée quarante-cinq sols. £ 2 ß 5 ₰ —

Et pour la nouvelle reapreciation dix sols. —— £ — ß 10 ₰ —

Albastre ou Images de S. Claude dudit albastre cy-devant taxé trente sols. —— £ 1 ß 10 ₰ —

Et pour la nouvelle reapreciation deux sols. —— £ — ß 2 ₰ —

Allemelles d'épées étrangeres, la douzaine cy-devant taxée trois sols trois deniers. —— £ — ß 3 ₰ 3

Et pour la nouvelle reapreciation un sol quatre deniers. £ — ß 1 ₰ 4

Allemelles d'épées de Vienne, & autres faites au Royaume, la douzaine cy-devant taxée deux sols. — £ — ß 2 ₰ —
Et pour la nouvelle reapreciation un sol. — £ — ß 1 ₰ —

Armes dorées pour piece cy-devant taxée trente-deux sols six deniers. — £ 1 ß 12 ₰ 6
Et pour la nouvelle reapreciation. — neant.

Armes ou Quinquailleries étrangeres, blanches ou dorées, y compris épées, la balle cy-devant taxée cinq livres quinze sols. — £ 5 ß 15 ₰ —
Et pour la nouvelle reapreciation, le cent pesant dix sols. £ — ß 10 ₰ —

Arnois blanc d'homme de pied avec or garni, cy-devant taxé trente-deux sols six deniers. — £ 1 ß 12 ₰ 6
Et pour la nouvelle reapreciation, sept sols six deniers. £ — ß 7 ₰ 6

Arnois gravé pour homme de pied, cy-devant taxé douze sols six deniers. — £ — ß 12 ₰ 6
Et pour la nouvelle reapreciation douze sols six deniers. — *Idem.*

Arnois blãc d'hõme de pied, cy-devant taxé sept sols six deniers. £ — ß 7 ₰ 6
Et pour la nouvelle reapreciation deux sols. — £ — ß 2 ₰ —

Arnois d'hommes d'armes dorez blancs ou noirs à la legere, cy-devant taxez trois livres cinq sols. — £ 3 ß 5 ₰ —
Et pour la nouvelle reapreciation cinq sols. — £ — ß 5 ₰ —

Arnois, brassart, & corselets vieux, la balle cy-devãt taxée trẽte sols. £ 1 ß 10 ₰ —
Et pour la nouvelle reapreciation huit sols. — £ — ß 8 ₰ —

Arquebuses du Païs garnies, la balle cy-devant taxée dix sols. £ — ß 10 ₰ —
Et pour la nouvelle reapreciation pour cent trois sols. £ — ß 3 ₰ —

Arçons de selles, & autres fustailles de Païs, la charge cy-devant taxée deux sols six deniers. — £ — ß 2 ₰ 6
Et pour la nouvelle reapreciation cinq deniers. — £ — ß — ₰ 5

Autipeau, la charge cy-devant taxée trente-cinq sols. — £ 1 ß 15 ₰ —
Et pour la nouvelle reapreciatiõ, le cent pesant cinq sols. £ — ß 5 ₰ —

Argent faux, le marc cy-devant taxé trois sols. — £ — ß 3 ₰ —
Et pour la nouvelle reapreciation cinq sols. — £ — ß 5 ₰ —

Ambre fin, le quintal cy-devant taxé trois livres cinq sols. — £ 3 ß 5 ₰ —
Et pour la nouvelle reapreciation quinze sols. — £ — ß 15 ₰ —

Albernus venant de Marseille, comme Baracan, la piece cy-devant taxée dix sols. — £ — ß 10 ₰ —
Et pour la nouvelle reapreciation cinq sols. — £ — ß 5 ₰ —

Argent en masse ou en barre, la livre payera vingt sols. — £ 1 ß — ₰ —

Anchoies, le baril pour tous droits un sol six deniers. — £ — ß 1 ₰ 6

Armades ou Stoffix pour tous droits la barique trente sols. — £ 1 ß 10 ₰ —

Aulx, la charge cinq sols. — £ — ß 5 ₰ —

Espiceries.

# A

## Epiceries

| | lt |
|---|---|
| Argent vif le % . . . . . . . . . . . . . | 1 : 10 s |
| Agaric lavé étranger le % . . . . . . | 1 . 18. |

Alun paie comme dessus par arrest sçavoir 10 s à la douane de Lyon, 25 d au bureau d'Assort, 20 s à la douane de Valence, 5 s pour le tiers-surtaux et 5 s pour la subvention

# A

## Marchandises

| | |
|---|---|
| Acier lavé leg^al | 18 s |
| argent brulé le t | 10 |
| ardoise le millier en nombre estimé 10 tt | 90 tt 5. |
| aymant ou pierre d'aymant voié calamitte | |
| almanack de Berger le % | 12. 6. |
| argent en feuille la livre | 2. 6. |

## *Espiceries & Drogueries.*

# B

BArbotine, le quintal cy-devant taxé trois livres. — £ 3 ß — ₰ —
Et pour la nouvelle reapreciation, — neant.
Pour les quatre pour cent cy-devant taxez douze livres. £ 12 ß — ₰ —
Et pour la nouvelle reapreciation, — neant.

Balaustres, le quintal cy-devant taxé quinze sols huit deniers. £ — ß 15 ₰ 8
Et pour la nouvelle reapreciation deux sols six deniers. £ — ß 2 ₰ 6

Bayes de laurier, le quintal cy-devant taxé trois sols neuf deniers. £ — ß 3 ₰ 9
Et pour la nouvelle reapreciation deux sols trois deniers. £ — ß 2 ₰ 3

Benjoin le quintal cy-devant taxé trois livres deux sols six den. £ 3 ß 2 ₰ 6
Et pour la nouvelle reapreciation, — neant.
Pour les quatre pour cent cy-devant taxez quatre livres. £ 4 ß — ₰ —
Et pour la nouvelle reapreciation, — neant.

Bois de Bursin, la charge cy-devant taxée six sols. — £ — ß 6 ₰ —
Et pour la nouvelle reapreciation deux sols. — £ — ß 2 ₰ —

Bois d'Ebene, le quintal cy-devant taxé sept sols. — £ — ß 7 ₰ —
Et pour la nouvelle reapreciation trois sols. — £ — ß 3 ₰ —
Pour les quatre pour cent cy-devant taxez huit sols. £ — ß 8 ₰ —
Et pour la nouvelle reapreciation cinq sols — £ — ß 5 ₰ —

Bois d'esquine, le quintal cy-devant taxé trois livres. — £ 3 ß — ₰ —
Et pour la nouvelle reapreciation quinze sols — £ — ß 15 ₰ —
Pour les quatre pour cent cy-devant taxez douze livres. £ 12 ß — ₰ —
Et pour la nouvelle reapreciation. — neant.

Bois de gayat, le quintal cy-devant taxé trois sols neuf deniers. £ — ß 3 ₰ 9
Et pour la nouvelle reapreciation un sol trois deniers. £ — ß 1 ₰ 3
Pour les quatre pour cent cy-devant taxez deux sols. £ — ß 2 ₰ —
Et pour la nouvelle reapreciation quatre sols. — £ — ß 4 ₰ —

Bois de rose, le quintal cy-devant taxé cinq sols neuf deniers. £ — ß 5 ₰ 9
Et pour la nouvelle reapreciation un sol trois deniers. £ — ß 1 ₰ 3

Boiliamini, le quintal cy-devant taxé deux sols quatre deniers. £ — ß 2 ₰ 4
Et pour la nouvelle reapreciation cinq sols. — £ — ß 5 ₰ —
Pour les quatre pour cent cy-devant taxé trois sols quatre deniers. — £ — ß 3 ₰ 4
Et pour la nouvelle reapreciation sept sols neuf deniers. £ — ß 7 ₰ 9

Bourra, le quintal cy-devant taxé trois livres deux sols six deniers. £ 3 ß 2 ₰ 6
Et pour la nouvelle reapreciation vingt sols. — £ 1 ß — ₰ —
Pour les quatre pour cent cy-devant taxez huit livres £ 8 ß — ₰ —
Et pour la nouvelle reapreciation. — neant.

Bresil & bois d'Inde, le quintal cy-devant taxé deux sols quatre deniers. — £ — ß 2 ₰ 4
Et pour la nouvelle reapreciation trois sols neuf deniers. £ — ß 3 ₰ 9

Pour les quatre pour cent cy-devant taxez un sol quatre deniers. — £ — ß 1 ꝯ 4

Et pour la nouvelle reapreciation douze sols huit den. £ — ß 12 ꝯ 8

Bendeleon, le quintal cy-devant taxé cinquante-deux sols six deniers. — £ 2 ß 12 ꝯ 6

Et pour la nouvelle reapreciation deux sols six deniers. £ — ß 2 ꝯ 6

Pour les quatre pour cent cy-devant taxez trois livres. £ 3 ß — ꝯ —

Et pour la nouvelle reapreciation dix sols. — £ — ß 10 ꝯ —

Bois d'Inde, le cent pesant six sols. — £ — ß 6 ꝯ —

Pour les quatre pour cent huit sols. — £ — ß 8 ꝯ —

## *Marchandises.*

Balles, paniers & corbeilles, la douzaine cy-devant taxée cinq deniers. — £ — ß — ꝯ 5

Et pour la nouvelle reapreciation sept deniers. — £ — ß — ꝯ 7

Bardenoche, la piece cy-devant taxée trois sols. — £ — ß 3 ꝯ —

Et pour la nouvelle reapreciation un sol. — £ — ß 1 ꝯ —

Et l'Etrangere cy-devant taxée quatre sols. — £ — ß 4 ꝯ —

Et pour la nouvelle reapreciation deux sols. — £ — ß 2 ꝯ —

Bas de soye cramoisi la livre cy-devant taxée quarante-huit sols neuf deniers. — £ 2 ß 8 ꝯ 9

Et pour la nouvelle reapreciation. — neant.

Bas de soye, la livre cy-devant taxée quatorze sols. — £ — ß 14 ꝯ —

Et pour la nouvelle reapreciation deux sols. — £ — ß 2 ꝯ —

Batterie de cuivre, le quintal cy-devant taxé huit sols. — £ — ß 8 ꝯ —

Et pour la nouvelle reapreciation vingt-deux sols. — £ 1 ß 2 ꝯ —

Batterie de fer, le quintal cy-devant taxé cinq sols. — £ — ß 5 ꝯ —

Et pour la nouvelle reapreciation trois sols. — £ — ß 3 ꝯ —

Bayette de France, la piece cy-devant taxée sept sols six deniers. £ — ß 7 ꝯ 6

Et pour la nouvelle reapreciation quatre sols six deniers. £ — ß 4 ꝯ 6

Bayette étrangere, la piece cy-devãt taxée douze sols six deniers. £ — ß 12 ꝯ 6

Et pour la nouvelle reapreciation huit sols six deniers. £ — ß 8 ꝯ 6

Bazannnes, la balle cy-devant taxée sept sols six deniers. — £ — ß 7 ꝯ 6

Et pour la nouvelle reapreciation deux sols. — £ — ß 2 ꝯ —

Berceaux, la douzaine cy-devant taxée un sol. — £ — ß 1 ꝯ —

Et pour la nouvelle reapreciation six deniers. — £ — ß — ꝯ 6

Besches, la douzaine cy-devant taxée deux sols — £ — ß 2 ꝯ —

Et pour la nouvelle reapreciation un sol — £ — ß 1 ꝯ —

Bimbloterie de Paris, le quintal cy-devant taxé quinze sols. £ — ß 15 ꝯ —

Et pour la nouvelle reapreciation sept sols six deniers. £ — ß 7 ꝯ 6

Celle de Roüen, le quintal cy-devant taxé vingt sols. — £ 1 ß — ꝯ —

Et

Et pour la nouvelle reapreciation huit ſols. —— £ — ß 8 ₰ —

Biſſonnata à faire frocs de Moine, le fond ou charge cy-devant taxé dix-ſept ſols ſix deniers. —— £ — ß 17 ₰ 6

Et pour la nouvelle reapreciation cinq ſols. —— £ — ß 5 ₰ —

Blancherie de cuir, la balle cy-devant taxée ſept ſols. —— £ — ß 7 ₰ —

Et pour la nouvelle reapreciation deux ſols. —— £ — ß 2 ₰ —

Blancherie de cuivre, le quintal cy-devant taxé huit ſols. —— £ — ß 8 ₰ —

Et pour la nouvelle reapreciation, voyez *Batterie*, vingt-deux ſols. —— £ 1 ß 2 ₰ —

Bois de miroir, la balle cy-devant taxée deux ſols. —— £ — ß 2 ₰ —

Et pour la nouvelle reapreciation huit ſols. —— £ — ß 8 ₰ —

Et l'étranger cy-devant taxé quatre ſols ſix deniers. —— £ — ß 4 ₰ 6

Et pour la nouvelle reapreciatiõ, le cent peſant cinq ſols. £ — ß 5 ₰ —

Beruze, la piece cy-devant taxée cinq ſols. —— £ — ß 5 ₰ —

Et pour la nouvelle reapreciation un ſol ſix deniers. —— £ — ß 1 ₰ 6

Bindely, petit paſſement d'Italie, ſoye & argent, la livre huit ſols. £ — ß 8 ₰ —

Bandollieres étrangeres, le quintal cy-devant taxé trois livres cinq ſols. —— £ 3 ß 5 ₰ —

Et pour la nouvelle reapreciation. —— neant.

Bois de miroir, & miroir d'Italie, la quaiſſe cy-devant taxée neuf livres. —— £ 9 ß — ₰ —

Et pour la nouvelle reapreciation quarante ſols. —— £ 2 ß — ₰ —

Bois étranger ou grobon, la balle cy-devant taxée deux ſols ſix deniers. —— £ — ß 2 ₰ 6

Et pour la nouvelle reapreciation un ſol. —— £ — ß 1 ₰ —

Banges de Bourgogne, le quintal cy-devant taxé dix ſols. —— £ — ß 10 ₰ —

Et pour la nouvelle reapreciation quatre ſols. —— £ — ß 4 ₰ —

Et la piece cy-devant taxée trois ſols. —— £ — ß 3 ₰ —

Et pour la nouvelle reapreciation un ſol. —— £ — ß 1 ₰ —

Bois de raquette, le quintal cy-devant taxé huit ſols. —— £ — ß 8 ₰ —

Et pour la nouvelle reapreciation deux ſols. —— £ — ß 2 ₰ —

Barragan de Taine, la piece cy-devant taxée quatre ſols ſix den. £ — ß 4 ₰ 6

Et pour la nouvelle reapreciation cinq ſols ſix deniers. £ — ß 5 ₰ 6

Bombaſins en ſoye, la piece cy-devant taxée dix ſols. —— £ — ß 10 ₰ —

Et pour la nouvelle reapreciation cinq ſols. —— £ — ß 5 ₰ —

Bombaſin de Milan, la balle cy-devant taxée ſix livres. —— £ 6 ß — ₰ —

Et pour la nouvelle reapreciation trois livres. —— £ 3 ß — ₰ —

La piece cy-devant taxée ſept ſols ſix deniers —— £ — ß 7 ₰ 6

Et pour la nouvelle reapreciation ſept ſols ſix deniers. £ — ß 7 ₰ 6

Bonnet de Mantouë & Milan, la quaiſſe cy-devant taxée dix liv. £ 10 ß — ₰ —

Et pour la nouvelle reapreciation. —— neant.

Bonnets de Paris, Rouën, Bourges & autres lieux du Royaume, la douzaine cy-devant taxée cinq ſols. —— £ — ß 5 ₰ —

Et pour la nouvelle reapreciation un ſol. —— £ — ß 1 ₰ —

Bottanne,

Bottanne la piece cy-devant taxée cinq sols. —————— ₶—ß 5 ₰—
Et pour la nouvelle reapreciation deux sols. ——— ₶—ß 2 ₰—

Boüettes peintes pour Apothicaires, la charge cy-devant taxée sept sols six deniers.—————————— ₶—ß 7 ₰ 6
Et pour la nouvelle reapreciation trois sols. ——— ₶—ß 3 ₰—

Boüettes blanches & autres fustailles, la charge cy-devant taxée deux sols six deniers. ———————— ₶—ß 2 ₰ 6
Et pour la nouvelle reapreciation un sol ——— ₶—ß 1 ₰—

Et les étrangeres cy-devant taxées quatre sols six deniers.— ₶—ß 4 ₰ 6
Et pour la nouvelle reapreciation du cẽt pesãt deux sols. ₶—ß 2 ₰—

Bougrans d'Allemagne, la piece cy-devant taxée quatre sols. — ₶—ß 4 ₰—
Et pour la nouvelle reapreciation trois sols. ——— ₶—ß 3 ₰—

Bougrans de Paris & autres semblables, la douzaine cy-devant taxée un sol six deniers.—————————— ₶—ß 1 ₰ 6
Et pour la nouvelle reapreciation trois sols. ——— ₶—ß 3 ₰—

Bougrans étranger, la douzaine cy-devant taxée deux sols six deniers. ———————————— ₶—ß 2 ₰ 6
Et pour la nouvelle reapreciation cinq sols.——— ₶—ß 5 ₰—

Bouges pour faire chemises à Chartreux, la charge cy-devant taxée vingt-cinq sols. ———————————— ₶ 1 ß 5 ₰—
Et pour la nouvelle reapreciation cinq sols.——— ₶—ß 5 ₰—

Boules de palle-mail, la Bale cy-devant taxée quinze sols.— ₶—ß 15 ₰—
Et pour la nouvelle reapreciatiõ, le cent pesant trois sols. ₶—ß 3 ₰—

Bourses de cuir à cordons de soye, la douzaine cy-devant taxée six sols quatre deniers.—————————— ₶—ß 6 ₰ 4
Et pour la nouvelle reapreciation un sol.——— ₶—ß 1 ₰—

Bourses de cuir blanches & jaunes, le quintal cy-devant taxé deux sols huit deniers. ———————— ₶—ß 2 ₰ 8
Et pour le nouvelle reapreciation cinq sols quatre deniers.———————————————— ₶—ß 5 ₰ 4

Et la charge cy-devant taxée huit sols. ———————— ₶—ß 8 ₰—
Et pour la nouvelle reapreciation. ———————— à proportion.

Bourses de Peray, la charge cy-devant taxée huit sols.——— ₶—ß 8 ₰—
Et pour la nouvelle reapreciation dix sols.——— ₶—ß 10 ₰—

Bourras de Pays, la piece cy-devant taxée un sol.——— ₶—ß 1 ₰—
Et pour la nouvelle reapreciation un sol.——— ₶—ß 1 ₰—

Bourras étranger, la piece cy-devant taxée un sol neuf deniers. ₶—ß 1 ₰ 9
Et pour la nouvelle reapreciation un sol neuf deniers. ₶—ß 1 ₰ 9

Bourre de Cerf, la balle cy-devant taxée six sols. ——— ₶—ß 6 ₰—
Et pour la nouvelle reapreciation, le cent pesant quatre sols.———————————————— ₶—ß 4 ₰—

Bourre à Bastier, la balle cy-devant taxée trois sols.——— ₶—ß 3 ₰—
Et pour la nouvelle reapreciatiõ le cent pesant deux sols. ₶—ß 2 ₰—

Et l'étrangere cy-devant taxée cinq sols six deniers.——— ₶—ß 5 ₰ 6

Et

# B

## Marchandises

| | |
|---|---|
| Bazane le ℔ | „ 6 „ |
| Bazane marroquinée le ℔ | „ 11 „ |
| Bas de filozelle la t. | „ 8 „ |
| Bois a faire fourreaux d'Epée le ℔ | „ 2 „ |
| Babouges marroquins la d.ne | „ 12 „ |
| Blanc de troyes le ℔ | „ 3 „ 6 |
| Bourre de soye non cardée le ℔ | 3 „ „ |
| Bourre de soye cardée | 6 „ „ |
| Batterie de fer le ℔ | „ 8 „ |
| Boules de mail le ℔ | „ 13 „ |
| Bruyeres Etrangeres le q.al | 1 „ „ |
| Celle de jaïs | „ „ 3 „ |
| Bruyeres en brosses le ℔ | „ 10 „ |
| Barracan d'abbeville le ℔ | 5 „ 10 „ |
| bas de bourre de laine la d.ne | „ „ 6 „ |
| Bois a faire boettes de sapin | „ 2 „ |
| Bois de piques non ferrées la d.ne | „ 2 „ |

Boutons de fer comme mercerie le %. 2 ll

boutons de nerfs ou fareaillons le % 3 s

batterie de fer etranger le % 11.

boulets a canon le % 6 6 d

bonnets et corsets de toille piqués la douzaine 6.

boettes peintes d'allemagne comme mercerie dudit lieu 4.

boutons de cuivre ou vermeil doré le % pezant comme mercerie

de paris le quintal 2.

bures d'arles la piece de 20 aulnes 11.

bourre de soye commune la balle de 20 l. brut 4. 10.

boulets fonte de fer le quintal 4.

brun d'angleterre le % 10.

balets de palme le % 5.

Epicerie et Droguerie

Baume du perou le q.l 20 ll

Bezoirs ou lapis lazulli

Boire du Japon moulu le q. 7 s

Et pour la nouvelle reapreciation, le cent deux sols. — ℒ — ß 2 ₰ —
Bourre à Boucher, la balle cy-devant taxée deux sols. — ℒ — ß 2 ₰ —
Et pour la nouvelle reapreciation, le cent pesant un sol. ℒ — ß 1 ₰ —
Bourre de Chevre, la balle cy-devant taxée trois sols. — ℒ — ß 3 ₰ —
Et pour la nouvelle reapreciatiõ, le cent pesant deux sols. ℒ — ß 2 ₰ —
Bourre de soye de Vincence, Luques, Gennes, & autres lieux, la balle cy-devant taxée trois livres. — ℒ 3 ß — ₰ —
Et pour la nouvelle reapreciation, le cent vingt sols. — ℒ 1 ß — ₰ —
Bourre de soye cardée, la balle cy-devant taxée six livres. — ℒ 6 ß — ₰ —
Et pour la nouvelle reapreciation, le cent pesant quarante sols. — ℒ 2 ß — ₰ —
Bourre de soye filée, le quintal cy-devant taxé quatre livres. — ℒ 4 ß — ₰ —
Et pour la nouvelle reapreciation quarante sols. — ℒ 2 ß — ₰ —
Bauges de Châtillon, le quintal cy-devant taxé dix sols. — ℒ — ß 10 ₰ —
Et pour la nouvelle reapreciation quatre sols. — ℒ — ß 4 ₰ —
Brut ou bout d'Estamine, le quintal cy-devant taxé huit sols. — ℒ — ß 8 ₰
Et pour la nouvelle reapreciation deux sols. — ℒ — ß 2 ₰ —
Brenne rayée de soye, la livre cy-devant taxée cinq sols. — ℒ — ß 5 ₰
Et pour la nouvelle reapreciation deux sols. — ℒ — ß 2 ₰ —
Bretelles de verre, la bretelle cy-devant taxée trois sols six den. ℒ — ß 3 ₰ 6
Et pour la nouvelle reapreciation deux sols. — ℒ — ß 2 ₰ —
Et les grandes cy-devant taxées sept sols. — ℒ — ß 7 ₰ —
Et pour la nouvelle reapreciation quatre sols. — ℒ — ß 4 ₰ —
Brigandine dorée, la piece cy-devant taxée trente-deux sols six deniers. — ℒ 1 ß 12 ₰ 6
Et pour la nouvelle reapreciation, — neant.
Brigandine non dorée, cy-devant taxée cinq sols six deniers. — ℒ — ß 5 ₰ 6
Et pour la nouvelle reapreciation deux sols. — ℒ — ß 2 ₰ —
Brottes ou cuillieres à table, contenant un millier, cy-devant taxé quatre sols. — ℒ — ß 4 ₰
Et pour la nouvelle reapreciation deux sols. — ℒ — ß 2 ₰ —
Bruyeres, la charge cy-devant taxée deux sols. — ℒ — ß 2 ₰
Et pour la nouvelle reapreciation dix sols. — ℒ — ß 10 ₰ —
Bruyeres étrangeres, le quintal cy-devant taxé quinze sols. — ℒ — ß 15 ₰
Et pour la nouvelle reapreciation cinq sols. — ℒ — ß 5 ₰ —
Buffetin, la piece cy-devant taxée sept sols. — ℒ — ß 7 ₰
Et pour la nouvelle reapreciation trois sols. — ℒ — ß 3 ₰ —
Buffles, la piece cy-devant taxée treize sols six deniers. — ℒ — ß 13 ₰ 6
Et pour la nouvelle reapreciation six sols six deniers. ℒ — ß 6 ₰ 6
Burails de Rheims, la piece cy-devant taxée deux sols. — ℒ — ß 2 ₰
Et pour la nouvelle reapreciation trois sols. — ℒ — ß 3 ₰ —
Burails de Bergame & Tapisserie, la balle cy-devant taxée huit livres. — ℒ 8 ß — ₰ —
Et pour la nouvelle reapreciatiõ, le cent pesant trẽte sols. ℒ 1 ß 10 ₰ —

| | ₤ | ß | ₰ |
|---|---|---|---|
| Burails, la piece cy-devant taxée un sol neuf deniers. | — | 1 | 9 |
| Et pour la nouvelle reapreciation un sol. | — | 1 | — |
| Burails de soye de Milan, la livre cy-devant taxée dix-huit sols. | — | 18 | — |
| Et pour la nouvelle reapreciation quatre sols. | — | 4 | — |
| Burails de Gennes, outre les dix-huit sols trois deniers pour livre, la piece cy-devant taxée douze sols six deniers. | — | 12 | 6 |
| Et pour la nouvelle reapreciation deux sols six deniers. | — | 2 | 6 |
| Burails de Naples, la livre cy-devant taxée dix-neuf sols neuf deniers. | — | 19 | 9 |
| Et pour la nouvelle reapreciatiõ quatre sols neuf deniers. | — | 4 | 9 |
| Bureau, la charge cy-devant taxée six sols. | — | 6 | — |
| Et pour la nouvelle reapreciatiõ, le cent pesant deux sols. | — | 2 | — |
| Bureau, la piece cy-devant taxée un sol. | — | 1 | — |
| Et pour la nouvelle reapreciation six deniers. | — | — | 6 |
| Burat d'Auvergne payera le ballon cy-devant taxé quatre sols. | — | 4 | — |
| Et pour la nouvelle reapreciation, le ballon quatre sols. | — | 4 | — |
| Bois de grotelle, le quintal cy-devant taxé quinze sols. | — | 15 | — |
| Et pour la nouvelle reapreciation trois sols. | — | 3 | — |
| Bas de soye de Paris, la livre cy-devant taxée quatre sols. | — | 4 | — |
| Et pour la nouvelle reapreciation quatre sols. | — | 4 | — |
| Bagues de Saumur, le quintal payera trente sols. | 1 | 10 | — |
| Et pour la nouvelle reapreciation, | | | neant. |
| Brocardel fil & soye, la livre cy-devant taxée onze sols six den. | — | 11 | 6 |
| Et pour la nouvelle reapreciation deux sols six deniers. | — | 2 | 6 |
| Bas d'estame de toutes sortes, la douzaine dix sols. | — | 10 | — |
| Baudriers en broderie d'Argent, l'un portant l'autre quinze sols. | — | 15 | — |
| Baudriers galonnez d'or & d'argent, la piece cinq sols. | — | 5 | — |
| Bas de fil & de cotton, l'un portãt l'autre, la douzaine dix-huit sols. | — | 18 | — |

## *Espiceries & Drogueries.*

# C

CAlami aromatici, le quintal cy-devant taxé onze sols huit deniers. —— £—ß11 ₰ 8
Et pour la nouvelle reapreciation un sol quatre deniers. £—ß 1 ₰ 4
Pour les quatre pour cent cy-devant taxez quatre sols. £—ß 4 ₰—
Et pour la nouvelle reapreciation onze sols. —— £—ß11 ₰—

Calamite, le quintal cy-devant taxé vingt-neuf sols trois den. £ 1 ß 9 ₰ 3
Et pour la nouvelle reapreciation un sol neuf deniers. £—ß 1 ₰ 9
Pour les quatre pour cent cy-devant taxez quarante sols. £ 2 ß—₰—
Et pour la nouvelle reapreciation cinq sols. —— £—ß 5 ₰—

Canelle, le quintal cy-devant taxé trois livres douze sols six den. £ 3 ß12 ₰ 6
Et pour la nouvelle reapreciation vingt-sept sols sept deniers. —— £ 1 ß 7 ₰ 7
Pour les quatre pour cent cy-devant taxés six livres. £ 6 ß—₰—
Et pour la nouvelle reapreciation quarante sols. —— £ 2 ß—₰—

Canelle courte, le quintal cy-devant taxé quarante-sept sols six deniers. —— £ 2 ß 7 ₰ 6
Et pour la nouvelle reapreciation deux sols six deniers. £—ß 2 ₰ 6
Pour les quatre pour cent cy-devant taxez trois livres. £ 3 ß—₰—
Et pour la nouvelle reapreciation vingt sols. —— £ 1 ß—₰—

Canfre, le quintal cy-devant taxé six livres deux sols six deniers. £ 6 ß 2 ₰ 6
Et pour la nouvelle reapreciation dix-sept sols six den. £—ß17 ₰ 6
Pour les quatre pour cent cy-devant taxez seize livres. £16 ß—₰—
Et pour la nouvelle reapreciation. —— neant.

Cantarides, le quintal cy-devant taxé treize sols six deniers. —— £—ß13 ₰ 6
Et pour la nouvelle reapreciation vingt-six sols six den. £ 1 ß 6 ₰ 6
Pour les quatre pour cent cy-devant taxez dix sols. £—ß10 ₰—
Et pour la nouvelle reapreciation cinquante sols. —— £ 2 ß10 ₰—

Chapelets, le quintal cy-devant taxé quarante-sept sols six deniers. —— £ 2 ß 7 ₰ 6
Et pour la nouvelle reapreciation douze sols six deniers. £—ß12 ₰ 6
Pour les quatre pour cent cy-devant taxez trois livres. £ 3 ß—₰—
Et pour la nouvelle reapreciation quarante sols. —— £ 2 ß—₰—

Cardomomi mondé, le quintal cy-devant taxé trois livres deux sols six deniers. —— £ 3 ß 2 ₰ 6
Et pour la nouvelle reapreciation. —— neant.
Pour les quatre pour cent cy-devant taxez quatre livres. £ 4 ß—₰—
Et pour la nouvelle reapreciation, —— neant.

Carabe ou poudre d'Ambre, le quintal cy-devant taxé treize sols trois deniers. —— £—ß13 ₰ 3
Et pour la nouvelle reapreciation un sol neuf deniers. £—ß 1 ₰ 9
pour les quatre pour cent cy-devant taxez seize sols. £—ß16 ₰—

Et

Et pour la nouvelle reapreciation huit sols. —— £—ß 8 ₰—

Cartamy, le quintal cy-devant taxé trois sols neuf deniers.—— £—ß 3 ₰ 9

Et pour la nouvelle reapreciation quatre sols. —— £—ß 4 ₰—

Pour les quatre pour cent cy-devant taxés dix sols. £—ß 10 ₰—

Et pour la nouvelle reapreciation deux sols. —— £—ß 2 ₰—

Corticum Juniperi, le quintal cy-devant taxé douze sols.—— £—ß 12 ₰—

Et pour la nouvelle reapreciation un sol. —— £—ß 1 ₰—

Pour les quatre pour cent cy-devant taxés treize sols trois deniers. —— £—ß 13 ₰ 3

Et pour la nouvelle reapreciation deux sols.—— £—ß 2 ₰—

Cassia, le quintal cy-devant taxé trente sols six deniers. —— £ 1 ß 10 ₰ 6

Et pour la nouvelle reapreciation vingt-sept sols six den. £ 1 ß 7 ₰ 6

Pour les quatre pour cent cy-devant taxés huit sols. £—ß 8 ₰—

Et pour la nouvelle reapreciation trois livres douze sols. £ 3 ß 12 ₰—

Cassonnade, le quintal cy-devant taxé douze sols six deniers. £—ß 12 ₰ 6

Et pour la nouvelle reapreciation sept sols six deniers. £—ß 7 ₰ 6

Pour les quatre pour cent cy-devant taxés douze sols. £—ß 12 ₰—

Et pour la nouvelle reapreciation vingt-huit sols.—— £ 1 ß 8 ₰—

Castor, le quintal cy-devant taxé quarante-sept sols six deniers. £ 2 ß 7 ₰ 6

Et pour la nouvelle reapreciation trois livres. —— £ 3 ß—₰—

Pour les quatre pour cent cy-devant taxés dix sols.— £—ß 10 ₰—

Et pour la nouvelle reapreciation cinq livres dix sols. £ 5 ß 10 ₰—

Ceruze, le quintal cy-devant taxé onze sols huit deniers. —— £—ß 11 ₰ 8

Et pour la nouvelle reapreciation, —— neant.

Pour les quatre pour cent cy-devant taxés huit sols.— £—ß 8 ₰—

Et pour la nouvelle reapreciation quatre sols. —— £—ß 4 ₰—

Cercacola, le quintal cy-devant taxé vingt-neuf sols trois den. £ 1 ß 9 ₰ 3

Et pour la nouvelle reapreciation, —— neant.

Pour les quatre pour cent cy-devant taxés quarante sols. £ 2 ß—₰—

Et pour la nouvelle reapreciation, —— neant.

Cire blanche, le quintal cy-devant taxé vingt-sept sols six den. £ 1 ß 7 ₰ 6

Et pour la nouvelle reapreciation trois sols six deniers. £—ß 3 ₰ 6

Pour les quatre pour cent cy-devant taxés vingt-quatre sols. —— £ 1 ß 4 ₰—

Et pour la nouvelle reapreciation vingt sols.—— £ 1 ß—₰—

Cire blanche en œuvre, le quintal cy-devant taxé trente-deux sols six deniers. —— £ 1 ß 12 ₰ 6

Et pour la nouvelle reapreciation neuf sols six deniers. £—ß 9 ₰ 6

Pour les quatre pour cent cy-devant taxés vingt-quatre sols. —— £ 1 ß 4 ₰—

Et pour la nouvelle reapreciation vingt sols.—— £ 1 ß—₰—

Cire blanche de Montpellier, le quintal cy-devant taxé quinze sols. —— £—ß 15 ₰—

Et pour la nouvelle reapreciation dix sols. —— £—ß 10 ₰—

Cire blanche de Venise, le quintal cy-devant taxé trente-deux

sols

| | |
|---|---|
| Cinabre ou vermillon le % | 2ᵗᵗ. 11. 6ᵈ |
| Corail coe graine de jardin | 8. 9 |
| Chiendent le % | 7. |
| Cristal mineral le % | 11 |
| Creme de tartre le % | 10. |
| Citrons la caisse de 100 en nombre | 3 ·ᵈ |
| Corail le % | 2. |

ſols ſix deniers. —— £ 1 ß 12 d 6
Et pour la nouvelle reapreciation deux ſols ſix deniers. £ — ß 2 d 6
Pour les quatre pour cent cy-devant taxez vingt-quatre ſols. —— £ 1 ß 4 d —
Et pour la nouvelle reapreciation vingt ſols. —— £ 1 ß — d —

Cire jaune du Royaume, le quintal cy-devant taxé douze ſols ſix deniers. —— £ — ß 12 d 6
Et pour la nouvelle reapreciation dix-ſept ſols ſix den. £ — ß 17 d 6

Cire forte d'Eſpagne & autres lieux, le quintal cy-devant taxé trois livres cinq ſols. —— £ 3 ß 5 d —
Et pour la nouvelle reapreciation. —— neant.

Cire d'Allemagne, le quintal cy-devant taxé ſeize ſols —— £ — ß 16 d —
Et pour la nouvelle reapreciation trente-deux ſols. — £ 1 ß 12 d —

Cirot de Capilli Veneris, le quintal cy-devant taxé vingt ſols. £ 1 ß — d —
Et pour la nouvelle reapreciation onze ſols. —— £ — ß 11 d —

Civette pour tous droits cy-devant taxée ſix livres. —— £ 6 ß — d —
Et pour la nouvelle reapreciation quarante ſols. —— £ 2 ß — d —

Cochenille, le quintal cy-devant taxé pour tous droits dix liv. £ 10 ß — d —
Et pour la nouvelle reapreciation vingt-ſept livres dix ſols. —— £ 27 ß 10 d —

Cadamomy ou graine de Perroquet, le quintal cy-devant taxé huit ſols huit deniers. —— £ — ß 8 d 8
Et pour la nouvelle reapreciation. —— neant.

Carpobalſamy, le quintal cy-devant taxé trente-deux ſols ſix deniers. —— £ 1 ß 12 d 6
Et pour la nouvelle reapreciation, quarante-deux ſols ſix deniers. —— £ 2 ß 2 d 6
Pour les quatre pour cent cy-devant taxez quatre livres. £ 4 ß — d —
Et pour la nouvelle reapreciation quatre livres. —— £ 4 ß — d —

Coſtus, le quintal cy-devant taxé douze ſols. —— £ — ß 12 d —
Et pour la nouvelle reapreciation vingt-huit ſols. —— £ 1 ß 8 d —
Pour les quatre pour cent cy-devant taxez treize ſols trois deniers. —— £ — ß 13 d 3
Et pour la nouvelle reapreciation trente ſols. —— £ 1 ß 10 d —

Coque de Levant, le quintal cy-devant taxé vingt-neuf ſols trois deniers. —— £ 1 ß 9 d 3
Et pour la nouvelle reapreciation dix ſols. —— £ — ß 10 d —
Pour les quatre pour cent cy-devant taxez vingt ſols. £ 1 ß — d —
Et pour la nouvelle reapreciation trente ſols. —— £ 1 ß 10 d —

Confiture, le quintal cy-devant taxé vingt ſols. —— £ 1 ß — d —
Et pour la nouvelle reapreciation vingt ſols. —— £ 1 ß — d —

Colle de poiſſon pour tous droits, le quintal cy-devant taxé trois livres un ſol trois deniers. —— £ 3 ß 1 d 3
Et pour la nouvelle reapreciation. —— neant.

Colle de France, le quintal cy-devant taxé quatre ſols. —— £ — ß 4 d —

Et pour la nouvelle reapreciation trois sols six deniers. £—ß 3 § 6

Colle étrangere, le quintal cy-devant taxé sept sols. £—ß 7 §—

Et pour la nouvelle reapreciation trois sols. £—ß 3 §—

Colle de Païs, la charge cy-devant taxée douze sols. £—ß 12 §—

Et pour la nouvelle reapreciation cinq sols. £—ß 5 §—

Colle, le quintal cy-devant taxé quatre sols. £—ß 4 §—

Et pour la nouvelle reapreciation deux sols. £—ß 2 §—

Colloquintes, le quintal cy-devant taxé vingt-neuf sols trois deniers. £ 1 ß 9 § 3

Et pour la nouvelle reapreciation dix sols neuf deniers. £—ß 10 § 9

Pour les quatre pour cent cy-devant taxez dix sols. £—ß 10 §—

Et pour la nouvelle reapreciation quarante sols. £ 2 ß—§—

Coral blanc & rouge, le quintal cy-devant taxé treize sols trois deniers. £—ß 13 § 3

Et pour la nouvelle reapreciation. neant.

Pour les quatre pour cent cy-devant taxez quarante sols. £ 2 ß—§—

Et pour la nouvelle reapreciation. neant.

Corail taillé ou en œuvre, le quintal cy-devant taxé cinq livres. £ 5 ß—§—

Et pour la nouvelle reapreciation. neant.

Coraline pour tous droits, le quintal cy-devant taxé trente-sept sols six deniers. £ 1 ß 17 § 6

Et pour la nouvelle reapreciation. neant.

Coriandes, le quintal cy-devant taxé trois sols neuf deneniers. £—ß 3 § 9

Et pour la nouvelle reapreciation trois deniers. £—ß—§ 3

Pour les quatre pour cent cy-devant taxés quatre sols. £—ß 4 §—

Et pour la nouvelle reapreciation un sol. £—ß 1 §—

Corticum capparis, le quintal cy-devant taxé douze sols. £—ß 12 §—

Et pour la nouvelle reapreciation deux sols. £—ß 2 §—

Pour les quatre pour cent cy-devant taxez treize sols. trois deniers. £—ß 13 § 3

Et pour la nouvelle reapreciation quatre sols. £—ß 4 §—

Couperose, le quintal cy-devant taxé quatre sols trois deniers. £—ß 4 § 3

Et pour la nouvelle reapreciation neuf deniers. £—ß—§ 9

Pour les quatre pour cent cy-devant taxez huit sols. £—ß 8 §—

Et pour la nouvelle reapreciation deux sols. £—ß 2 §—

Cubibes, le quintal cy-devant taxé trente-deux sols six deniers. £ 1 ß 12 § 6

Et pour la nouvelle reapreciation. neant.

Pour les quatre pour cent cy-devant taxés quatre livres. £ 4 ß—§—

Et pour la nouvelle reapreciation. neant.

Cucieres, le quintal cy-devant taxé trente-deux sols six deniers. £ 1 ß 12 § 6

Et pour la nouvelle reapreciation. neant.

Pour les quatre pour cent cy-devant taxés quatre livres. £ 4 ß—§—

Et pour la nouvelle reapreciation. neant.

Cumium, le quintal cy-devant taxé trois sols neuf deniers. £—ß 3 § 9

Et

Et pour la nouvelle reapreciation deux ſols trois den. £—ß 2 ₰ 3

Pour les quatre pour cent cy-devant taxés quatre ſols. £—ß 4 ₰—

Et pour la nouvelle reapreciation ſix ſols. ———— £—ß 6 ₰—

Cochenille ſilveſtre, le quintal cy-devant taxé trois livres. — £ 3 ß—₰—

Et pour la nouvelle reapreciation. ———————— neant.

Cucumelle, comme moitié Agaric, pour tous droits, le quintal cy-devant taxé dix-huit ſols neuf deniers. ——— £—ß 18 ₰ 9

Et pour la nouvelle reapreciation. ———————— neant.

Confectio Alquermes & Iacinthe, le quintal cy-devant taxé quatre livres. ———————— £ 4 ß—₰—

Et pour la nouvelle reapreciation ſix livres. ———— £ 6 ß—₰—

Citrons, le quintal trois ſols. ———————— £—ß 3 ₰—

## *Marchandiſes.*

Cabinets peints venans d'Allemagne, la piece cy-devant taxée trente ſols. ———————— £ 1 ß 10 ₰—

Et pour la nouvelle reapreciation vingt ſols. ———— £ 1 ß—₰—

Cabinets de Veniſe d'Ebene riches, la piece cy-devant taxée trois livres. ———————— £ 3 ß—₰—

Et pour la nouvelle reapreciation cinq livres. ——— £ 5 ß—₰—

Caboches, la tonnette cy-devant taxée cinq ſols. ———— £—ß 5 ₰—

Et pour la nouvelle reapreciation deux ſols. ———— £—ß 2 ₰—

Cambray, la piece cy-devant taxée douze ſols ſix deniers. £—ß 12 ₰ 6

Et pour la nouvelle reapreciation deux ſols ſix deniers. £—ß 2 ₰ 6

Camelots de ſoye de Veniſe, la livre cy-devant taxée vingt-trois ſols. ———————— £ 1 ß 3 ₰—

Et pour la nouvelle reapreciation, voyez *Tabis*.

Camelots de ſoye rouges cramoiſis de Veniſe, Florence, Milan, Naples & Lucques, la livre cy-devant taxée quarante-huit ſols neuf deniers. ———————— £ 2 ß 8 ₰ 9

Et pour la nouvelle reapreciation, voyez cy-aprés *Taffetas*.

Camelots de ſoye violets ou incarnats cramoiſis, la livre cy-devant taxée trente-neuf ſols. ———————— £ 1 ß 19 ₰—

Et pour la nouvelle reapreciation trois ſols. ———— £—ß 3 ₰—

Camelots à ondes ou Tapis de Veronne, tant vuides que ſans vuides, contenant la balle cinquante-quatre pieces ou environ, cy-devant taxée treize livres quinze ſols. £ 13 ß 15 ₰—

Et pour la nouvelle reapreciation, la piece cinq ſols. £—ß 5 ₰—

Camelots de l'Iſle ou d'Arras ſans ſoye, la piece cy-devant taxée quatre ſols ſix deniers. ———— £—ß 4 ₰ 6

Et pour la nouvelle reapreciation deux ſols ſix deniers. £—ß 2 ₰ 6

Camelots

Camelots de Levant, la balle cy-devant taxée treize livres quinze sols. —— £13ß15₰—
Et pour la nouvelle reapreciation, la piece cinq sols. £—ß 5 ₰—

Camelots de Levant, la piece cy-devant taxée dix sols. —— £—ß10₰—
Et pour la nouvelle reapreciation cinq sols. —— £—ß 5 ₰—

Camelots ou Burats teints en soye, la piece cy-devant taxée dix sols. —— £—ß10₰—
Et pour la nouvelle reapreciation cinq sols. —— £—ß 5 ₰—

Camelots d'Anduena, la piece cy-devant taxée deux sols six deniers. —— £—ß 2 ₰ 6
Et pour la nouvelle reapreciation deux sols cinq den. £—ß 2 ₰ 5

Camelots mi-soye, la livre cy-devant taxée neuf sols un denier. £—ß 9 ₰ 1
Et pour la nouvelle reapreciation deux sols. —— £—ß 2 ₰—

Camelots ou Burats mi-soye, & autres lieux de Flandres, la livre cy-devant taxée neuf sols un denier. —— £—ß 9 ₰ 1
Et pour la nouvelle reapreciation deux sols. —— £—ß 2 ₰—

Camisolle de soye avec peu d'or aux bords, doit vingt-huit sols. £ 1 ß 8 ₰—
Et pour la nouvelle reapreciation huit sols. —— £—ß 8 ₰—

Camisette picquée avec taffetas ou satins, la piece cy-devant taxée cinq sols. —— £—ß 5 ₰—
Et pour la nouvelle reapreciation deux sols. —— £—ß 2 ₰—

Camisette picquée couverte de cottonine ou botane, la piece cy-devant taxée trois sols. —— £—ß 3 ₰—
Et pour la nouvelle reapreciation deux sols. —— £—ß 2 ₰—

Cabacts de jonc & autres, la balle cy-devant taxée cinq sols. —— £—ß 5 ₰—
Et pour la nouvelle reapreciation deux sols. —— £—ß 2 ₰—

Corbeilles d'ozier & Escouve, la balle cy-devant taxée six sols. £—ß 6 ₰—
Et pour la nouvelle reapreciation deux sols. —— £—ß 2 ₰—

Canetille d'or, la livre cy-devant taxée trois livres. —— £ 3 ß—₰—
Et pour la nouvelle reapreciation cinq sols. —— £—ß 5 ₰—

Canabasettes rayées de soye, la piece cy-devant taxée dix sols. £—ß10₰—
Et pour la nouvelle reapreciation trois sols. —— £—ß 3 ₰—

Canabasettes sans soye, la piece cy-devant taxée quatre sols six deniers. —— £—ß 4 ₰ 6
Et pour la nouvelle reapreciation un sol six deniers. —— £—ß 1 ₰ 6

Canons d'Arquebuses de France, la balle cy-devant taxée dix sols. —— £—ß10₰—
Et pour la nouvelle reapreciation, le cent pesant cinq sols. —— £—ß 5 ₰—

Canons étrangers, la balle cy-devãt taxée cinq livres quinze sols. £ 5 ß15₰—
Et pour la nouvelle reapreciation, le cent pesant quinze sols. —— £—ß15₰—

Capiton ou côte de soye, la balle cy-devant taxée six livres. —— £ 6 ß—₰—
Et pour la nouvelle reapreciation, le cent pesant quarante sols. —— £ 2 ß—₰—

Capres

20 obie

| | # | s | d |
|---|---|---|---|
| Camelots d'amiens le % | 5 | 10 | |
| Etamines de Rheims le % | 5 | 10 | |
| Coste de soye cõe bourre de soye des Pays le % | 3 | | |
| Estrangère | 6 | | |
| Chapeaux de Caudebec la pièce | | 5 | |
| Crenettes de fer le % | 1 | 5 | |
| Cordonnet de soye des pays et estrangers % | 1 | 3 | |
| Cloude le % | | 8 | |
| Couvertes de point de fer le % | | 4 | |
| Corselet de marseille piqué | | 2 | 6 |
| Idem le devant | | 1 | 3 |
| Idem une jupe de toille piqué | | 10 | |
| Cravattes grossières pour soldat la 12ne | | 3 | |
| Craye rouge cõe sanguine | | 10 | |
| Couverture de mulet le % | | 5 | |

Capres-Busennes, le quintal pour tous droits cy-devant taxé quarante-neuf sols trois deniers. —— £ 2 ß 9 ₰ 3
Et pour la nouvelle reapreciation dix sols. —— £—ß 10 ₰—

Capres, le quintal pour les quatre pour cent, le baril cy-devant taxé quatre sols. —— £—ß 4 ₰—
Et pour la nouvelle reapreciation un sol. —— £—ß 1 ₰—

Carasses, la balle cy-devant taxée sept sols six deniers. —— £—ß 7 ₰ 6
Et pour la nouvelle reapreciation deux sols. —— £—ß 2 ₰—

Cardon, la balle cy-devant taxée sept sols six deniers. —— £—ß 7 ₰ 6
Et pour la nouvelle reapreciation deux sols six deniers. £—ß 2 ₰ 6

Carizes d'Angleterre, la piece cy-devant taxée onze sols six deniers. —— £—ß 11 ₰ 6
Et pour la nouvelle reapreciation huit sols six deniers. £—ß 8 ₰ 6

Cartes fines, la balle cy-devant taxée douze sols. —— £—ß 12 ₰—
Et pour la nouvelle reapreciation, le cent cinq sols. £—ß 5 ₰—

Cartes-maîtresses, la balle cy-devant taxée huit sols. —— £—ß 8 ₰—
Et pour la nouvelle reapreciation, le cent trois sols. —— £—ß 3 ₰—

Casses à frire, le quintal cy-devant taxé cinq sols. —— £—ß 5 ₰—
Et pour la nouvelle reapreciation deux sols. —— £—ß 2 ₰—

Chamois habillez en blanc ou en jaune, la douzaine cy-devant taxée treize sols six deniers. —— £—ß 13 ₰ 6
Et pour la nouvelle reapreciation cinq sols. —— £—ß 5 ₰—

Chanvre crud du Païs, le quintal cy-devant taxé un sol. —— £—ß 1 ₰—
Et pour la nouvelle reapreciation deux sols six deniers. £—ß 2 ₰ 6
L'Etranger cy-devant taxé un sol neuf deniers. —— £—ß 1 ₰ 9
Et pour la nouvelle reapreciation cinq sols. —— £—ß 5 ₰—

Chanvre peigné, le quintal cy-devant taxé deux sols. —— £—ß 2 ₰—
Et pour la nouvelle reapreciation six sols. —— £—ß 6 ₰—
L'Etranger peigné & battu, le quintal cy-devant taxé trois sols six deniers. —— £—ß 3 ₰ 6
Et pour la nouvelle reapreciation douze sols. —— £—ß 12 ₰—

Chapeaux de Montppellier, Romans, & autres semblables, la balle cy-devant taxée trente sols. —— £ 1 ß 10 ₰—
Et pour la nouvelle reapreciation. —— neant.

Chapeaux d'Espagne, la balle cy-devant taxée six livres. —— £ 6 ß—₰—
Et pour la nouvelle reapreciation. —— neant.

Chapeaux d'Auvergne, la balle cy-devant taxée quinze sols. £—ß 15 ₰—
Et pour la nouvelle reapreciation cinq sols. —— £—ß 5 ₰—

Chapeaux de Lorraine, la douzaine payera trois sols. —— £—ß 3 ₰—
Et pour la nouvelle reapreciation. —— neant.

Chapeaux de Provence fins, la balle cy-devant taxée trente sols £ 1 ß 10 ₰—
Et pour la nouvelle reapreciation. —— neant.

Chapeaux à poil de soye, la douzaine cy-devant taxée trois livres. —— £ 3 ß—₰—
Et pour la nouvelle reapreciation, quarante sols. —— £ 2 ß—₰—

Chapelets & autres Merceries de S. Claude, la balle cy-devant taxée onze sols. ——— ₤ — ß 11 ₰ —

Et pour la nouvelle reapreciation, le cent douze sols. ₤ — ß 12 ₰ —

Chausses de soye, la livre cy-devant taxée quatorze sols. ——— ₤ — ß 14 ₰ —

Et pour la nouvelle reapreciation deux sols. ——— ₤ — ß 2 ₰ —

Le Cramoisi, la livre cy-devant taxée quarante-huit sols neuf deniers. ——— ₤ 2 ß 8 ₰ 9

Et pour la nouvelle reapreciation. ——— neant.

Chemise ou Jacque de maille, la piece cy-devant taxée douze sols. ——— ₤ — ß 12 ₰ —

Et pour la nouvelle reapreciation. ——— neant.

Chemisette de soye avec Or par tout, la livre cy-devant taxée cinquante-six sols. ——— ₤ 2 ß 16 ₰ —

Et pour la nouvelle reapreciation quatre sols. ——— ₤ — ß 4 ₰ —

Chainettes, le quintal cy-devant taxé vingt sols. ——— ₤ 1 ß — ₰ —

Et pour la nouvelle reapreciation cinq sols. ——— ₤ — ß 5 ₰ —

Chevelieres, le quintal cy-devant estimé & taxé sept sols six den. ₤ — ß 7 ₰ 6

Et pour la nouvelle reapreciation deux sols six deniers. ₤ — ß 2 ₰ 6

Chevres accoûtrées en Chamois, la douzaine cy-devant taxée sept sols. ——— ₤ — ß 7 ₰ —

Et pour la nouvelle reapreciation cinq sols. ——— ₤ — ß 5 ₰ —

Chevrotins, la balle cy-devant taxée dix sols. ——— ₤ — ß 10 ₰ —

Et pour la nouvelle reapreciation chacun cent cinq sols. ₤ — ß 5 ₰ —

Coiffes de soye, la livre cy-devant taxée quatorze sols. ——— ₤ — ß 14 ₰ —

Et pour la nouvelle reapreciation deux sols. ——— ₤ — ß 2 ₰ —

Coiffes avec Or ou Argent, la livre quatorze sols. ——— ₤ — ß 14 ₰ —

Et pour la nouvelle reapreciation deux sols. ——— ₤ — ß 2 ₰ —

Cloux, Crosses à gros ouvrages de fer, le quintal cy-devant taxé deux sols. ——— ₤ — ß 2 ₰ —

Et pour la nouvelle reapreciation six sols. ——— ₤ — ß 6 ₰ —

Codes ou Pierres émouloires, la balle cy-devant taxée dix sols. ₤ — ß 10 ₰ —

Et pour la nouvelle reapreciation trois sols. ——— ₤ — ß 3 ₰ —

Collets de buffles, la piece cy-devant taxeé cinq sols. ——— ₤ — ß 5 ₰ —

Et pour la nouvelle reapreciation cinq sols. ——— ₤ — ß 5 ₰ —

Collets de chemises manufacturez en Flandres, la douzaine cy-devant taxée dix sols. ——— ₤ — ß 10 ₰ —

Et pour la nouvelle reapreciation dix sols. ——— ₤ — ß 10 ₰ —

Collets, Gazes, Coiffes & Crêpelines, la livre cy-devant taxée trente-six sols. ——— ₤ 1 ß 16 ₰ —

Et pour la nouvelle reapreciation cinq sols. ——— ₤ — ß 5 ₰ —

Collets de chemises de France, la douzaine cy-devant taxée cinq sols. ——— ₤ — ß 5 ₰ —

Et pour la nouvelle reapreciation deux sols six deniers. ₤ — ß 2 ₰ 6

Contrepointes ou Lodiers venans de Bourgogne, la douzaine cy-devant taxée douze sols. ——— ₤ — ß 12 ₰ —

Et

Et pour la nouvelle reapreciation trois sols. £ — ß 3 ₰ —

Corbeilles, la douzaine cy-devant taxée cinq deniers. £ — ß — ₰ 5

Et pour la nouvelle reapreciation sept deniers. £ — ß — ₰ 7

Cordes étrangeres, le quintal cy-devant taxé trois sols six den. £ — ß 3 ₰ 6

Et pour la nouvelle reapreciation quatre sols. £ — ß 4 ₰ —

Cordes du Royaume cy-devant taxées deux sols. £ — ß 2 ₰ —

Et pour la nouvelle reapreciation trois sols. £ — ß 3 ₰ —

Cordes ou Carasses, la balle cy-devant taxée sept sols six den. £ — ß 7 ₰ 6

Et pour la nouvelle reapreciation deux sols. £ — ß 2 ₰ —

Cordes, la balle cy-devant taxée sept sols six deniers. £ — ß 7 ₰ 6

Et pour la nouvelle reapreciation, le cent trois sols. £ — ß 3 ₰ —

Cordes de Luth, la quaisse pesant quinze livres, cy-devant taxée quinze sols. £ — ß 15 ₰ —

Et pour la nouvelle reapreciation trente sols. £ 1 ß 10 ₰ —

Cordes d'Arquebuses, le quintal cy-devant taxé cinq sols. £ — ß 5 ₰ —

Et pour la nouvelle reapreciation. neant.

Cordillats, Cadis du Crest, Provence, Languedoc, Dauphiné, & Castre, la charge cy-devant taxée quatre livres. £ 4 ß — ₰ —

Et pour la nouvelle reapreciation, le cent quinze sols. £ — ß 15 ₰ —

Et le quintal cy-devant taxé vingt-six sols huit deniers. £ 1 ß 6 ₰ 8

Et pour la nouvelle reapreciation. à proportion.

Cordillats & Reverche de Roüergue & du Puy, la charge cy-devant taxée quarante-cinq sols. £ 2 ß 5 ₰ —

Et pour la nouvelle reapreciation dix sols. £ — ß 10 ₰ —

Cornes de Cerf, le quintal cy-devant taxé trois sols. £ — ß 3 ₰ —

Et pour la nouvelle reapreciation un sol six deniers. £ — ß 1 ₰ 6

L'Etrangere cy-devant taxée quatre sols trois deniers. £ — ß 4 ₰ 3

Et pour la nouvelle reapreciation un sol. £ — ß 1 ₰ —

Cornes d'Angleterre pour faire Lanternes, la balle payera trois livres cinq sols. £ 3 ß 5 ₰ —

Et pour la nouvelle reapreciation quinze sols. £ — ß 15 ₰ —

Corselets dorez, la piece cy-devant taxée trente-deux sols six deniers. £ 1 ß 12 ₰ 6

Et pour la nouvelle reapreciation. neant.

Cotton filé fin, le quintal cy-devant taxé trente sols. £ 1 ß 10 ₰ —

Et pour la nouvelle reapreciation trois livres dix sols. £ 3 ß 10 ₰ —

Cotton filé, le quintal cy-devant taxé vingt-un sols. £ 1 ß 1 ₰ —

Et pour la nouvelle reapreciation trente-un sols. £ 1 ß 11 ₰ —

Cotton en laine, le quintal cy-devant taxé neuf sols neuf den. £ — ß 9 ₰ 9

Et pour la nouvelle reapreciation dix sols trois deniers. £ — ß 10 ₰ 3

Cotton de Limoges, le quintal cy-devant taxé trente-cinq sols six deniers. £ 1 ß 15 ₰ 6

Et pour la nouvelle reapreciation cinq sols. £ — ß 5 ₰ —

Coucons de soye, la balle cy-devāt taxée vingt-trois sols six den. £ 1 ß 3 ₰ 6

Et pour la nouvelle reapreciation douze sols six deniers. £ — ß 12 ₰ 6

Coupes

Coupes d'Acier de Limoges & autres de France, le quintal cy-devant taxé cinq sols. —— £ — ß 5 δ —
Et pour la nouvelle reapreciation un sol. —— £ — ß 1 δ —

Coupes d'Acier de Touraine, le quintal cy-devant taxé huit sols. —— £ — ß 8 δ —
Et pour la nouvelle reapreciation deux sols. —— £ — ß 2 δ —

Couteaux de Tiers & autres, la charge cy-devant taxée dix-sept sols six deniers. —— £ — ß 17 δ 6
Et pour la nouvelle reapreciation cinq sols. —— £ — ß 5 δ —

Coutils ou Flaines de Normandie, la charge cy-devant taxée cinq livres. —— £ 5 ß — δ —
Et pour la nouvelle reapreciation, le cent pesant dix sols. —— £ — ß 10 δ —

Coutils rayez de soye, la piece cy-devant taxée dix sols. —— £ — ß 10 δ —
Et pour la nouvelle reapreciation deux sols. —— £ — ß 2 δ —

Coutils sans soye, la piece cy-devant taxée quatre sols six den. £ — ß 4 δ 6
Et pour la nouvelle reapreciation deux sols six deniers. £ — ß 2 δ 6

Couvertes de Montpellier, d'Avignon, & autres semblables, la charge cy-devant taxée trois livres. —— £ 3 ß — δ —
Et pour la nouvelle reapreciation, le cent pesant quinze sols. —— £ — ß 15 δ —

Couvertes de laine d'Auvergne, la charge cy-devant taxée vingt sols. —— £ 1 ß — δ —
Et pour la nouvelle reapreciation, le cent pesant cinq sols. —— £ — ß 5 δ —

Couvertes grosses de poil de Chevre ou de Chien, la charge cy-devant taxée douze sols. —— £ — ß 12 δ —
Et pour la nouvelle reapreciation trois sols. —— £ — ß 3 δ —

Couvertes de Montpellier, la balle cy-devant taxée trente sols. £ 1 ß 10 δ —
Et pour la nouvelle reapreciation, le cent pesant quinze sols. —— £ — ß 15 δ —

Couvertes à poil de Chien de Lorraine, la piece un sol. —— £ — ß 1 δ —
Et pour la nouvelle reapreciation un sol. —— £ — ß 1 δ —

Couvertes de Cottonine piquées, la piece cy-devant taxée une livre. —— £ 1 ß — δ —
Et pour la nouvelle reapreciation cinq sols. —— £ — ß 5 δ —

Couvertes de poil de Chien, la charge cy-devant taxée douze sols. —— £ — ß 12 δ —
Et pour la nouvelle reapreciation. —— neant.

Couvertes piquées avec Taffetas, la piece voyez *Vannes de Taffetas.*

Couvertes de Catalogne, d'Espagne, cy-devant taxées trois liv. £ 3 ß — δ —
Et pour la nouvelle reapreciation trois sols. —— £ — ß 3 δ —
Et la piece cy-devant taxée sept sols six deniers. —— £ — ß 7 δ 6
Et pour la nouvelle reapreciation trois sols. —— £ — ß 3 δ —

Cordes

| | | |
|---|---|---|
| Cendres gravelées le % | 5.# 2.s | 2. |
| Camelot de l'Isle couleur ordinaire la piece de 20 aulnes de demie aulne de large | | 15. |
| Idem avec poille de chevre | 1. | |
| Couleur ecarlate | | 18. |
| Canevas pour faire la tapisserie cōe mercerie | 2. | |
| vieux canons de fer ou mousquets le % | | 6. |
| Chapeaux de laine garnis la 12.e | | 12. |
| Chevillures d'hollande et de flandre le % | 4. | 10. |
| Cordes de boyaux propres pour instrument le % | 2. | 10. |
| Cornes propres a faire manches de couteaux le q.l | | 3. |
| Couvertes de laine de Roüen | 2. | |
| Crepes crepés de boulogne la livre | 2. | 14. |
| Idem pour Paris | 5. | |
| Cuir doré en tapisserie le % | 6. | 13.s 4.d |
| Cuivre en grinaille a faire tapisserie le q.l | | 10. |
| Ceinture de laine la 12.ne | | 6. |
| Crepons de Zurick la balle de 160. poid net de marcon 200.l brut | 10 | |
| Carton cōe papier blanc le % | | 4. 6. |
| Caisse d'ail de 50.l | | 15. |
| Canes de fer le % | | 7. 6.d |
| Cordon de crin cōe mercerie de paris % | 2. | |
| Chapeaux de Castor la piece | 1. | |
| Idem demy castor | | 10. |
| Cendres de tripoly le % | | 5. |
| Cornes de bœuf ou moutons estrangers le q.l | | 2. |
| Chemisette de soye d'Italie la livre | | 16. |
| Idem avec or et argent la livre | 3. | |
| Crepons d'avignon la livre | 1. | 8. |
| Chandelles de suif le q.l | | 10. |
| Chemisette de Coton la piece | | 5. |
| Craye blanche le q.l | | 3. 6 |
| Chapeaux de Languedoc le q.l net | | 15. |
| Coris ou Coquillages | | 5. |
| la Caisse d'instrumens | 1. | 5. |
| Croye rouge dite sanguine | | 10. |

| | | |
|---|---|---|
| Cristal mineral voie Salnitre | | |
| Creuset de fonte pour la monnoye neant | | |
| Cuivre de retour de Vienne le % | | 3. |
| Cuisses d'oye salés le qt. | 2.# | |
| Craye de Briançon coe craye cydessus | | 3. 6. |
| Crepelis de Bourgogne la livre | 1. | 17. |
| Couvertes piquées de Marseille coe Baune | 1. | 6. |
| Cuir de bœuf en vache en poil ou en tripe la piece | | 3 |

Cordes à faire moreaux, la balle cy-devant taxée huit sols. — £—ß 8 ₰—
Et pour la nouvelle reapreciation deux sols. — £—ß 2 ₰—

Crin de Cheval, le quintal cy-devant taxé huit sols. — £—ß 8 ₰—
Et pour la nouvelle reapreciation deux sols. — £—ß 2 ₰—

Crêpe de cotton, cy-devant la charge estimée & taxée neuf livres. — £ 9 ß—₰—
Et pour la nouvelle reapreciation, le cent vingt sols. £ 1 ß—₰—

Crêpe de soye, la livre cy-devant taxée cinquante-quatre sols. £ 2 ß 14 ₰—
Et pour la nouvelle reapreciation. — neant.

Crêpes crud, la livre cy-devant taxée trois sols. — £—ß 3 ₰—
Et pour la nouvelle reapreciation un sol. — £—ß 1 ₰—

Crêpon de Naples, cy-devant taxé dix-neuf sols neuf deniers. £—ß 19 ₰ 9
Et pour la nouvelle reapreciation huit sols trois deniers. £—ß 8 ₰ 3

Crystal brut, le quintal cy-devant taxé trente sols. — £ 1 ß 10 ₰—
Et pour la nouvelle reapreciation dix sols. — £—ß 10 ₰—

Crystal, le quintal cy-devant taxé cinq livres. — £ 5 ß—₰—
Et pour la nouvelle reapreciation vingt sols. — £ 1 ß—₰—

Croye blanche & autres, le quintal cy-devant taxé deux sols six deniers. — £—ß 2 ₰ 6
Et pour la nouvelle reapreciation un sol. — £—ß 1 ₰—

Croiseaux d'Angleterre, la piece cy-devant taxée onze sols six deniers. — £—ß 11 ₰ 6
Et pour la nouvelle reapreciation trois sols six deniers. £—ß 3 ₰ 6

Croiseaux de Valence felin, la piece cy-devant taxée cinq sols neuf deniers. — £—ß 5 ₰ 9
Et pour la nouvelle reapreciation trois sols trois deniers. — £—ß 3 ₰ 3

Crosets pour les Orphevres, la charge cy-devant taxée quatre sols. — £—ß 4 ₰—
Et pour la nouvelle reapreciation un sol. — £—ß 1 ₰—

Croisettes rayées de soye, la livre cy-devant taxée, sept sols six deniers. — £—ß 7 ₰ 6
Et pour la nouvelle reapreciation deux sols six deniers. £—ß 2 ₰ 6

Croisettes de laine, la piece cy-devant taxée quatre sols six deniers. — £—ß 4 ₰ 6
Et pour la nouvelle reapreciation deux sols. — £—ß 2 ₰—

Croisettes de laine rayées, la piece cy-devant taxée quatre sols six deniers. — £—ß 4 ₰ 6
Et pour la nouvelle reapreciation deux sols. — £—ß 2 ₰—

Cuillieres de fer, la douzaine cy-devant taxée trois deniers. — £—ß—₰ 3
Et pour la nouvelle reapreciation trois deniers. — £—ß—₰ 3

Cuirs de Bœuf, Vache, Brave, Pelus, l'un portant l'autre, la piece cy-devant taxée un sol. — £—ß 1 ₰—
Et pour la nouvelle reapreciation deux sols. — £—ß 2 ₰—

| | £ | ß | ₰ |
|---|---|---|---|
| L'Etrangere, la piece cy-devant taxée un ſol neuf den. | — | 1 | 9 |
| Et pour la nouvelle reapreciation trois ſols. | — | 3 | — |
| Cuir tanné & habillé, le quintal cy-devant taxé quatre ſols. | — | 4 | — |
| Et pour la nouvelle reapreciation douze ſols. | — | 12 | — |
| Cuivre tiré d'or, la livre cy-devant taxée quatre ſols. | — | 4 | — |
| Et pour la nouvelle reapreciation deux ſols. | — | 2 | — |
| Cuivre tiré en verge, le quintal cy-devant taxé douze ſols. | — | 12 | — |
| Et pour la nouvelle reapreciation dix-huit ſols. | — | 18 | — |
| Cuivre d'Allemagne ou rozette, le quintal cy-devant taxé neuf ſols. | — | 9 | — |
| Et pour la nouvelle reapreciation vingt-un ſols. | 1 | 1 | — |
| Cuivre, le quintal cy-devant taxé huit ſols. | — | 8 | — |
| Et pour la nouvelle reapreciation vingt-deux ſols. | 1 | 2 | — |
| Cuivre ou Leton vieux ou rompu, le quintal cy-devant taxé cinq ſols. | — | 5 | — |
| Et pour la nouvelle reapreciation dix ſols. | — | 10 | — |
| Cottonines, la piece cy-devant taxée deux ſols. | — | 2 | — |
| Et pour la nouvelle reapreciation ſix deniers. | — | — | 6 |
| Coquilles de Nacre, la caiſſe cy-devant taxée trois livres. | 3 | — | — |
| Et pour la nouvelle reapreciation. | neant. | | |
| Chapeaux garnis, la douzaine payera quatre ſols. | — | 4 | — |
| Et pour la nouvelle reapreciation huit ſols. | — | 8 | — |
| Carlets, la piece cy-devant taxée quatre ſols ſix deniers. | — | 4 | 6 |
| Et pour la nouvelle reapreciation un ſol ſix deniers. | — | 1 | 6 |
| Camiſettes de cottonine piquées de ſatin & taffetas, cy-devant taxées cinq ſols. | — | 5 | — |
| Et pour la nouvelle reapreciation trois ſols. | — | 3 | — |
| Cadits & Cordillats d'Eſpagne, la balle cy-devant taxée trois livres. | 3 | — | — |
| Et pour la nouvelle reapreciation vingt ſols. | 1 | — | — |
| Chapeaux de Caſtor, la piece, garnis ou non garnis vingt ſols. | 1 | — | — |
| Cordons d'Or & d'Argent, la douzaine trente-ſix ſols. | 1 | 16 | — |
| Cordons d'Or & d'Argent faux, la douzaine deux ſols ſix deniers. | — | 2 | 6 |
| Chandelles de Suif ou Suif, le quintal dix ſols. | — | 10 | — |
| Chevaux d'Eſpagne au deſſous de quatre-vingt-dix livres de valeur, quatre livres dix ſols. | 4 | 10 | — |
| Et au deſſus de quatre-vingt-dix livres, payeront huit livres. | 8 | — | — |

Eſpiceries.

C.

# Epicerie & Droguerie

| | l. | s. | d. |
|---|---|---|---|
| Cire blanche de Marseille le ℔ | 1: | 11: | ": |
| Cire ouvrée le ℔ | 2: | 2: | ": |
| Cire jaune du Levant | 2: | 8: | ": |
| Cire jaune de païs | 1: | 10: | ": |
| Coraline ou mousse de Mer | 1: | 13: | 6: |
| Creme de Tartre le q.al | ": | 10: | ": |

## *Eſpiceries & Drogueries.*

# D

DAttes pour les quatre pour cent cy-devant taxez dix ſols. £—ß10₰—
Et pour la nouvelle reapreciation deux ſols. £—ß 2 ₰—

Dictemus, le quintal cy-devant taxé douze ſols. £—ß12₰—
Et pour la nouvelle reapreciation dix ſols. £—ß10₰—
Pour les quatre pour cent cy-devant taxez treize ſols trois deniers. £—ß13₰ 3
Et pour la nouvelle reapreciation vingt-quatre ſols. £ 1 ß 4 ₰—

Decus Creticus, le quintal cy-devant taxé deux livres deux ſols ſix deniers. £ 2 ß 2 ₰ 6
Et pour la nouvelle reapreciation. neant.
Pour les quatre pour cent cy-devant taxez cinq livres. £ 5 ß—₰—
Et pour la nouvelle reapreciation. neant.

Drogueries cy-devant taxées cinq livres deux ſols ſix deniers. £ 5 ß 2 ₰ 6
Et pour la nouvelle reapreciation. neant.

## *Marchandiſes.*

Dails de Piedmont & autres, le cent peſant cy-devant taxé vingt-ſept ſols. £ 1 ß 7 ₰—
Et pour la nouvelle reapreciation ſix ſols. £—ß 6 ₰—

Dagues, la douzaine cy-devant taxée un ſol. £—ß 1 ₰—
Et pour la nouvelle reapreciation, voyez *Allemelles*.
L'Etranger cy-devant taxé un ſol ſix deniers. £—ß 1 ₰ 6
Et pour la nouvelle reapreciation. *Idem.*

Damas à florettes d'Or & d'Argent & Soye, la livre cy-devant taxée quarante-cinq ſols trois deniers. £ 2 ß 5 ₰ 3
Et pour la nouvelle reapreciation dix ſols. £—ß10₰—

Damas avec Or ou Argent, la livre cy-devant taxée trente-ſix ſols. £ 1 ß16₰—
Et pour la nouvelle reapreciation huit ſols. £—ß 8 ₰—

Damas de Florence, Boulogne & Naples, la livre cy-devant taxée dix-neuf ſols neuf deniers. £—ß19₰ 9
Et pour la nouvelle reapreciation cinq ſols. £—ß 5 ₰—

Damas de Gennes, la livre cy-devant taxée dix-huit ſols. quatre deniers. £—ß18₰ 4
Et pour la nouvelle reapreciation cinq ſols. £—ß 5 ₰—

Pour

| | £ | ß | ₰ |
|---|---|---|---|
| Pour le mandement, pour piece cy-devant taxé trois livres. | 3 | — | — |
| Et pour la nouvelle reapreciation. | | | neant. |
| Damas de Lucques, la livre cy-devant taxée dix-sept sols trois deniers. | — | 17 | 3 |
| Et pour la nouvelle reapreciation cinq sols. | — | 5 | — |
| Damas de Milan, la livre cy-devant taxée dix-huit sols trois deniers. | — | 18 | 3 |
| Et pour la nouvelle reapreciation six sols. | — | 6 | — |
| Damas de Venise, la livre cy-devant taxée vingt-quatre sols. | 1 | 4 | — |
| Et pour la nouvelle reapreciation huit sols. | — | 8 | — |
| Damas de soye rouge cramoisy, quarante-huit sols neuf deniers. | 2 | 8 | 9 |
| Et pour la nouvelle reapreciation huit sols trois den. | — | 8 | 3 |
| Damas violet ou incarnat cramoisy de toutes sortes, la livre cy-devant taxée trente-neuf sols. | 1 | 19 | — |
| Et pour la nouvelle reapreciation neuf sols. | — | 9 | — |
| Deuves, Ostades & Satines de toutes sortes, la piece cy-devant taxée trois sols. | — | 3 | — |
| Et pour la nouvelle reapreciation deux sols. | — | 2 | — |
| L'Etranger cy-devant taxé six sols. | — | 6 | — |
| Et pour la nouvelle reapreciation deux sols. | — | 2 | — |
| Draps d'Angleterre, la piece cy-devant taxée quatre livres. | 4 | — | — |
| Et pour la nouvelle reapreciation quarante sols. | 2 | — | — |
| Draps d'Aumale, le fonds ou charge de quatre quintaux cy-devant taxez cinquante-cinq sols. | 2 | 15 | — |
| Et pour la nouvelle reapreciation, le cent neuf sols. | — | 9 | — |
| Le quintal cy-devant taxé treize sols neuf deniers. | — | 13 | 9 |
| Et pour la nouvelle reapreciation dix sols. | — | 10 | — |
| Draps de Bourges, Troyes & Beauvais, le fonds & charge n'excedant quatre quintaux, cy-devant taxez six livres. | 6 | — | — |
| Et pour la nouvelle reapreciation, le cent vingt sols. | 1 | — | — |
| Draps de Bureaux, Aignis, la charge cy-devant taxée sept sols six deniers. | — | 7 | 6 |
| Et pour la nouvelle reapreciation, le cent dix sols. | — | 10 | — |
| Draps de Carcassonne, Languedoc, Valence, Romans & Lyonnois, la charge cy-devant taxée quatre livres. | 4 | — | — |
| Et pour la nouvelle reapreciation, le cent quinze sols. | — | 15 | — |
| Draps de Castres, la charge cy-devant taxée quatre livres. | 4 | — | — |
| Et pour la nouvelle reapreciation, le cent quinze sols. | — | 15 | — |
| Draps de Flandres, la piece cy-devant taxée quatre livres cinq sols. | 4 | 5 | — |
| Et pour la nouvelle reapreciation trente-cinq sols. | 1 | 15 | — |
| Draps de gros bureau noir, gris, blanc, la charge cy-devant taxée six sols. | — | 6 | — |

Et

Et pour la nouvelle reapreciation, la balle cinq ſols. — £ — ß 5 ₰ —

Draps d'or & d'argent, comme velours en fond d'or & d'argent la livre cy-devant taxée quarante-deux ſols neuf den. £ 2 ß 2 ₰ 9

Et pour la nouvelle reapreciation dix ſols. — £ — ß 10 ₰ —

Draps d'or & d'argent, frizes riches, pour tous droits la livre de ſeize onces poids de marc, cy-devant taxée quatre livres treize ſols ſix deniers. — £ 4 ß 13 ₰ 6

Et pour la nouvelle reapreciation ſeize ſols trois deniers. £ — ß 16 ₰ 3

Draps d'Orgelet, la balle cy-devant taxée dix-ſept ſols ſix den. £ — ß 17 ₰ 6

Et pour la nouvelle reapreciation cinq ſols. — £ — ß 5 ₰ —

Draps de Paris, Vicomté, de toutes ſortes, le fond n'excedant quatre quintaux, cy-devant taxés huit livres. — £ 8 ß — ₰ —

Et pour la nouvelle reapreciation, le cent trente ſols. £ 1 ß 10 ₰ —

Draps de Perpignan, la piece cy-devant taxée trois livres dix ſols. — £ 3 ß 10 ₰ —

Et pour la nouvelle reapreciation trente ſols. — £ 1 ß 10 ₰ —

Draps de Poictou, Partenay & Nior, le fonds ou ſerges cy-devant taxé cinquante-cinq ſols. — £ 2 ß 15 ₰ —

Et pour la nouvelle reapreciation, le cent dix ſols. — £ — ß 10 ₰ —

Draps de Rocques, Cabardes, Saint Coſme, & Saint Pons, la charge cy-devant taxée vingt-cinq ſols. — £ 1 ß 5 ₰ —

Et pour la nouvelle reapreciation, le cent dix ſols. — £ — ß 10 ₰ —

Draps de Rodez, la balle cy-devant taxée dix ſols. — £ — ß 10 ₰ —

Et pour la nouvelle reapreciation, le cent cinq ſols. — £ — ß 5 ₰ —

Draps de Roüen, le fonds n'excedant quatre quintaux, cy-devant taxés douze livres. — £ 12 ß — ₰ —

Et pour la nouvelle reapreciation, le cent trente ſols. £ 1 ß 10 ₰ —

Draps de Troye, le quintal cy-devant taxé trente ſols. — £ 1 ß 10 ₰ —

Et pour la nouvelle reapreciation, le cent dix ſols. — £ — ß 10 ₰ —

Draps de Villefranche ou Roüergue, Uzez, Bezier & Montreal, la charge cy-devant taxée quarante-cinq ſols. £ 2 ß 5 ₰ —

Et pour la nouvelle reapreciation, le cent ſept ſols ſix deniers. — £ — ß 7 ₰ 6

Draps de Vire, le fonds de quatre quintaux cy-devant taxé trois livres — £ 3 ß — ₰ —

Et pour la nouvelle reapreciation, le cent dix ſols. — £ — ß 10 ₰ —

Le quintal cy-devant taxé quinze ſols. — £ — ß 15 ₰ —

Et pour la nouvelle reapreciation dix ſols. — £ — ß 10 ₰ —

Draps du Creſt, le quintal cy-devant taxé vingt-ſix ſols huit deniers. — £ 1 ß 6 ₰ 8

Et pour la nouvelle reapreciation ſix ſols quatre den. £ — ß 6 ₰ 4

Draps du Puys, Rodez, Mandes, Melun & autres ſemblables, la charge cy-devant taxée vingt ſols. — £ 1 ß — ₰ —

Et pour la nouvelle reapreciation, le cent cinq ſols. £ — ß 5 ₰ —

Draps du Seau, le quintal cy-devant taxé trois livres. — £ 3 ß — ♁ —
Et pour la nouvelle reapreciation trente sols. — £ 1 ß 10 ♁ —

Droguez, la charge de trois cens, cy-devant taxée dix-sept sols six deniers. — £ — ß 17 ♁ 6
Et pour la nouvelle reapreciation, le cent cinq sols. — £ — ß 5 ♁ —
La piece cy-devant taxée deux sols six deniers. — £ — ß 2 ♁ 6
Et pour la nouvelle reapreciation, voyez cy-dessus. —

Dentelles d'or & d'argent, la livre cy-devant taxée trente-six sols. — £ 1 ß 16 ♁ —
Et pour la nouvelle reapreciation douze sols. — £ — ß 12 ♁ —

Dentelles, Point coupé de Flandres, & autres ouvrages de fil dudit Païs, la livre quatre livres. — £ 4 ß — ♁ —

Dentelles de Liege, Lorraine, & du Comté, la livre quarante sols. — £ 2 ß — ♁ —

# L. D.

## Epiceries et Drogueries

# D

## Marchandise

| | ll | s | d |
|---|---|---|---|
| Draps de Bourgogne le [illegible] | 2 | 10 | " |
| drap dorgelet le | " | 11 | 3 |
| drap bure de Vire le qal | 1 | 5 | " |
| droguet rayé d'argent la L | " | 10 | " |
| droguet de Roüen le | 5 | 10 | " |
| droguet fil et laine | " | 10 | 10 |
| drap d'abas par accommodemt | 1 | 10 | " |
| dentelles a poin dorillat la L | 3 | 15 | " |
| dents d'Elephant le | 1 | 10 | " |
| Draps d'Elbeuf, d'Abbeville et d'Amiens le °/o | 4 | 10 | |
| Damas de Basle c. figature la piece | 9 | 8 | 6 |
| Des d'aciers a cuivre de Liege le °/o | 4 | 10 | |
| Droguets d'Amboise Poitou et autres | 5 | 10 | |
| Draps écarlattes de France 4. l'aune 20 aulnes | 4 | | |
| Idem Etrangere | 1 | 5 | |
| droguet fil et laine de Reims °/o | | 10 | 10 |
| Dominoterie ou papier marbré c. Mercerie d'allemagne le gl. | | 4 | |
| draps de hollande violet et cramoisy la piece de 25. aulnes | 7 | 10 | |
| draps douzain d'angleterre la piece de 25. aulnes | 3 | | |
| draps d'hollande écarlate la piece de 25. aulnes | 10 | | |
| draps de Saulieu et Dijon le gl. | 2 | | |
| Droguet rayé d'argent la livre | 3 | 15 | |
| droguet de laine et fil de pravie le gl | | 10 | 10 |
| dentelles galons or et argent faux la livre | | 8 | |
| dentelles de pravie la livre | | 10 | |

## *Espiceries & Drogueries.*

# E

EAu d'Enar & Naphe, la charge cy-devant taxée trente sols. £ 1 ß 10 ₰ —
Et pour la nouvelle reapreciation, ——— neant.

Encens, le quintal cy-devant taxé trente-deux sols six deniers. £ 1 ß 12 ₰ 6
Et pour la nouvelle reapreciation cinq sols. ——— £ — ß 5 ₰ —
Pour les quatre pour cent cy-devant taxez douze sols. £ — ß 12 ₰ —
Et pour la nouvelle reapreciation vingt sols. ——— £ 1 ß — ₰ —

Escorce de citron confit, le quintal cy-devant taxé vingt sols. £ 1 ß — ₰ —
Et pour la nouvelle reapreciation vingt sols. ——— £ 1 ß — ₰ —

Escorce de Gayat de Levant, le quintal cy-devant taxé dix sols. £ — ß 10 ₰ —
Et pour la nouvelle reapreciation, deux sols six deniers. £ — ß 2 ₰ 6
Pour les quatre pour cent cy-devant taxez cinq sols. £ — ß 5 ₰ —
Et pour la nouvelle reapreciation quinze sols. ——— £ — ß 15 ₰ —

Esponges, le quintal cy-devant taxé douze sols huit deniers. £ — ß 12 ₰ 8
Et pour la nouvelle reapreciation sept sols six deniers. £ — ß 7 ₰ 6
Pour les quatre pour cent cy-devant taxés trente-deux sols. ——— £ 1 ß 12 ₰ —
Et pour la nouvelle reapreciation. ——— neant.

Euforbe, le quintal cy-devant taxé treize sols trois deniers. £ — ß 13 ₰ 3
Et pour la nouvelle reapreciation, ——— neant.
Pour les quatre pour cent cy-devant taxez douze sols £ — ß 12 ₰ —
Et pour la nouvelle reapreciation, quatre sols. ——— £ — ß 4 ₰ —

Epithimi, le quintal cy-devant taxé deux sols six deniers. ——— £ — ß 2 ₰ 6
Et pour la nouvelle reapreciation treize sols. ——— £ — ß 13 ₰ —

Elebore blanc racine, le quintal cy-devant taxé deux sols six deniers. ——— £ — ß 2 ₰ 6
Et pour la nouvelle reapreciation dix sols. ——— £ — ß 10 ₰ —

Eau de fleur d'Orange, la quaisse cy-devant taxée quinze sols. £ — ß 15 ₰ —
Et pour la nouvelle reapreciation douze sols. ——— £ — ß 12 ₰ —

Escorce de Tamariq, le quintal cy-devant taxé deux sols six den. £ — ß 2 ₰ 6
Et pour la nouvelle reapreciation six deniers. ——— £ — ß — ₰ 6

## *Marchandises.*

Ermines, le timbre cy-devant taxé vingt-cinq sols. ——— £ 1 ß 5 ₰ —
Et pour la nouvelle reapreciation deux sols six deniers. £ — ß 2 ₰ 6

Escarlatte de Milan, Vinecnce, & autres lieux d'Italie, la piece

cy-devant taxée cinq livres cinq sols. ——— £ 5 ß 5 ₰—
Et pour la nouvelle reapreciatiō trois livres quinze sols. £ 3 ß 15 ₰—
Escarlatte de Paris, la piece cy-devant taxée trois livres.—— £ 3 ß—₰—
Et pour la nouvelle reapreciation vingt sols.——— £ 1 ß—₰—
Escarlatte d'Espagne, la piece cy-devāt taxée sept livres cinq sols. £ 7 ß 5 ₰—
Et pour la nouvelle reapreciation cinquante-cinq sols. £ 2 ß 15 ₰—
Esclappes de Languedoc, la charge cy-devant taxée six sols. £—ß 6 ₰—
Et pour la nouvelle reapreciation le cent un sol.—— £—ß 1 ₰—
Esguilles de Milan, la balle cy-devant taxée quarante-cinq sols. £ 2 ß 5 ₰—
Et pour la nouvelle reapreciation le cent dix sols.—— £—ß 10 ₰—
Esguilles d'Allemagne, le quintal cy-devant taxé trois livres cinq sols. ——— £ 3 ß 5 ₰—
Et pour la nouvelle reapreciation quinze sols. ——— £—ß 15 ₰—
Esgrette, la livre cy-devant taxée sept sols. ——— £—ß 7 ₰—
Et pour la nouvelle reapreciation deux sols. ——— £—ß 2 ₰—
Esmail, la quaisse cy-devant taxée cinq livres. ——— £ 5 ß—₰—
Et pour la nouvelle reapreciation le cent dix sols.—— £—ß 10 ₰—
Esmery, le quintal cy-devant taxé dix sols. ——— £—ß 10 ₰—
Et pour la nouvelle reapreciation le cent cinq sols. £—ß 5 ₰—
Epingles, la charge de trois quintaux, cy-devant taxée, vingt sols. £ 1 ß—₰—
Et pour la nouvelle reapreciation, le cent quinze sols. £—ß 15 ₰—
L'estrangere cy-devant taxée trente-huit sols.——— £ 1 ß 18 ₰—
Et pour la nouvelle reapreciation, le cent douze sols. £—ß 12 ₰—
Estain de Milan & autres d'Italie, & autres, la balle cy-devant taxée treize livres. ——— £ 13 ß—₰—
Et pour la nouvelle reapreciation, le cent dix sols. —£—ß 10 ₰—
Estaing petit, la balle cy-devant taxée trente-cinq sols. —— £ 1 ß 15 ₰—
Et pour la nouvelle reapreciation, le cent deux sols £—ß 2 ₰—
Estaing de Languedoc, la balle cy-devant taxée quarante sols. £ 2 ß—₰—
Et pour la nouvelle reapreciation le cent huit sols. —£—ß 8 ₰—
Estaing en saumon, le quintal cy-devāt taxé dix-sept sols six den. £—ß 17 ₰ 6
Et pour la nouvelle reapreciation, le cent sept sols six deniers. ——— £—ß 7 ₰ 6
Estaing en œuvre, le quintal cy-devant taxé vingt-cinq sols. £ 1 ß 5 ₰—
Et pour la nouvelle reapreciation, le cent dix sols.— £—ß 10 ₰—
Estaing vieil, le quintal cy-devant taxé quinze sols.——— £—ß 15 ₰—
Et pour la nouvelle reapreciation trois sols.——— £—ß 3 ₰—
Estamet de Milan, & autres lieux d'Italie, la piece cy-devant taxée quarante sols. ——— £ 2 ß—₰—
Et pour la nouvelle reapreciation quinze sols. ——— £—ß 15 ₰—
Estamet de Milan, la balle cy-devant taxée treize livres. —— £ 13 ß—₰—
Et pour la nouvelle reapreciation, le cent trente sols. £ 1 ß 10 ₰—
Estamet de Milan cramoisy, la piece cy-devant taxée, cinq livres cinq sols. ——— £ 5 ß 5 ₰—

Et

Et pour la nouvelle reapreciation vingt-cinq ſols. — £ 1 ß 5 ₰ —

Eſtamines d'Auvergne, la charge cy-devant taxée ſeize ſols. £ — ß 16 ₰ —

Et pour la nouvelle reapreciation ſeize ſols. — £ — ß 16 ₰ —

Le Ballon cy-devant taxé quatre ſols. — £ — ß 4 ₰ —

Et pour la nouvelle reapreciation quatre ſols. — £ — ß 4 ₰ —

Eſtamines de Rheims, la piece cy-devant taxée deux ſols. — £ — ß 2 ₰ —

Et pour la nouvelle reapreciation trois ſols. — £ — ß 3 ₰ —

Eſteufs, la charge cy-devant taxée ſix ſols. — £ — ß 6 ₰ —

Et pour la nouvelle reapreciation deux ſols. — £ — ß 2 ₰ —

Eſtaches de Galettes de France, la balle cy-devant taxée treize ſols ſix deniers. — £ — ß 13 ₰ 6

Et pour la nouvelle reapreciation trois ſols. — £ — ß 3 ₰ —

Eſtoupes blanches, le quintal cy-devant taxé ſix ſols. — £ — ß 6 ₰ —

Et pour la nouvelle reapreciation un ſol. — £ — ß 1 ₰ —

Eſtoupes en bourre, le quintal cy-devant taxé quatre deniers. £ — ß — ₰ 4

Et pour la nouvelle reapreciation huit deniers. — £ — ß — ₰ 8

L'Eſtrangere, cy-devant taxée ſept deniers. — £ — ß — ₰ 7

Et pour la nouvelle reapreciation huit deniers. — £ — ß — ₰ 8

Eſtoupes en bourre, la balle de charette cy-devant taxée quatre ſols. — £ — ß 4 ₰ —

Et pour la nouvelle reapreciation à l'équipolent quatre ſols. — £ — ß 4 ₰ —

Eſtoupes du Païs, la piece cy-devant taxée un ſol. — £ — ß 1 ₰ —

Et pour la nouvelle reapreciation un ſol. — £ — ß 1 ₰ —

Eſtouperies, la balle étrangere cy-devant taxée treize ſols. — £ — ß 13 ₰ —

Et pour la nouvelle reapreciation le cent deux ſols ſix deniers. — £ — ß 2 ₰ 6

Eſtouperies étrangeres, la piece cy-devant taxée un ſol neuf den. £ — ß 1 ₰ 9

Et pour la nouvelle reapreciation neuf deniers. — £ — ß — ₰ 9

Eſguillettes de ſoye de Paris ou Roüen, la livre cy-devant taxée quatre ſols. — £ — ß 4 ₰ —

Et pour la nouvelle reapreciation quatre ſols. — £ — ß 4 ₰ —

Eau de vie le quintal ſeize ſols. — £ — ß 16 ₰ —

# E

## Epiceries & droguerie

| | ll | s | d |
|---|---|---|---|
| Eau de Cette le ℔ | 2 | 16 | " |
| Emery en pierre le q^al | " | 15 | " |
| Eau de Romarin le ℔ | 1 | 7 | " |
| Esca ou amadou le ℔ | " | 6 | 8 |
| Essence de toute sortes le ℔ | 4 | 10 | |
| esprit de soufre | idem | | |
| Esta ou meches le ql | | 6 | 8 |
| Emery le ℔ | | 15 | |
| Eau forte le ℔ | | 15 | |
| Esquine ou a peu pres, la livre | 4 | 10 | |
| Epiquequana come Rhubarbe | 15 | | |

# E

## Marchandises

| | ll | s | d |
|---|---|---|---|
| Email le cent | 3. | 5: | 8. |
| Etrilles le cent | 4: | 10: | 4: |
| Epingles de fer le quintal | 1: | 1: | 8: |
| Epingles de laitton le cent | 1: | 5: | 4: |
| Etamine my soye la piece | 4: | 5: | 4: |
| Etain en feuille pour estamer des mercerie de Paris | 2 | | |
| Etoffe de cour des mesmes la livre | . | 3. | |
| Etamine du mans le cent | 5. | 10 | |
| Etamine de soye d'avignon la livre | 1. | 8 | |
| Et moitié en sus des droits sur toutes les autres marchandises des Pays Etrangers depuis 1717. | | | |
| Etoffe de soye de france a feuillage d'argent la livre | 1. | | |
| Etain en feuille des etain [illegible] le 18 may 1693 | 1. | 15. | |

## *Espiceries & Drogueries.*

### F

FEnoil, le quintal cy-devant taxé trois sols neuf deniers. £—ß 3 ₰ 9
Et pour la nouvelle reapreciation six sols trois deniers. £—ß 6 ₰ 3
Pour les quatre pour cent cy-devant taxez trois sols.— £—ß 3 ₰—
Et pour la nouvelle reapreciation treize sols. —— £—ß 13 ₰—

Fleurs de Violettes & autres, la charge cy-devant taxée sept sols six deniers.—— £—ß 7 ₰ 6
Et pour la nouvelle reapreciation deux sols six deniers. £—ß 2 ₰ 6

Folij Indi, le quintal cy-devant taxé vingt sols six deniers.— £ 1 ß—₰ 6
Et pour la nouvelle reapreciation cinquante-quatre sols six deniers. —— £ 2 ß 14 ₰ 6

Florée, le quintal cy-devant taxé vingt-deux sols six deniers. £ 1 ß 2 ₰ 6
Et pour la nouvelle reapreciation dix-sept sols six deniers.—— £—ß 17 ₰ 6
Pour les quatre pour cent cy-devant taxez trois livres. £ 3 ß—₰—
Et pour la nouvelle reapreciation cinq sols.—— £—ß 5 ₰—

Fustet, le quintal cy-devant taxé quatre deniers.—— £—ß—₰ 4
Et pour la nouvelle reapreciation un sol six deniers. £—ß 1 ₰ 6

Florum Carthamy ou Saffran bâtard, le quintal cy-devant taxé vingt sols.—— £ 1 ß—₰—
Et pour la nouvelle reapreciation dix sols.—— £—ß 10 ₰—

Flus d'esquinant, le quintal cy-devant taxé douze sols.—— £—ß 12 ₰—
Et pour la nouvelle reapreciation trois sols.—— £—ß 3 ₰—
Pour les quatre pour cent cy-devant taxez quatorze sols. —— £—ß 14 ₰—
Et pour la nouvelle reapreciation dix sols.—— £—ß 10 ₰—

Fleuret d'Inde pour tous droits, cy-devant taxé sept livres. £ 7 ß—₰—
Et pour la nouvelle reapreciation,—— neant.

Figues, le quintal deux sols six deniers. —— £—ß 2 ₰ 6

## *Marchandises.*

Flacqtieres de Mulets, la charge cy-devant taxée seize sols. £—ß 16 ₰—
Et pour la nouvelle reapreciation, le cent quatre sols. £—ß 4 ₰—

Faucilles ou Dailles, le cent en nombre cy-devant taxé vingt-sept sols. —— £ 1 ß 7 ₰—
Et pour la nouvelle reapreciation six sols. —— £—ß 6 ₰—

| Article | l. | s. | d. |
|---|---|---|---|
| Faucilles du Royaume, le cent cy-devant taxé seize sols six deniers. | — | 16 | 6 |
| Et pour la nouvelle reapreciation six sols six deniers. | — | 6 | 6 |
| Faux ou Volanes, le quintal cy-devant taxé quatre sols. | — | 4 | — |
| Et pour la nouvelle reapreciation dix sols | — | 10 | — |
| Fellins, la piece cy-devant taxée cinq sols neuf deniers. | — | 5 | 9 |
| Et pour la nouvelle reapreciation un sol trois deniers. | — | 1 | 3 |
| Fer en gueuze du Païs, cy-devant taxé huit sols. | — | 8 | — |
| Et pour la nouvelle reapreciation le cent six deniers. | — | — | 6 |
| Fer étranger ou Guise, cy-devant taxé treize sols. | — | 13 | — |
| Et pour la nouvelle reapreciation le cent un sol. | — | 1 | — |
| Fer étranger en bandes, le cent de bandes cy-devant taxé trente-deux sols six deniers. | 1 | 12 | 6 |
| Et pour la nouvelle reapreciation le cent dix sols. | — | 10 | — |
| Fer bandes doux, le cent cy-devant taxé vingt sols. | 1 | — | — |
| Et pour la nouvelle reapreciation dix sols. | — | 10 | — |
| Fer, tant en petites bandes que souchons, le quintal cy-devant taxé deux sols. | — | 2 | — |
| Et pour la nouvelle reapreciation un sol six deniers. | — | 1 | 6 |
| Fil crud, le quintal cy-devant taxé six sols. | — | 6 | — |
| Et pour la nouvelle reapreciation un sol six deniers. | — | 1 | 6 |
| Fil crud Etranger, le quintal cy-devant taxé neuf sols | — | 9 | — |
| Et pour la nouvelle reapreciation trois sols. | — | 3 | — |
| Fil teint, le quintal cy-devant taxé sept sols six deniers. | — | 7 | 6 |
| Et pour la nouvelle reapreciation quatre sols six den. | — | 4 | 6 |
| Fil Etranger teint, le quintal cy-devant taxé douze sols six deniers. | — | 12 | 6 |
| Et pour la nouvelle reapreciation quatre sols six deniers. | — | 4 | 6 |
| Fil de balle, le quintal cy-devant taxé trois sols. | — | 3 | — |
| Et pour la nouvelle reapreciation un sol. | — | 1 | — |
| Fil d'étoupes, le quintal cy-devant taxé deux sols. | — | 2 | — |
| Et pour la nouvelle reapreciation six deniers. | — | — | 6 |
| Fil d'étoupes étrangeres, le quintal cy-devant taxé deux sols six deniers. | — | 2 | 6 |
| Et pour la nouvelle reapreciation un sol six deniers. | — | 1 | 6 |
| Fil n'estric, le quintal cy-devant taxé un sol six deniers. | — | 1 | 6 |
| Et pour la nouvelle reapreciation six deniers. | — | — | 6 |
| Fil de Pallemard, le quintal cy-devant taxé trois sols. | — | 3 | — |
| Et pour la nouvelle reapreciation un sol. | — | 1 | — |
| Et l'Etranger cy-devant taxé quatre sols six deniers. | — | 4 | 6 |
| Et pour la nouvelle reapreciation un sol six deniers. | — | 1 | 6 |

Fil

| Article | £ | ß | ₰ |
|---|---|---|---|
| Fil d'Orillac & de Bourgogne blanc, le quintal cy-devant taxé trente ſols. | 1 | 10 | — |
| Et pour la nouvelle reapreciation cinq ſols. | — | 5 | — |
| Fil blanc du Païs, le quintal cy-devant taxé ſept ſols ſix deniers. | — | 7 | 6 |
| Et pour la nouvelle reapreciation deux ſols ſix den. | — | 2 | 6 |
| Fil d'eſpine de Flandres, le quintal cy-devant taxé trois livres cinq ſols. | 3 | 5 | — |
| Et pour la nouvelle reapreciation trente-cinq ſols. | 1 | 15 | — |
| Fil blanc façon d'épine de France, le quintal cy-devant taxé trente ſols | 1 | 10 | — |
| Et pour la nouvelle reapreciation trente ſols. | 1 | 10 | — |
| Fil d'eſtoupes blanches, le quintal cy-devant taxé ſix ſols. | — | 6 | — |
| Et pour la nouvelle reapreciation trois ſols. | — | 3 | — |
| Fil d'Arbaleſtre, la quaiſſe cy-devant taxée huit ſols. | — | 8 | — |
| Et pour la nouvelle reapreciation deux ſols. | — | 2 | — |
| Fil de Bretagne, le quintal cy-devant taxé vingt-ſols. | 1 | — | — |
| Et pour la nouvelle reapreciation ſix ſols. | — | 6 | — |
| Fil de fer de toutes ſortes de France, le quintal cy-devant taxé ſix ſols quatre deniers. | — | 6 | 4 |
| Et pour la nouvelle reapreciation cinq ſols huit deniers. | — | 5 | 8 |
| Fil d'Archal d'Allemagne, le quintal cy-devant taxé huit ſols. | — | 8 | — |
| Et pour la nouvelle reapreciation huit ſols. | — | 8 | — |
| Fil de laine pour Etamines, la charge cy-devant taxée quinze ſols. | — | 15 | — |
| Et pour la nouvelle reapreciation trente ſols. | 1 | 10 | — |
| Fil de fer de toutes ſortes d'Italie, le quintal cy-devant taxé trente-deux ſols ſix deniers. | 1 | 12 | 6 |
| Et pour la nouvelle reapreciation, | | | neant. |
| Fil d'or ou d'argent traict, la livre cy-devant taxée trois livres quinze ſols. | 3 | 15 | — |
| Et pour la nouvelle reapreciation, | | | neant. |
| Fil de Trevols, le quintal cy-devant taxé trois ſols. | — | 3 | — |
| Et pour la nouvelle reapreciation deux ſols. | — | 2 | — |
| Fil de chainettes, le quintal cy-devant taxé vingt ſols. | 1 | — | — |
| Et pour la nouvelle reapreciation deux ſols ſix deniers. | — | 2 | 6 |
| Fil de leton, le quintal cy-devant taxé huit ſols. | — | 8 | — |
| Et pour la nouvelle reapreciation douze ſols. | — | 12 | — |
| Fil d'étoupes blanc, le quintal cy-devant taxé ſix ſols. | — | 6 | — |
| Et pour la nouvelle reapreciation voyez cy-deſſus. | | | |

Filozelle & Floret de galette de ſoye, la balle cy-devant taxée douze livres. —— £ 12 ß — 8 —
Et pour la nouvelle reapreciation ſix livres. —— £ 6 ß — 8 —

Filatrice de Milan, Gennes & autres, la moitié de ce que payent les Taffetas deſdits lieux. ——
Et pour la nouvelle reapreciation, voyez *Taffetas.* ——

Filatrice de Milan, le quintal cy-devant taxé ſix livres. —— £ 6 ß — 8 —
Et pour la nouvelle reapreciation, voyez cy-deſſus. —

Fil de leton à faire poignées d'épées, le quintal cy-devant taxé trois livres cinq ſols. —— £ 3 ß 5 8 —
Et pour la nouvelle reapreciation vingt-cinq ſols. — £ 1 ß 5 8 —

Fil de liſſe de Milan, le quintal cy-devant taxé ſix livres. —— £ 6 ß — 8 —
Et pour la nouvelle reapreciation quatre livres —— £ 4 ß — 8 —

Figures d'Albaſtre, le quintal cy-devant taxé trente ſols. —— £ 1 ß 10 8 —
Et pour la nouvelle reapreciation dix ſols. —— £ — ß 10 8 —

Flaines de Flandres, la charge de trois quintaux, cy-devant taxée ſept livres. —— £ 7 ß — 8 —
Et pour la nouvelle reapreciation, le quintal vingt ſols. —— £ 1 ß — 8 —

Flaines du Païs de Foreſts, & autres ſemblables, la piece cy-devant taxée trois ſols. —— £ — ß 3 8 —
Et pour la nouvelle reapreciation un ſol. —— £ — ß 1 8 —
Et la charge deſdites Flaines cy-devant taxée cinquante ſols. —— £ 2 ß 10 8 —
Et pour la nouvelle reapreciation ſeize ſols. —— £ — ß 16 8 —

Flaines de Normandie, la charge de trois quintaux cy-devant taxée cinq livres. —— £ 5 ß — 8 —
Et pour la nouvelle reapreciation, le cent quinze ſols. —— £ — ß 15 8 —

Flacques ou Ceintures garnies de paſſemens d'or & d'argent, la douzaine cy-devant taxée vingt-ſept ſols. —— £ 1 ß 7 8 —
Et pour la nouvelle reapreciation, —— neant.

Flaſque de Milan, la douzaine cy-devant taxée treize ſols ſix deniers. —— £ — ß 13 8 6
Et pour la nouvelle reapreciation, —— neant.

Forces à tondre draps, la piece cy-devant taxée trois ſols. —— £ — ß 3 8 —
Et pour la nouvelle reapreciation deux ſols. —— £ — ß 2 8 —

Fourreaux d'épées, la charge cy-devant taxée onze ſols. —— £ — ß 11 8 —
Et pour la nouvelle reapreciation neuf ſols. —— £ — ß 9 8 —

Floret, le quintal cy-devant taxé huit livres. —— £ 8 ß — 8 —
Et pour la nouvelle reapreciation, voyez *Filatrice.*

Floret teint, la livre cy-devant taxée cinq ſols trois deniers. —— £ — ß 5 8 3
Et pour la nouvelle reapreciation deux ſols neuf den. £ — ß 2 8 9

Fonte,

Fonte, le quintal cy-devant taxé huit sols. —— £ — ß 8 ₰ —

Et pour la nouvelle reapreciation deux sols. —— £ — ß 2 ₰ —

Franges d'or & d'argent, la livre cy-devant taxée trois livres dix-huit sols. —— £ 3 ß 18 ₰ —

Et pour la nouvelle reapreciation, —— neant

Franges de soye, la livre cy-devant taxée cinq sols neuf deniers. —— £ — ß 5 ₰ 9

Et pour la nouvelle reapreciation quatre sols trois deniers. —— £ — ß 4 ₰ 3

Frizes d'Angleterre, le fonds n'excedant quatre quintaux, cy-devant taxez quatre livres douze sols six deniers. —— £ 4 ß 12 ₰ 6

Et pour la nouvelle reapreciation, le cent pesant vingt sols. —— £ 1 ß — ₰ —

Frizes doubles de Roüen, le quintal cy-devant taxé quarante sols. —— £ 2 ß — ₰ —

Et pour la nouvelle reapreciation quinze sols. —— £ — ß 15 ₰ —

Frizes à l'épée & à la clef, la piece cy-devant taxée quinze sols. —— £ — ß 15 ₰ —

Et pour la nouvelle reapreciation cinq sols. —— £ — ß 5 ₰ —

Fustailles la balle de charette, cy-devant taxée quatre sols six deniers. —— £ — ß 4 ₰ 6

Et pour la nouvelle reapreciation cinq sols six deniers. —— £ — ß 5 ₰ 6

Fustailles du Païs, cy-devant taxées deux sols six deniers. —— £ — ß 2 ₰ 6

Et pour la nouvelle reapreciation deux sols six deniers. —— £ — ß 2 ₰ 6

Fustaines & Bombasins de Milan & Cremone, la balle cy-devant taxée six livres. —— £ 6 ß — ₰ —

Et pour la nouvelle reapreciation, le cent quarante sols. —— £ 2 ß — ₰ —

Fustaines de cotton, larges, lavez, la balle cy-devant taxée six livres dix sols. —— £ 6 ß 10 ₰ —

Et pour la nouvelle reapreciation, le cent pesant vingt sols. —— £ 1 ß — ₰ —

Fustaines de Quiers, Piedmont, Chambery, de la Comté de Bourgogne, & autres semblables, la balle cy-devant taxée quarante sols. —— £ 2 ß — ₰ —

Et pour la nouvelle reapreciation le cent dix sols. —— £ — ß 10 ₰ —

Et la piece des susdits Fustaines, cy-devant taxée sept sols six deniers. —— £ — ß 7 ₰ 6

Et pour la nouvelle reapreciation, —— à proportion.

Fustaine de Wlme, d'Ausbourg, d'Amasson & Tresfins, la charge cy-devant taxée six livres quinze sols. —— £ 6 ß 15 ₰ —

Et pour la nouvelle reapreciation vingt sols. —— £ 1 ß — ₰ —

Et

| | | | |
|---|---|---|---|
| Et la piece bombazée de Flandres, ſept ſols ſix deniers. | £ — | ß 7 | ₰ 6 |
| Et pour la nouvelle reapreciation deux ſols ſix deniers. | £ — | ß 2 | ₰ 6 |
| Fuſtaine de Belle-ville & autres, la balle cy-devant taxée quinze ſols. | £ — | ß 15 | ₰ — |
| Et pour la nouvelle reapreciation cinq ſols le cent. | £ — | ß 5 | ₰ — |
| Feüilles doubles de fer blanc, le cent cy-devant taxé onze ſols. | £ — | ß 11 | ₰ — |
| Et pour la nouvelle reapreciation neuf ſols. | £ — | ß 9 | ₰ — |
| Feüilles ſimples de fer blanc, cy-devant taxées cinq ſols ſix deniers. | £ — | ß 5 | ₰ 6 |
| Et pour la nouvelle reapreciation quatre ſols ſix deniers. | £ — | ß 4 | ₰ 6 |
| Fourmages de toutes ſortes, le quintal pour tous droits quinze ſols. | £ — | ß 15 | ₰ — |

*Eſpiceries.*

# F.

## Marchandises

| | ₶ | S. | d |
|---|---|---|---|
| Futaille le % | " | 1 | 3 |
| fer en verge le % originaire | " | 3 | 6 |
| fer etranger | | 5 | |
| Fil de Lin le % | 1 | 5 | " |
| Filozelle le % | 8 | " | " |
| Futaine le q^al^ | " | 15 | " |
| Flaquieres de mulets | " | 9 | 4 |
| fer en batterie | " | 4 | " |
| flaine de flandre le q^al^ | 3 | 16 | 8 |
| fourreaux d'Epées le % | " | 6 | 8 |
| fanon de baleines le % | 1 | 10 | |
| feuilles de fer blanc simple le % en nombre | | 10 | |
| fil de lotton d'allemagne a la composition le q^l^ | | 16 | |
| filatrice des Pays Latins | | 13 | |
| flanelle d'angleterre voie frize | | | |
| fil blanc dit le % | | 17 | |
| fleurs de dictam venant de Chipre voie dictamu | | | |
| fusil de St. Etienne la piece | | 3 | |
| fil teint de tiers le % | | 17 | |
| fer blanc simple le % en nombre | 1 | | |
| fer blanc de pays % | | 10 | |
| fer au martinet etranger % | | 5 | |
| fil bis etranger % | 1 | 15 | |

| | |
|---|---|
| frange de fil la livre | 6.$^{d}$ |
| filozelle d'allemagne % | 12.$^{tt}$ |
| fillatresse de pays la livre | 3 |

## *Espiceries & Drogueries.*

# G

GAlbanum, le quintal cy-devant taxé treize sols trois den. £—ß13₰ 3
Et pour la nouvelle reapreciation quatorze sols neuf deniers. —— £—ß14₰ 9
Pour les quatre pour cent cy-devant taxez quarante sols. —— £ 2 ß—₰—
Et pour la nouvelle reapreciation quinze sols. —— £—ß15₰—

Galles, tant grosses que moyennes, le quintal cy-devant taxé treize sols trois deniers. —— £—ß13₰ 3
Et pour la nouvelle reapreciation deux sols neuf deniers. —— £—ß 2 ₰ 9
Pour les quatre pour cent cy-devant taxez dix sols. £—ß10₰—
Et pour la nouvelle reapreciation quatorze sols. —— £—ß14₰—

Galles legeres de France, le quintal cy-devant taxé deux sols six deniers. —— £—ß 2 ₰ 6
Et pour la nouvelle reapreciation un sol trois deniers. —— £—ß 1 ₰ 3

Galles legeres Etrangeres, le quintal cy-devant taxé trois sols neuf deniers. —— £—ß 3 ₰ 9
Et pour la nouvelle reapreciation trois sols neuf deniers. —— £—ß 3 ₰ 9
Pour les quatre pour cent cy-devant taxez cinq sols. £—ß 5 ₰—
Et pour la nouvelle reapreciation un sol. —— £—ß 1 ₰—

Galangal fin, le quintal cy-devant taxé trois livres deux sols six deniers. —— £ 3 ß 2 ₰ 6
Et pour la nouvelle reapreciation, —— neant.
Pour les quatre pour cent cy-devant taxez huit livres. —— £ 8 ß—₰—
Et pour la nouvelle reapreciation —— neant.

Galonga sauvage, le quintal cy-devant taxé trente-un sols trois deniers. —— £ 1 ß11₰ 3
Et pour la nouvelle reapreciation —— neant.
Pour les quatre pour cent cy-devant taxez quatre livres. —— £ 4 ß—₰—
Et pour la nouvelle reapreciation, —— neant.

Garance, le quintal cy-devant taxé sept sols. —— £—ß 7 ₰—
Et pour la nouvelle reapreciation dix sols six deniers. —— £—ß10 ₰ 6
Pour les quatre pour cent cy-devant taxez deux sols huit deniers. —— £—ß 2 ₰ 8

Et pour la nouvelle reapreciation vingt-cinq sols quatre deniers. —— £ 1 ß 5 δ 4

Galipot ou Garibot, ou gros Encens, le quintal cy-devant taxé deux sols quatre deniers. —— £ — ß 2 δ 4
Et pour la nouvelle reapreciation cinq sols. —— £ — ß 5 δ —
Pour les quatre pour cent cy-devant taxez trois sols quatre deniers. —— £ — ß 3 δ 4
Et pour la nouvelle reapreciation huit sols huit deniers. —— £ — ß 8 δ 8

Gayat, le quintal cy-devant taxé trois sols neuf deniers —— £ — ß 3 δ 9
Et pour la nouvelle reapreciation neuf deniers. —— £ — ß — δ 9
Pour les quatre pour cent cy-devant taxez deux sols. £ — ß 2 δ —
Et pour la nouvelle reapreciation trois sols. —— £ — ß 3 δ —

Gingembre, le quintal cy-devant taxé trois livres deux sols six deniers. —— £ 3 ß 2 δ 6
Et pour la nouvelle reapreciation, —— neant.
Pour les quatre pour cent cy-devant taxez six livres. £ 6 ß — δ —
Et pour la nouvelle reapreciation, —— neant.

Gingembre & Poyvre en poussiere, le quintal cy-devant taxé vingt-neuf sols trois deniers. —— £ 1 ß 9 δ 3
Et pour la nouvelle reapreciation —— neant.
Pour les quatre pour cent cy-devant taxez trois livres. —— £ 3 ß — δ —
Et pour la nouvelle reapreciation, —— neant.

Gerofle, le quintal cy-devant taxé trois livres douze sols six deniers. —— £ 3 ß 12 δ 6
Et pour la nouvelle reapreciation huit livres sept sols six deniers. —— £ 8 ß 7 δ 6
Pour les quatre pour cent cy-devant taxez six livres. £ 6 ß — δ —
Et pour la nouvelle reapreciation douze livres. —— £ 12 ß — δ —

Glus, le quintal cy-devant taxé trois sols neuf deniers. —— £ — ß 3 δ 9
Et pour la nouvelle reapreciation six sols trois deniers. —— £ — ß 6 δ 3
Pour les quatre pour cent cy-devant taxez cinq sols. £ — ß 5 δ —
Et pour la nouvelle reapreciation onze sols. —— £ — ß 11 δ —

Gomme Lacque, le quintal cy-devant taxé trente sols six den. £ 1 ß 10 δ 6
Et pour la nouvelle reapreciation quatre sols six deniers. —— £ — ß 4 δ 6
Pour les quatre pour cent cy-devant taxez trente-deux sols. —— £ 1 ß 12 δ —
Et pour la nouvelle reapreciation quatorze sols. —— £ — ß 14 δ —

Gomme Arabicque, le quintal cy-devant taxé six sols quatre deniers. —— £ — ß 6 δ 4
Et pour la nouvelle reapreciation deux sols huit den. £ — ß 2 δ 8

Pour

Pour les quatre pour cent cy-devant taxez six sols huit deniers. —— £ — ß 6 ₰ 8

Et pour la nouvelle reapreciation huit sols quatre deniers. —— £ — ß 8 ₰ 4

Gomme Armoniac, le quintal cy-devant taxé trente sols six deniers. —— £ 1 ß 10 ₰ 6

Et pour la nouvelle reapreciation sept sols —— £ — ß 7 ₰ —

Pour les quatre pour cent cy-devant taxez trente sols. —— £ 1 ß 10 ₰ —

Et pour la nouvelle reapreciation trente sols. —— £ 1 ß 10 ₰ —

Gomme Adragant, le quintal cy-devant taxé quarante-deux sols neuf deniers. —— £ 2 ß 2 ₰ 9

Et pour la nouvelle reapreciation, —— neant.

Pour les quatre pour cent cy-devant taxez vingt sols. £ 1 ß — ₰ —

Et pour la nouvelle reapreciation quatre sols —— £ — ß 4 ₰ —

Gomme hederic, le quintal cy-devant taxé vingt sols. —— £ 1 ß — ₰ —

Et pour la nouvelle reapreciation quarante sols. —— £ 2 ß — ₰ —

Pour les quatre pour cent cy-devant taxez vingt-neuf sols trois deniers. —— £ 1 ß 9 ₰ 3

Et pour la nouvelle reapreciation, —— neant.

Gomme Sagapenum, le quintal cy-devant taxé trois livres deux sols six deniers. —— £ 3 ß 2 ₰ 6

Et pour la nouvelle reapreciation, —— neant.

Pour les quatre pour cent cy-devant taxez quatre livres. —— £ 4 ß — ₰ —

Et pour la nouvelle reapreciation, —— neant.

Gomme de Pays, le quintal cy-devant taxé six sols trois deniers. —— £ — ß 6 ₰ 3

Et pour la nouvelle reapreciation, —— neant.

Grabeaux de gerofle rompus, le quintal cy-devant taxé quarante-sept sols six deniers. —— £ 2 ß 7 ₰ 6

Et pour la nouvelle reapreciation deux sols six den. £ — ß 2 ₰ 6

Pour les quatre pour cent cy-devant taxez trois livres. —— £ 3 ß — ₰ —

Et pour la nouvelle reapreciation vingt sols. —— £ 1 ß — ₰ —

Graine d'écarlatte de France, le quintal cy-devant taxé trois livres. —— £ 3 ß — ₰ —

Et pour la nouvelle reapreciation trois livres cinq sols. —— £ 3 ß 5 ₰ —

Graine d'escarlatte ou Cochenille étrangere pour tous droits, le quintal cy-devant taxé dix livres. —— £ 10 ß — ₰ —

Et pour la nouvelle reapreciation trois livres. —— £ 3 ß — ₰ —

Graine de moutarde, le quintal cy-devant taxé trois sols. —— £ — ß 3 ₰ —

Et pour la nouvelle reapreciation un sol. —— £ — ß 1 ₰ —

Graine

Graine ou semence de soye, la livre cy-devant taxée dix sols. —— £—ß10₰—
Et pour la nouvelle reapreciation, —— neant.

Graine de Pastel d'écarlatte, le quintal cy-devant taxé six livres. —— £6ß—₰—
Et pour la nouvelle reapreciation quatre livres —— £4ß—₰—

Graine de corne de Cerf, le quintal cy-devant taxé trois sols. —— £—ß3₰—
Et pour la nouvelle reapreciation sept sols. —— £—ß7₰—

Graine jaune, le quintal cy-devant taxé sept sols. —— £—ß7₰—
Et pour la nouvelle reapreciation deux sols. —— £—ß2₰—

Graine de Perroquet, aliàs Carcomy, le quintal cy-devant taxé trois sols six deniers. —— £—ß3₰6
Et pour la nouvelle reapreciation deux sols. —— £—ß2₰—
Pour les quatre pour cent cy-devant taxez dix sols. £—ß10₰—
Et pour la nouvelle reapreciation deux sols. —— £—ß2₰—

Graines de jardins & autres, le quintal cydevant taxé deux sols six deniers. —— £—ß2₰6
Et pour la nouvelle reapreciation cinq sols. —— £—ß5₰—

Graine de jardin, le quintal cy-devant taxé trois sols neuf deniers. —— £—ß3₰9
Et pour la nouvelle reapreciation voyez cy-dessus. ——

Graine de Paradis ou Maniguette, le quintal cy-devant taxé quarante-huit sols. —— £2ß8₰—
Et pour la nouvelle reapreciation, —— neant.
Pour les quatre pour cent cy-devant taxez trente-deux sols. —— £1ß12₰—
Et pour la nouvelle reapreciation, —— neant.

Gravelée, le quintal cy-devant taxé deux sols six deniers. £—ß2₰6
Et pour la nouvelle reapreciation, —— neant.

Graine de tonneau, le quintal cy-devant taxé deux sols six deniers. —— £—ß2₰6
Et pour la nouvelle reapreciation un sol. —— £—ß1₰—

Grenats ou Citrons estrains, la livre cy-devant taxée un sol. —— £—ß1₰—
Et pour la nouvelle reapreciation huit deniers. —— £—ß—₰8
Le quintal cy-devant taxé cinq livres. —— £5ß—₰—
Et pour la nouvelle reapreciation trente sols. —— £1ß10₰—

Guinée, le quintal cy-devant taxé trois livres deux sols six deniers. —— £3ß2₰6
Et pour la nouvelle reapreciation, —— neant.
Pour les quatre pour cent cy-devant taxez six livres. —— £6ß—₰—
Et pour la nouvelle reapreciation, —— neant.

Gonde

Gonde-gambe, le quintal cy-devant taxé trois livres deux sols six deniers. — £ 3 ß 2 ₰ 6

Et pour la nouvelle reapreciation, — neant.

Pour les quatre pour cent cy-devant taxez quatre livres. — £ 4 ß — ₰ —

Et pour la nouvelle reapreciation, — neant.

Gomme Elemy, & Gomme Carague, le quintal cy-devant taxé une livre dix sols six deniers. — £ 1 ß 10 ₰ 6

Et pour la nouvelle reapreciation, — neant.

Pour les quatre pour cent cy-devant taxez une livre dix sols. — £ 1 ß 10 ₰ —

Et pour la nouvelle reapreciation vingt-six sols. — £ 1 ß 6 ₰ —

Grenades, le cent en nombre six sols. — £ — ß 6 ₰ —

## *Marchandises.*

Gans de cuir, ouvrez de soye, la douzaine cy-devant taxée cinq sols — £ — ß 5 ₰ —

Et pour la nouvelle reapreciation deux sols six deniers. — £ — ß 2 ₰ 6

Gans parfumez d'Espagne, la douzaine cy-devant taxée dix sols. £ — ß 10 ₰ —

Et pour la nouvelle reapreciation cinq sols. — £ — ß 5 ₰ —

Gans de Rome, la douzaine cy-devant taxée cinq sols. — £ — ß 5 ₰ —

Et pour la nouvelle reapreciation deux deniers. — £ — ß — ₰ 2

Gaze avec or, la livre cy-devant taxée cinquante-six sols. — £ 2 ß 16 ₰ —

Et pour la nouvelle reapreciation quatorze sols — £ — ß 14 ₰ —

Gaze sans or, la livre cy-devant taxée trente-six sols. — £ 1 ß 16 ₰ —

Et pour la nouvelle reapreciation huit sols. — £ — ß 8 ₰ —

Gaze avec or faux, & tocque fausse, la livre cy-devant taxée douze sols. — £ — ß 12 ₰ —

Et pour la nouvelle reapreciation quatre sols. — £ — ß 4 ₰ —

Grillets, le quintal cy-devant taxé huit sols. — £ — ß 8 ₰ —

Et pour la nouvelle reapreciation six sols. — £ — ß 6 ₰ —

Gros cuirs de Bœuf, Vache ou Brave, accoûtrez, le quintal cy-devant taxé quatre sols. — £ — ß 4 ₰ —

Et pour la nouvelle reapreciation de chacune piece trois sols. — £ — ß 3 ₰ —

La charge de Mulet cy-devant taxée quatorze sols. — £ — ß 14 ₰ —

Et pour la nouvelle reapreciation la piece trois sols. £ — ß 3 ₰ —

Gros cuirs de Bœuf ou Vache, tanez, la piece cy-devant taxée un sol six deniers. — £ — ß 1 ₰ 6

Et pour la nouvelle reapreciation trois sols. —— £—ß 3 ₰—

Grosses forces à tondre draps, la piece cy-devant taxée trois sols. —— £—ß 3 ₰—

Et pour la nouvelle reapreciation deux sols. —— £—ß 2 ₰—

Guises de fer, la piece pesant un millier cy-devant taxée huit sols. —— £—ß 8 ₰—

Et pour la nouvelle reapreciation le cent six deniers. —— £—ß—₰ 6

L'Etranger cy-devant taxé treize sols. —— £—ß 13 ₰—

Et pour la nouvelle reapreciation le cent un sol. —— £—ß 1 ₰—

Glans de Venise, Point couppé de Gennes, & autres ouvrages de fil d'Italie, la livre payera quatre livres. —— £ 4 ß—₰—

*Espiceries.*

# G

## Epicerie et Droguerie

| | l. | s. | d. |
|---|---|---|---|
| Gomme Turique le ℔ Arabie et Senegal | 11 : | 9 : | 11 : |
| Gomme de Pays le ℔ | | 6. | 3. |
| graine de Canary le q.al | // : | 8 : | 9 : |
| graine de Cotton le ℔ | 1 : | 6 : | // : |
| gomme gutte le ℔ | 3 : | 2 : | 6 : |
| graine de Pruneaux le ℔ | 3 : | 2 : | 6 : |
| herbe de gaude le ℔ | // : | 2 : | // : |
| grabot de semé le ℔ et de casse | 1. | 9. | 11. |
| Gomme gutte gomme gambie | 3. | 2. | 6. |
| goudron le ℔ | | 10. | |
| graine de piman comme poivre | 3. | 2. | 6. |
| graine d'alevrne ou graine Ecarlate ℔ | 6. | 5. | |
| graine de luzerne et sauvie marjolaine canaries | | 8. | 9 |
| graine de moutarde le ℔ | | 4. | |
| graine jaune graine d'avignon | | 9 | |
| fleur de passe le ℔ | | 10 | |

# G

## Marchandises

| | lt | s. | d |
|---|---|---|---|
| Grèses Etrangeres le millier .......... | 1 : | 3 : | 〃 : |
| grossilles ou verres rompus le % .......... | 〃 : | 5 : | 〃 |
| gans d'Annonay et Grenoble la douzaine .......... | 〃 : | 1 : | 6 : |
| gans d'Avignon la Douzaine Paris ~~augmentez~~ .......... | 〃 : | 4 : | 〃 : |
| Gaze de Soye la livre | 1 . | | |
| Ganz de Rome | | | |
| glace manufacture de france le q.l | 1 . | 5 16 . | 8 |

## *Espiceries & Drogueries.*

# H

HErmodattes, le quintal cy-devant taxé trente-deux sols six deniers. —— £ 1 ß 12 ₰ 6
Et pour la nouvelle reapreciation —— neant.
Pour les quatre pour cent cy-devant taxez quatre sols. £ — ß 4 ₰ —
Et pour la nouvelle reapreciation douze sols. —— £ — ß 12 ₰ —
Huile d'Aspic de France, le quintal cy-devant taxé vingt sols £ 1 ß — ₰ —
Et pour la nouvelle reapreciation douze sols. —— £ — ß 12 ₰ —
Huile d'Aspic étranger, le quintal cy-devant taxé trente-cinq s. £ 1 ß 15 ₰ —
Et pour la nouvelle reapreciation deux sols six deniers. £ — ß 2 ₰ 6
Pour les quatre pour cent cy-devant taxez trente sols. £ 1 ß 10 ₰ —
Et pour la novelle reapreciation trente sols. —— £ 1 ß 10 ₰ —
Huile de Cadde, le quintal cy-devant taxé dix sols. —— £ — ß 10 ₰ —
Et pour la nouvelle reapreciation, —— neant.
Huile de Laurin, le quintal cy-devant taxé quinze sols. —— £ — ß 15 ₰ —
Et pour la nouvelle reapreciation —— neant.
Huile de Petrolle, le quintal cy-devant taxé trente sols six deniers. —— £ 1 ß 10 ₰ 6
Et pour la nouvelle reapreciation six sols six deniers. £ — ß 6 ₰ 6
Pour les quatre pour cent cy-devãt taxez quarante sols, £ 2 ß — ₰ —
Et pour la nouvelle reapreciation dix sols. —— £ — ß 10 ₰ —
Huile de Poisson, le quintal cy-devant taxé dix sols. —— £ — ß 10 ₰ —
Et pour la nouvelle reapreciation deux sols six den. £ — ß 2 ₰ 6
Huile de pommade, le quintal cy-devant taxé sept sols six den. £ — ß 7 ₰ 6
Et pour la nouvelle reapreciation deux sols six deniers. £ — ß 2 ₰ 6
Huile d'Aspic de Provence, la bouteille payera vingt sols. — £ 1 ß — ₰ —
Et pour la nouvelle reapreciation voyez cy-dessus. —
Huile de Rosmarin & autre essence, le quintal cy-devant taxé quatre livres dix sols. —— £ 4 ß 10 ₰ —
Et pour la nouvelle reapreciation, —— neant.
Huile d'Olif d'Espagne ou autres Pays étranger, la pippe pour tous droits six livres. —— £ 6 ß — ₰ —
Et le quintal dix sols. —— £ — ß 10 ₰ —

## *Marchandises.*

Hallecret doré, la piece cy-devant taxée trente-deux sols six den. £ 1 ß 12 ₰ 6
Et

Et pour la nouvelle reapreciation voyez cy-devant—

Harnois de cuir couverts de velours pour cheval, cy - devant taxez douze sols six deniers. —————————— £—ß12 ₰ 6
Et pour la nouvelle reapreciation, ———————————idem.

Harnois ou garnimens couverts de velours, garnis de passemens, fil d'or ou d'argent, cy-devant taxez vingt-cinq sols. £ 1 ß 5 ₰—
Et pour la nouvelle reapreciation, ———————————idem.

Harnois blanc d'hommes garnis avec or, cy-devant taxez trente-deux sols six deniers.—————————— £ 1 ß12 ₰ 6
Et pour la nouvelle reapreciation, ———————————idem.

Harnois blancs simples pour homme de pied, cy-devant taxez sept sols six deniers. —————————— £—ß 7 ₰ 6
Et pour la nouvelle reapreciation, ———————————idem.

Harnois gravé pour homme de pied, cy - devant taxez douze sols six deniers —————————— £—ß12 ₰ 6
Et pour la nouvelle reapreciation,———————————idem.

Harnois d'hommes d'armes dorez, blancs ou noirs ou legers, cy-devant taxez trois livres cinq sols.—————— £ 3 ß 5 ₰—
Et pour la nouvelle reapreciation, ———————————idem.

Harnois à l'épreuve ou corcelets à l'épreuve, trente-deux sols six deniers. —————————— £ 1 ß12 ₰ 6
Et pour la nouvelle reapreciation,———————————idem.

Herbe de marroquin, le quintal cy-devant taxé cinq sols. — £—ß 5 ₰—
Et pour la nouvelle reapreciation trois sols.———— £—ß 3 ₰—

Houlles de cuivre, cloches, campanes, grilles, & autre metal de fonte en œuvre, le quintal cy-devant taxé huit sols. £—ß 8 ₰—
Et pour la nouvelle reapreciation douze sols. ———— £—ß12 ₰—

Houlles de fer, le quintal cy - devant taxé deux sols. ———— £—ß 2 ₰—
Et pour la nouvelle reapreciation un sol. ———— £—ß 1 ₰—

Haussecol gravé & doré de France, la piece cy-devant taxée cinq sols.—————————— £—ß 5 ₰—
Et pour la nouvelle reapreciation, voyez *Armes*.

Huile d'olif de France, la pippe pour tous droits trois livres. — £ 3 ß—₰—

Huile de noix de France, le cent pesant huit sols. ———— £—ß 8 ₰—

Huile de lin, navette ou graisse de Baleine, le cent pesant six sols. —————————— £—ß 6 ₰—

Harans de toutes sortes, le millier dix sols. ———— £—ß10 ₰—

*Espiceries*

# H.

## Epiceries et Droguerie

| | l. | s. | d. |
|---|---|---|---|
| huile de poix le pot | " | 10 | " |
| huile descorpion | " | 11 | 6 |
| huile de [illegible] comme [illegible] | | 10 | |
| | 2 | 10 | |
| hiacinthes [illegible] | | 8 | |
| herbier des gaudes etrangeres le gl. | | | |
| huile de ben com.e essences le gl. | 4 | 10 | |
| huile d'amendes douces et amere — idem | | | |
| huile de muscades la livre | | 5 | |

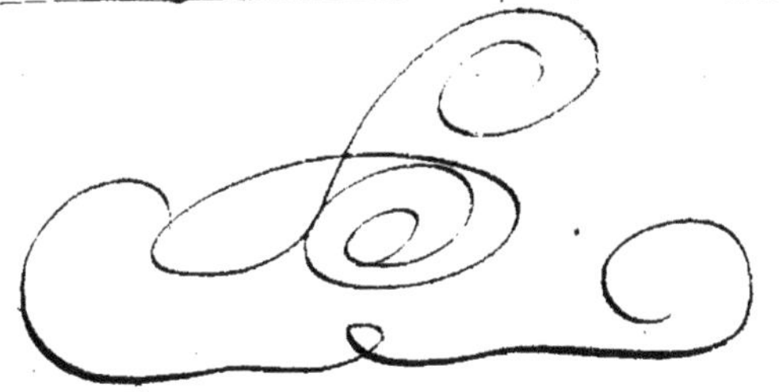

## *Espiceries & Drogueries.*

# I

J'Ayet lys & brut, la charge cy-devant taxée vingt-quatre sols. —— £ 1 ß 4 ₰ —
Et pour la nouvelle reapreciation, —— neant.

Iris, le quintal cy-devant taxé quatre sols trois deniers. —— £ — ß 4 ₰ 3
Et pour la nouvelle reapreciation trois sols neuf deniers. —— £ — ß 3 ₰ 9
Pour les quatre pour cent cy-devant taxez quatre sols. £ — ß 4 ₰ —
Et pour la nouvelle reapreciation six sols. —— £ — ß 6 ₰ —

Jujubes, le quintal cy-devant taxé trois sols neuf deniers. — £ — ß 3 ₰ 9
Et pour la nouvelle reapreciation un sol trois deniers. —— £ — ß 1 ₰ 3
Pour les quatre pour cent cy-devant taxez deux sols. —— £ — ß 2 ₰ —
Et pour la nouvelle reapreciation cinq sols —— £ — ß 5 ₰ —

Ivoire ou dens d'Elephant, le quintal cy-devant taxé trente sols. —— £ 1 ß 10 ₰ —
Et pour la nouvelle reapreciation, —— neant.

Jus de limon, le quintal cy-devant taxé dix sols. —— £ — ß 10 ₰ —
Et pour la nouvelle reapreciation deux sols six den. £ — ß 2 ₰ 6

Jus de reglisse, le quintal cy-devant taxé dix sols. —— £ — ß 10 ₰ —
Et pour la nouvelle reapreciation deux sols. —— £ — ß 2 ₰ —
Pour les quatre pour cent cy-devant taxez huit sols. — £ — ß 8 ₰ —
Et pour la nouvelle reapreciation huit sols —— £ — ß 8 ₰ —

Ipoquiſtidos, le quintal cy-devant taxé cinq sols. —— £ — ß 5 ₰ —
Et pour la nouvelle reapreciation dix sols. —— £ — ß 10 ₰ —

Inde pour tous droits, le quintal païera sept livres deux sols six deniers. —— £ 7 ß 2 ₰ 6
Et pour la nouvelle reapreciation cinq livres. —— £ 5 ß — ₰ —

Jalap, le quintal cy-devant taxé trois livres. —— £ 3 ß — ₰ —
Et pour la nouvelle reapreciation, —— neant.
Pour les quatre pour cent cy-devant taxez douze liv. £ 12 ß — ₰ —
Et pour la nouvelle reapreciation, —— neant.

## *Marchandiſes.*

Images de France, le quintal cy-devant taxé huit sols neuf den. £ — ß 8 ₰ 9

Et pour la nouvelle reapreciation dix sols. —— ℒ—ß10 ₰—

Images Etrangeres peintes sur toile ou bois, le quintal cy-devant taxé dix-sept sols six deniers. —— ℒ—ß17 ₰ 6

Et pour la nouvelle reapreciation douze sols six deniers. —— ℒ—ß12 ₰ 6

L. 19. 6. { Images en taille douce. —— idem.

Et pour la nouvelle reapreciation deux sols. —— ℒ—ß 2 —₰

Images ou peintures en toile, le quintal cy-devant taxé quinze sols. —— ℒ—ß15 ₰—

Et pour la nouvelle reapreciation douze sols six deniers. —— ℒ—ß12 ₰ 6

# I.

## Epiceries et droguerie

| | ₶ | s | d |
|---|---|---|---|
| Indigo le ℔ | 12 | 2 | 6 |
| Jonquime | | 5 | |
| Janchinte ou fromax | 3 | | |
| Jambons de mayance et bayonne le q.l | 2 | | |
| Jambons du cru du paye et chair salée | | 10 | |

# J

## Marchandises

| | ₶ | s | d |
|---|---|---|---|
| Jupes de taffetas piquées la pièce . . . . . | ": | 16: | ": |
| Jupes de toile piquées et de Marseille . . . | ": | 10: | ": |
| Jayet ouvré, exempt comme mercerie de France, de Paris, Limoges, suivant les cas . . . . . | 2. | | |
| Instruments la caisse . . . . | 1. | 5. | |
| Ivoire ouvré à l'estimation . . . | | | |
| Jayet ou Jayet le % brut . . . . | | 8. | |

## *Espicieries & Drogueries.*

# L

LAdanum, le quintal cy-devant taxé trente-deux sols six deniers. ——— £ 1 ß 12 ₰ 6
Et pour la nouvelle reapreciation, ——— neant.
Pour les quatre pour cent cy-devant taxez quarante sols. ——— £ 2 ß — ₰ —
Et pour la nouvelle reapreciation, ——— neant.

Lacque de Venise, le quintal cy-devant taxé sept livres deux sols six deniers. ——— £ 7 ß 2 ₰ 6
Et pour la nouvelle reapreciation deux livres dix-sept sols six deniers. ——— £ 2 ß 17 ₰ 6
Pour les quatre pour cent cy-devant taxez dix livres. ——— £ 10 ß — ₰ —
Et pour la nouvelle reapreciation quatre livres ——— £ 4 ß — ₰ —

Lacque ronde, le quintal cy-devant taxé trois livres deux sols six deniers. ——— £ 3 ß 2 ₰ 6
Et pour la nouvelle reapreciation, ——— neant.
Pour les quatre pour cent cy-devant taxez cinq livres. ——— £ 5 ß — ₰ —
Et pour la nouvelle reapreaticion, ——— neant.

Lignum aloës, le quintal cy-devant taxé trois livres deux sols six deniers. ——— £ 3 ß 2 ₰ 6
Et pour la nouvelle reapreciation douze sols six deniers. ——— £ — ß 12 ₰ 6
Pour les quatre pour cent cy-devant taxez quatre livres. ——— £ 4 ß — ₰ —
Et pour la nouvelle reapreciation quarante sols. ——— £ 2 ß — ₰ —

Lignum sanctum, le quintal cy-devant taxé trois sols neuf deniers. ——— £ — ß 3 ₰ 9
Et pour la nouvelle reapreciation, ——— neant.
Pour les quatre pour cent cy-devant taxez deux sols. ——— £ — ß 2 ₰ —
Et pour la nouvelle reapreciation quatre sols. ——— £ — ß 4 ₰ —

Litargue, le quintal cy-devant taxé trois sols neuf deniers. ——— £ — ß 3 ₰ 9
Et pour la nouvelle reapreciation, ——— neant.
Pour les quatre pour cent cy-devant taxez quatre sols. ——— £ — ß 4 ₰ —
Et pour la nouvelle reapreciation deux sols. ——— £ — ß 2 ₰ —

Lapis Bezoüard, la livre cy-devant taxée onze livres. ——— £ 11 ß — ₰ —
Et pour la nouvelle reapreciation, ——— neant.

Lapis

Lapis Lazully, le quintal cy-devant taxé quarante sols. —— £ 2 ß — ₰ —
Et pour la nouvelle reapreciation trois livres cinq sols. —— £ 3 ß 5 ₰ —

Lapis Luzullis, le quintal cy-devant taxé douze sols. —— £ — ß 12 ₰ —
Et pour la nouvelle reapreciation, —— neant.

## *Marchandises.*

Landiers de fer, la piece cy-devant taxée un sol. —— £ — ß 1 ₰ —
Et pour la nouvelle reapreciation un sol. —— £ — ß 1 ₰ —

Laines d'Angleterre, le quintal cy-devant taxé trente-cinq sols. —— £ 1 ß 15 ₰ —
Et pour la nouvelle reapreciation vingt sols. —— £ 1 ß — ₰ —

Laines de Languedoc, Provence & Dauphiné, blanches & lavées, la balle cy-devant taxée dix-huit sols. —— £ — ß 18 ₰ —
Et pour la nouvelle reapreciation le cent neuf sols. £ — ß 9 ₰ —

Laines Etrangeres blanches & lavées, la balle cy-devant taxée vingt-sept sols. —— £ 1 ß 7 ₰ —
Et pour la nouvelle reapreciation, le cent vingt sols. —— £ 1 ß — ₰ —

Laines teintes, ou perses de Languedoc & Auvergne, la balle n'excedant deux quintaux, cy-devant taxée vingt-quatre sols. —— £ 1 ß 4 ₰ —
Et pour la nouvelle reapreciation le cent dix sols. £ — ß 10 ₰ —

Laines noires & surges de France, la balle cy-devant taxée sept sols six deniers. —— £ — ß 7 ₰ 6
Et pour la nouvelle reapreciation le cent cinq sols. £ — ß 5 ₰ —

Laines ou aignel, surges étrangeres, la balle cy-devant taxée douze sols six deniers. —— £ — ß 12 ₰ 6
Et pour la nouvelle reapreciation le cent six sols. —— £ — ß 6 ₰ —

Laines filées fines d'Amiens, le quintal cy-devant taxé vingt-cinq sols. —— £ 1 ß 5 ₰ —
Et pour la nouvelle reapreciation le cent vingt sols. —— £ 1 ß — ₰ —

Laine pelade, la balle cy-devant taxée sept sols six deniers. — £ — ß 7 ₰ 6
Et pour la nouvelle reapreciation le cent pesant trois sols. —— £ — ß 3 ₰ —

Lames d'Epée étrangeres, la douzaine cy-devant taxée trois sols trois deniers. —— £ — ß 3 ₰ 3
Et pour la nouvelle reapreciation voyez *Allemelles*, un sol quatre deniers. —— £ — ß 1 ₰ 4

Lames

Lames d'Epées du Royaume, la douzaine cy-devant taxée deux sols. ———— £—ß 2 ₰—
Et pour la nouvelle reapreciation un sol. ———— £—ß 1 ₰—

Lames de dagues étrangeres, la douzaine cy-devant taxée un sol six deniers. ———— £—ß 1 ₰ 6
Et pour la nouvelle reapreciation, ———— idem.

Librairie d'Allemagne, le quintal cy-devant taxé sept sols six d. £—ß 7 ₰ 6
Et pour la nouvelle reapreciation le cent cinq sols. — £—ß 5 ₰—

Licie, la charge cy-devant taxée quatre sols. ———— £—ß 4 ₰—
Et pour la nouvelle reapreciation le cent deux sols. £—ß 2 ₰—

Liege, la balle cy-devant taxée deux sols. ———— £—ß 2 ₰—
Et pour la nouvelle reapreciation le cent deux sols. £—ß 2 ₰—

Liege contenant un millier, la charge cy-devant taxée quatre sols trois deniers. ———— £—ß 4 ₰ 3
Et pour la nouvelle reapreciation ———— à proportion.

Lignette à faire moureaux, la balle cy-devant taxée huit sols. £—ß 8 ₰—
Et pour la nouvelle reapreciation un sol. ———— £—ß 1 ₰—

Limailles de cuivre & d'épingles étrangeres, le quintal cy-devant taxé cinq sols. ———— £—ß 5 ₰—
Et pour la nouvelle reapreciation trois sols. ———— £—ß 3 ₰—

Limailles d'épingles étrangeres, le quintal cy-devant taxé huit sols. ———— £—ß 8 ₰—
Et pour la nouvelle reapreciation, ———— neant.

Limailles de fer, le quintal cy-devant taxé deux sols ———— £—ß 2 ₰—
Et pour la nouvelle reapreciation un sol. ———— £—ß 1 ₰—

Lin peigné, le quintal cy-devant taxé sept sols six deniers. ———— £—ß 7 ₰ 6
Et pour la nouvelle reapreciation cinq sols. ———— £—ß 5 ₰—

Lin crud, le quintal cy-devant taxé trois sols six deniers. ———— £—ß 3 ₰ 6
Et pour la nouvelle reapreciation un sol six deniers. — £—ß 1 ₰ 6

Lin étranger, cy-devant taxé douze sols six deniers. ———— £—ß 12 ₰ 6
Et pour la nouvelle reapreciation cinq sols. ———— £—ß 5 ₰—

Linceuls blancs ou roux vieux, la douzaine cy-devant taxée quatre sols. ———— £—ß 4 ₰—
Et pour la nouvelle reapreciation quatre sols. ———— £—ß 4 ₰—

Lisses, comme Mercerie de Milan, cy-devant taxée deux sols. £—ß 2 ₰—
Et pour la nouvelle reapreciation, voyez *Mercerie*.

Livres de France, le quintal lourd cy-devant taxé quatre sols. £—ß 4 ₰—
Et pour la nouvelle reapreciation deux sols. ———— £—ß 2 ₰—

Livres Etrangers, la charge de trois quintaux cy-devant taxée vingt-six sols trois deniers. ———— £ 1 ß 6 ₰ 3
Et pour la nouvelle reapreciation le cent trois sols. — £—ß 3 ₰—
Le quintal, s'il paye poids de Ville, cy-devant taxé sept sols six deniers. ———— £—ß 7 ₰ 6
Et pour la nouvelle reapreciation, ———— à l'équipolent.

| Article | £ | ß | ₰ |
|---|---|---|---|
| Lettres d'Imprimerie, le quintal cy-devant taxé huit sols. | — | 8 | — |
| Et pour la nouvelle reapreciation huit sols. | — | 8 | — |
| Livres du Royaume, la charge de trois quintaux, cy-devant taxée douze sols. | — | 12 | — |
| Et pour la nouvelle reapreciation du cent pesant deux s. | — | 2 | — |
| Livres reliez de Paris, le quintal cy-devant taxé trente sols. | 1 | 10 | — |
| Et pour la nouvelle reapreciation dix sols. | — | 10 | — |
| Livres vieux, le quintal cy-devant taxé deux sols. | — | 2 | — |
| Et pour la nouvelle reapreciation deux sols. | — | 2 | — |
| Lisieres de draps, le quintal cy-devant taxé huit sols. | — | 8 | — |
| Et pour la nouvelle reapreciation deux sols. | — | 2 | — |
| Licts de sarge imprimez, & autres de sarge, cy-devant taxez douze sols six deniers. | — | 12 | 6 |
| Et pour la nouvelle reapreciation le cent pesant cinq sols. | — | 5 | — |
| Licts de Razoir, la piece cy-devant taxée sept sols six deniers. | — | 7 | 6 |
| Et pour la nouvelle reapreciation deux sols six deniers. | — | 2 | 6 |
| Ligature sans soye, la piece cy-devant taxée quatre sols six den. | — | 4 | 6 |
| Et pour la nouvelle reapreciation trois sols. | — | 3 | — |
| Ligature avec soye, la piece cy-devant taxée dix sols. | — | 10 | — |
| Et pour la nouvelle reapreciation dix sols. | — | 10 | — |
| Loupes, la tonnette cy-devant taxée cinq sols. | — | 5 | — |
| Et pour la nouvelle reapreciation un sol six deniers. | — | 1 | 6 |
| Loupes, le quintal cy-devant taxé quinze sols. | — | 15 | — |
| Et pour la nouvelle reapreciation, | à l'équipolent. | | |
| Lotton, le quintal cy-devant taxé huit sols. | — | 8 | — |
| Et pour la nouvelle reapreciation douze sols. | — | 12 | — |
| Luths & autres instrumens, la quaisse cy-devant taxée vingt sols. | 1 | — | — |
| Et pour la nouvelle reapreciation cinq sols. | — | 5 | — |
| Lingeries de toutes sortes de Flandres ou d'ailleurs, excepté passemens, dentelles & points coupez, la livre quatre sols. | — | 4 | — |
| Et celle de Paris deux sols. | — | 2 | — |

Espiceries

# L.

## Epiceries & droguerie

| | |
|---|---|
| Lapis hermetique le % | 2 ll |
| Lait virginal ou essence le % | 1 |
| Les Liqueurs de toutes sortes paient au gr. Bur. | |
| L'eau de la Reine d'Hongrie et de fleurs d'orange | 3 pour le Roy 8 s / 1. 10. |

# L

## Marchandises

| Marchandises | lt | s | d |
|---|---|---|---|
| Laine de Chevron le ₶ non filée de Marseille Segovie Barbarie et Cigogne idem | 2 : | 15 : | ″ : |
| Laine filée de Flandre | 2 | 15. | |
| laine peliade du pays le % | 4 : | 10 : | ″ : |
| Lichefritte le ₶ | | 8. | |
| | ″ : | 8 : | ″ : |
| Livres en feuilles Etrangers a la marque du Marchand le ₶ | ″ : | 3 : | 6 : |
| Ligature la piece de 20 aulnes | ″ : | 3 : | 6 : |
| Lizieres de drap | ″ : | 10 : | ″ : |
| Lames d'Epées la douzaine | ″ : | 3 : | ″ : |
| Lames d'Epées Solinden | ″ : | 4 : | 3 : |
| laine teinte a paris le % | | 10. | |
| laine pelade Etrangere | | 14. | |
| laine filée de flandre | 4. | 10. | |
| laine lavée de Barbarie | 1. | 18. | |
| liegue platte de provence | 3. | 2. | 6. |
| Limaille d'Epingle du pays | | 6 | |
| Limes grossieres de fer d'allemagne come quincaille Etrangere | 1. | | |
| Limes d'acier fines pour orphevres come cy dessus | 4. | 16. | 8. |
| les nonpareilles ou polymites a l'estimation, pour la Tille de 2. ½ p. % | | 6. | |
| la nonpareille pour le Roy la piece | | 7. | 6. |

# *Espiceries & Drogueries.*

## M

MAcis, le quintal cy-devant taxé trois livres treize sols. —— £ 3 ß 13 ₰ —
Et pour la nouvelle reapreciation dix-huit sols. —— £ — ß 18 ₰ —
Pour les quatre pour cent cy-devant taxez huit livres. —— £ 8 ß — ₰ —
Et pour la nouvelle reapreciation, —— neant.

Maniguette ou graine de Paradis, le quintal cy-devant taxé quarante-huit sols. —— £ 2 ß 8 ₰ —
Et pour la nouvelle reapreciation, —— neant.
Pour les quatre pour cent cy-devant taxez trente-deux sols. —— £ 1 ß 12 ₰ —
Et pour la nouvelle reapreciation, —— neant.

Mandragore, le quintal cy-devant taxé vingt-cinq sols trois deniers. —— £ 1 ß 5 ₰ 3
Et pour la nouvelle reapreciation, —— neant.

Manne de Briançon, le quintal cy-devant taxé trente sols. —— £ 1 ß 10 ₰ —
Et pour la nouvelle reapreciation, —— neant.

Manne de Calabre pour tous droits, le quintal cy-devant taxé quinze livres. —— £ 15 ß — ₰ —
Et pour la nouvelle reapreciation, —— neant.

Marcacistes, la buste cy-devant taxée cinq livres. —— £ 5 ß — ₰ —
Et pour la nouvelle reapreciation, —— neant.

Maro, le quintal cy-devant taxé deux livres. —— £ 2 ß — ₰ —
Et pour la nouvelle reapreciation vingt-deux sols six deniers. —— £ 1 ß 2 ₰ 6

Martille, le quintal cy-devant taxé deux sols six deniers. —— £ — ß 2 ₰ 6
Et pour la nouvelle reapreciation trois sols. —— £ — ß 3 ₰ —

Margaline ou Marquacite, la balle cy-devant taxée huit livres. —— £ 8 ß — ₰ —
Et pour la nouvelle reapreciation, —— neant.

Massicot & mine rouge, & mine de plomb, le quintal cy-devant taxé onze sols. —— £ — ß 11 ₰ —
Et pour la nouvelle reapreciation, —— neant.

Mastic, le quintal cy-devant taxé trois livres deux sols six deniers. —— £ 3 ß 2 ₰ 6
Et pour la nouvelle reapreciation, —— neant.
Pour les quatre pour cent cy-devant taxez quatre livres. —— £ 4 ß — ₰ —
Et pour la nouvelle reapreciation vingt sols. —— £ 1 ß — ₰ —

Machoacan,

Machoacan ou Macadossin, le quintal cy-devant taxé vingt livres. —— £20ß—₰—
Et pour la nouvelle reapreciation, —— neant.
Pour les quatre pour cent cy-devant taxez trente livres. —— £30ß—₰—
Et pour la nouvelle reapreciation, —— neant.

Miel, le quintal cy-devant taxé deux sols quatre deniers. —— £—ß2₰4
Et pour la nouvelle reapreciation un sol huit deniers £—ß1₰8
Pour les quatre pour cent cy-devant taxez quatre sols. —— £—ß4₰—
Et pour la nouvelle reapreciation deux sols huit den. £—ß2₰8

Mirabolans, le quintal cy-devant taxé quatre sols trois deniers. £—ß4₰3
Et pour la nouvelle reapreciation, quinze sols neuf deniers. —— £—ß15₰9
Pour les quatre pour cent cy-devant taxez dix sols. £—ß10₰—
Et pour la nouvelle reapreciation douze sols. —— £—ß12₰—

Myrrhe, le quintal cy-devant taxé cinquante-deux sols six deniers. —— £2ß12₰6
Et pour la nouvelle reapreciation, —— neant.
Pour les quatre pour cent cy-devant taxez trois liv. £3ß—₰—
Et pour la nouvelle reapreciation vingt sols. —— £1ß—₰—

Mithridat, le quintal cy-devant taxé quarante-sept sols. —— £2ß7₰—
Et pour la nouvelle reapreciation treize sols. —— £—ß13₰—
Pour les quatre pour cent cy-devant taxez quarante sols. —— £2ß—₰—
Et pour la nouvelle reapreciation trois livres —— £3ß—₰—

Mommie, le quintal cy-devant taxé cinquante-deux sols six deniers. —— £2ß12₰6
Et pour la nouvelle reapreciation, —— neant.
Pour les quatre pour cent cy-devant taxez trois livres. —— £3ß—₰—
Et pour la nouvelle reapreciation, —— neant.

Mucquin, le quintal cy-devant taxé quarante huit sols. —— £2ß8₰—
Et pour la nouvelle reapreciation, —— neant.
Pour les quatre pour cent cy-devant taxez trente sols. —— £1ß10₰—
Et pour la nouvelle reapreciation, —— neant.

Musc pour tous droits, la livre cy-devant taxée douze livres. —— £12ß—₰—
Et pour la nouvelle reapreciation, —— neant.

Muscades, le quintal cy-devant taxé trois livres douze sols six deniers. —— £3ß12₰6
Et pour la nouvelle reapreciation trois livres dix-sept sols six deniers. —— £3ß17₰6

Pour

Pour les quatre pour cent cy-devant taxez six livres. —— £ 6 ß — ₰ —
Et pour la nouvelle reapreciation deux livres. —— £ 2 ß — ₰ —

## *Marchandises.*

Manteaux de feutre bordez de passemens de soye, le coullet doublé de velours, la piece cy-devant taxée cinq sols. —— £ — ß 5 ₰ —
Et pour la nouvelle reapreciation un sol. —— £ — ß 1 ₰ —
Et la balle cy-devant taxée cinq livres cinq sols, —— £ 5 ß 5 ₰ —
Et pour la nouvelle reapreciation —— à l'équipolent.

Manteaux luberries & loups cerviers, la piece cy-devant taxée trois livres. —— £ 3 ß — ₰ —
Et pour la nouvelle reapreciation, —— neant.

Manteaux d'Auvergne, la balle cy-devant taxée vingt-cinq sols. —— £ 1 ß 5 ₰ —
Et pour la nouvelle reapreciation, —— Idem.

Mantils vieux, le quintal cy-devant taxé cinq sols. —— £ — ß 5 ₰ —
Et pour la nouvelle reapreciation, —— neant.

Mantils & Servietes, la balle cy-devant taxée vingt sols. —— £ 1 ß — ₰ —
Et pour la nouvelle reapreciation, le cent six sols. —— £ — ß 6 ₰ —

Mantils à grain d'orge, cy-devant taxés deux sols. —— £ — ß 2 ₰ —
Et pour la nouvelle reapreciation un sol. —— £ — ß 1 ₰ —
La balle cy-devant taxée huit sols. —— £ — ß 8 ₰ —
Et pour la nouvelle reapreciation quatre sols. —— £ — ß 4 ₰ —

Mantils & Servietes de Lorraine étrangeres, la balle cy-devant taxée trente sols. —— £ 1 ß 10 ₰ —
Et pour la nouvelle reapreciation le cent dix sols. —— £ — ß 10 ₰ —

Mantils blancs de Lorraine grossiers, la balle cy-devant taxée sept sols six deniers. —— £ — ß 7 ₰ 6
Et pour la nouvelle reapreciation le cent trois sols. —— £ — ß 3 ₰ —

Marc & fil d'or & d'argent, qui sont huit onces cy-devant taxées vingt-huit sols. —— £ 1 ß 8 ₰ —
Et pour la nouvelle reapreciation voyez *Or & Argent*.

Marroquins d'Espagne & autres Païs étrangers, la balle cy-devant taxée quatre livres dix-sept sols six deniers. £ 4 ß 17 ₰ 6
Et pour la nouvelle reapreciation, voyez cy-dessous la douzaine. ——
La douzaine cy-devant taxée douze sols six deniers. £ — ß 12 ₰ 6
Et pour la nouvelle reapreciation douze sols six deniers. —— £ — ß 12 ₰ 6

Marroquins de Dauphiné, Provence, & autres semblables, la balle cy-devant taxée trente sols. — £ 1 ß 10 ₰ —

Et pour la nouvelle reapreciation voyez cy-dessous la douzaine. —

La douzaine cy-devant taxée trois sols. — £ — ß 3 ₰ —

Et pour la nouvelle reapreciation — £ — ß 3 ₰ —

Martres communes, la balle cy-devant taxée vingt-deux livres. — £ 22 ß — ₰ —

Et pour la nouvelle reapreciation voyez cy-dessous la piece. —

La piece deux sols. — £ — ß 2 ₰ —

Et pour la nouvelle reapreciation un sol. — £ — ß 1 ₰ —

Martres étrangeres, la piece cy-devant taxée trois sols. — £ — ß 3 ₰ —

Et pour la nouvelle reapreciation deux sols. — £ — ß 2 ₰ —

Marquentines de Venise, le quintal cy-devant taxé six livres. — £ 6 ß — ₰ —

Et pour la nouvelle reapreciation — neant.

La quaisse cy-devant taxée neuf livres. — £ 9 ß — ₰ —

Et pour la nouvelle reapreciation — à l'équipolent.

Masques, la quaisse cy-devant taxée huit livres. — £ 8 ß — ₰ —

Et pour la nouvelle reapreciation quarante sols. — £ 2 ß — ₰ —

Mattelats, la piece cy-devant taxée un sol six deniers. — £ — ß 1 ₰ 6

Et pour la nouvelle reapreciation deux sols. — £ — ß 2 ₰ —

Mercerie de Milan, & autres lieux d'Italie, Chemise de cotton, la quaisse cy-devant taxée neuf livres. — £ 9 ß — ₰ —

Et pour la nouvelle reapreciation, le cent pesant vingt sols. — £ 1 ß — ₰ —

Mercerie de Flandres, de ceintures, lacets, rubans, fil d'épine, & autres, le tonneau n'excedant quatre quintaux, cy-devant taxé quatorze livres. — £ 14 ß — ₰ —

Et pour la nouvelle reapreciation le cent pesant vingt s. £ 1 ß — ₰ —

Menuë Mercerie de Paris & Roüen, le tonneau n'excedant cinq quintaux, cy-devant taxé sept livres dix sols. £ 7 ß 10 ₰ —

Et pour la nouvelle reapreciation du cent pesant dix sols. — £ — ß 10 ₰ —

Le quintal cy-devant taxé trente sols. — £ 1 ß 10 ₰ —

Et pour la nouvelle reapreciation dix sols. — £ — ß 10 ₰ —

Mercerie de Forests, Auvergne, Drogue, queuës de singes, peignes de Languedoc, & coûteaux de Tiers, la charge n'excedant trois quintaux cy-devant taxée dix-sept sols six deniers. — £ — ß 17 ₰ 6

Et pour la nouvelle reapreciation le cent cinq sols. — £ — ß 5 ₰ —

Mercerie de Saint Claude, la balle cy-devant taxée onze sols. £ — ß 11 ₰ —

Et pour la nouvelle reapreciation cinq sols. — £ — ß 5 ₰ —

Mercerie

Mercerie d'Allemagne, le quintal cy-devant taxé trois livres cinq ſols. —— £ 3 ß 5 ₰ —

Et pour la nouvelle reapreciation quinze ſols. —— £ — ß 15 ₰ —

Metal & cuivre rouge rompu, la charge de trois quintaux cy-devant taxée quinze ſols. —— £ — ß 15 ₰ —

Et pour la nouvelle reapreciation le cent peſant dix ſols. £ — ß 10 ₰ —

Metal en fonte & en œuvre, le quintal cy-devant taxé huit ſols. £ — ß 8 ₰ —

Et pour la nouvelle reapreciation ſept ſols. —— £ — ß 7 ₰ —

Metal vieux, le quintal cy-devant taxé cinq ſols. —— £ — ß 5 ₰ —

Et pour la nouvelle reapreciation cinq ſols. —— £ — ß 5 ₰ —

Meule de Moulin Françoiſe, cy-devant taxée neuf ſols. —— £ — ß 9 ₰ —

Et pour la nouvelle reapreciation huit ſols. —— £ — ß 8 ₰ —

Meule de moulin Chalonnoiſe, cy-devant taxée deux ſols ſix deniers. —— £ — ß 2 ₰ 6

Et pour la nouvelle reapreciation cinq ſols. —— £ — ß 5 ₰ —

Meſches d'Arquebuſes, la balle cy-devant taxée ſept ſols ſix deniers. —— £ — ß 7 ₰ 6

Et pour la nouvelle reapreciation deux ſols ſix deniers. £ — ß 2 ₰ 6

Mezolane de Milan, la piece cy-devant taxée dix ſols. —— £ — ß 10 ₰ —

Et pour la nouvelle reapreciation cinq ſols. —— £ — ß 5 ₰ —

Mioſtade d'Amiens, la piece cy-devant taxée trois ſols. —— £ — ß 3 ₰ —

Et pour la nouvelle reapreciation deux ſols. —— £ — ß 2 ₰ —

Mioſtade étrangere, la piece cy-devant taxée quatre ſols ſix deniers. —— £ — ß 4 ₰ 6

Et pour la nouvelle reapreciation cinq ſols ſix den. £ — ß 5 ₰ 6

Miroirs & Merceries de Milan, la quaiſſe cy-devant taxée neuf livres. —— £ 9 ß — ₰ —

Et pour la nouvelle reapreciation, voyez *Mercerie*, vingt ſols. —— £ 1 ß — ₰ —

Molardeaux, la douzaine cy-devant taxée douze ſols. —— £ — ß 12 ₰ —

Et pour la nouvelle reapreciation trois ſols. —— £ — ß 3 ₰ —

Molardeaux petits, la douzaine cy-devant taxée ſix ſols ſix den. £ — ß 6 ₰ 6

Et pour la nouvelle reapreciation deux ſols ſix den. £ — ß 2 ₰ 6

Mallard, le baril cy-devant taxé dix deniers. —— £ — ß — ₰ 10

Et pour la nouvelle reapreciation quatre deniers. —— £ — ß — ₰ 4

Moncayards d'Abeville, la piece cy-devant taxée dix ſols. £ — ß 10 ₰ —

Et pour la nouvelle reapreciation cinq ſols. —— £ — ß 5 ₰ —

Moncayards d'Amiens, la piece cy-devant taxée quatre ſols ſix deniers. —— £ — ß 4 ₰ 6

Et pour la nouvelle reapreciation trois ſols. —— £ — ß 3 ₰ —

Morion blanc ou noir, doré, gravé ou non gravé, cy-devant taxé deux ſols ſix deniers. —— £ — ß 2 ₰ 6

Et pour la nouvelle reapreciation, voyez *Armes*. ——

Moucades étrangeres, la piece cy devant taxée onze ſols. —— £ — ß 11 ₰ —

Et pour la nouvelle reapreciation quatre ſols.——— £—ß 4 ₰—

Moucades d'Amiens, la piece cy-devant taxée quatre ſols ſix deniers. ——— £—ß 4 ₰ 6

Et pour la nouvelle reapreciation trois ſols.——— £—ß 3 ₰—

Mortiers de marbre, la piece cy-devant taxée un ſol. ——— £—ß 1 ₰—

Et pour la nouvelle reapreciation un ſol. ——— £—ß 1 ₰—

Moutons accoûtrez en chamois, la douzaine cy-devant tazée ſept ſols. ——— £—ß 7 ₰—

Et pour la nouvelle reapreciation cinq ſols.——— £—ß 5 ₰—

Moutons en galle, la balle cy-devant taxée dix ſols.——— £—ß 10 ₰—

Et pour la nouvelle reapreciation le cent trois ſols. — £—ß 3 ₰—

Moutons en jambe, la balle cy-devant taxée dix ſols. ——— £—ß 10 ₰—

Et pour la nouvelle reapreciation, le cent trois ſols. £—ß 3 ₰—

Moutons pelez la douzaine cy-devant taxée un ſol.——— £—ß 1 ₰—

Et pour la nouvelle reapreciation un ſol. ——— £—ß 1 ₰—

La balle de charrette neuf ſols. ——— £—ß 9 ₰—

Et pour la nouvelle reapreciation ——— à l'équipolent.

Le quintal quatre ſols.——— £—ß 4 ₰—

Et pour la nouvelle reapreciation ——— à l'équipolent.

Mouluë ſeiche, le quintal quatre ſols. ——— £—ß 4 ₰—

Eſpiceries

# M

## Epiceries, & Droguier

| | l. | s. | d. |
|---|---|---|---|
| Mine de plomb le ℔ | " | 11 | " |
| Manignette le ℔ | 2 | 8 | " |
| Mouches Cantarides le ℔ | 2 | " | " |
| Mouton en blancherie la douzaine | " | 10 | " |
| Mine de plomb le ℔ | " | 6 | " |
| Massicot le ℔ | 2 | 7 | 6 |
| Mercure comme argent vif le ℔ | 1 | 12 | |
| Mousse de mer comme Coraline | 1 | 17 | 6 |
| Mouche Cantaride | 2 | | |

# M

## Marchandises

| | ℔ | s | d |
|---|---|---|---|
| Marroquins en bazanne le ℔ | 4 | 11 | 4 |
| Marroquins du Levant | 1 | 5 | |
| Mercerie étrangere le ℔ par arrest à l'entrée du Royaume | 10 | " | 4 |
| Mousquets de St Etienne la p^ce | 4 | 3 | 4 |
| Marmites etrangeres le ℔ | 4 | 5 | " |
| Mortiers de fonte le ℔ | " | 4 | 4 |
| Mercerie du Turc | " | 11 | " |
| Miroirs de France le ℔ | 1 | 16 | 8 |
| Mouchoirs de soye de Marseille la livre | | 16 | |
| idem d'Avignon | | 8 | |
| Marmittes de fer (?) de fer le % | 1 | 4 | |
| Marbre en table le q^l | | 15 | |
| Meche le % | | 6 | 8 |

## Espiceries & Drogueries.

# N

Noix muscade, le quintal cy-devant taxé trois livres douze sols. — £ 3 ß 12 & —

Et pour la nouvelle reapreciation trois livres dix-sept sols six deniers. — £ 3 ß 17 &

Pour les quatre pour cent cy-devant taxez six livres. £ 6 ß — & —

Et pour la nouvelle reapreciation quatre livres. — £ 4 ß — & —

Neus vomicqua, le quintal cy-devant taxé trente-deux sols six deniers. — £ 1 ß 12 &

Et pour la nouvelle reapreciation, — neant

Pour les quatre pour cent cy-devant taxez quatre sols. £ — ß 4 & —

Et pour la nouvelle reapreciation quatre sols. — £ — ß 4 & —

Nacre de perles & coquilles de Nacre, la balle cy-devant taxée trois livres. — £ 3 ß — & —

Et pour la nouvelle reapreciation vingt sols. — £ 1 ß — & —

Nacre en Chapelets, le quintal cy-devant taxé trente sols. — £ 1 ß 10 & —

Et pour la nouvelle reapreciation dix sols. — £ — ß 10 & —

## Marchandises.

Nappes de Lorraine, le quintal cy-devant taxé vingt sols. — £ 1 ß — & —

Et pour la nouvelle reapreciation dix sols. — £ — ß 10 & —

La piece de Nappes ou Mantils, cy-devant taxée douze sols six deniers. — £ — ß 12 &

Et pour la nouvelle reapreciation dix sols. — £ — ß 10 & —

## *Espiceries & Drogueries.*

# O

OCre ou Croye blanche, jaune, noire ou rouge, le quintal cy-devant taxé deux sols six deniers. —— £ — ß 2 ₰ 6
Et pour la nouvelle reapreciation, —— neant.

Olives, le quintal pour les quatre pour cent cy-devant taxez trois sols quatre deniers. —— £ — ß 3 ₰ 4
Et pour la nouvelle reapreciation sept sols sept deniers. —— £ — ß 7 ₰ 7

Opopanax, le quintal cy-devant taxé trois livres deux sols six deniers. —— £ 3 ß 2 ₰ 6
Et pour la nouvelle reapreciation trois livres. —— £ 3 ß — ₰ —
Pour les quatre pour cent cy-devant taxez six livres. £ 6 ß — ₰ —
Et pour la nouvelle reapreciation trois livres —— £ 3 ß — ₰ —

Oranges seiches, le quintal cy-devant taxé dix sols. —— £ — ß 10 ₰ —
Et pour la nouvelle reapreciation deux sols. —— £ — ß 2 ₰ —

Orpiment, le quintal cy-devant taxé treize sols quatre deniers. —— £ — ß 13 ₰ 4
Et pour la nouvelle reapreciation, —— neant.
Pour les quatre pour cent cy-devant taxez vingt sols. —— £ 1 ß — ₰ —
Et pour la nouvelle reapreciation, —— neant.

Os de corne de cerf, le quintal cy-devant taxé treize sols quatre deniers. —— £ — ß 13 ₰ 4
Et pour la nouvelle reapreciation, —— neant.
Pour les quatre pour cent cy-devant taxez dix sols. £ — ß 10 ₰ —
Et pour la nouvelle reapreciation, —— neant.

Orseilles, le quintal cy-devant taxé trente-deux sols six deniers. —— £ 1 ß 12 ₰ 6
Et pour la nouvelle reapreciation, —— neant.
Pour les quatre pour cent cy-devant taxez vingt sols. —— £ 1 ß — ₰ —
Et pour la nouvelle reapreciation, —— neant.

Os de seiche, le quintal cy-devant taxé deux sols six deniers. —— £ — ß 2 ₰ 6
Et pour la nouvelle reapreciation, —— neant.

Oppium, le quintal cy-devant taxé quatre livres. —— £ 4 ß — ₰ —
Et pour la nouvelle reapreciation quarante sols. —— £ 2 ß — ₰ —
Pour les quatre pour cent cy-devant taxez trois livres deux sols six deniers. —— £ 3 ß 2 ₰ 6
Et pour la nouvelle reapreciation cinq livres. —— £ 5 ß — ₰ —

Oliban,

Oliban, le quintal cy-devant taxé trente-deux ſols ſix deniers. —— £ 1 ß 12 ₰ 6

Et pour la nouvelle reapreciation trois ſols ſix deniers. —— £ — ß 3 ₰ 6

Pour les quatre pour cent cy-devant taxez douze ſols. £ — ß 12 ₰ —

Et pour la nouvelle reapreciation douze ſols. —— £ — ß 12 ₰ —

Olives du cru de France, le quintal dix ſols. —— £ — ß 10 ₰ —

Oranges, le millier en nombre trois ſols. —— £ — ß 3 ₰ —

## *Marchandiſes.*

Offes ou Jonc pour vertugalles, la balle cy-devant taxée trois ſols neuf deniers. —— £ — ß 3 ₰ 9

Et pour la nouvelle reapreciation un ſol trois deniers. —— £ — ß 1 ₰ 3

Orloges d'Auvergne, la piece cy-devant taxée deux ſols ſix deniers. —— £ — ß 2 ₰ 6

Et pour la nouvelle reapreciation cinq deniers. —— £ — ß — ₰ 5

Orloges d'Allemagne & d'ailleurs, la piece cy-devant taxée cinq ſols. —— £ — ß 5 ₰ —

Et pour la nouvelle reapreciation cinq ſols. —— £ — ß 5 ₰ —

Or d'Ulme ou battu, la quaiſſe peſant cent cinquante livres cy-devant taxée douze livres dix ſols. —— £ 12 ß 10 ₰ —

Et pour la nouvelle reapreciation, le cent peſant cinquante ſols. —— £ 2 ß 10 ₰ —

Or filé faux, le marc cy-devant taxé trois ſols. —— £ — ß 3 ₰ —

Et pour la nouvelle reapreciation trois ſols. —— £ — ß 3 ₰ —

Or faux en feüille, clinquans brillans, or de baſſin, Mercerie d'Allemagne, tout au quintal, cy-devant taxé trois livres cinq ſols. —— £ 3 ß 5 ₰ —

Et pour la nouvelle reapreciation quinze ſols. —— £ — ß 15 ₰ —

Or ou argent filé, le marc cy-devant taxé vingt-huit ſols. £ 1 ß 8 ₰ —

Et pour la nouvelle reapreciation, —— neant.

Or

Or ou argent ſur fil de ſoye, la livre cy-devant taxée cinquante-ſix ſols. —— £ 2 ß 16 ₰ ——
Et pour la nouvelle reapreciation, —— neant.

Oſtades d'Angleterre, le fond ou charge n'excedant quatre quintaux, cy-devant taxez vingt livres. —— £ 20 ß — ₰ ——
Et pour la nouvelle reapreciation du cent peſant vingt ſols. —— £ 1 ß — ₰ ——

Ouvrages, cannetilles d'or ou d'argent pour fonds, matieres & manufactures, la livre cy-devant taxée quatre livres quatre ſols. —— £ 4 ß 4 ₰ ——
Et pour la nouvelle reapreciation dix ſols. —— £ — ß 10 ₰ ——

Ouvrages, cannetilles à ornemens & habillemens, étans de fil d'or ou d'argent, d'une ou pluſieurs ſortes enſemble, la livre cy-devant taxée cinquante-ſix ſols. —— £ 2 ß 16 ₰ ——
Et pour la nouvelle reapreciation ſix ſols. —— £ — ß 6 ₰ ——

Ouvrages, comme paſſemens de ſoye, houſſes, chauſſes de ſoye ſans cramoiſy, la livre cy-devant taxée quatorze ſols. —— £ — ß 14 ₰ ——
Et pour la nouvelle reapreciation deux ſols. —— £ — ß 2 ₰ ——

Ouvrages faits d'or ou de ſoye, la livre cy-devant taxée cinquante-ſix ſols. —— £ 2 ß 16 ₰ ——
Et pour la nouvelle reapreciation, —— neant.

Ouvrages avec or ou argent, piece de chamois en broderie, la livre cy-devant taxée cinquante-ſix ſols. —— £ 2 ß 16 ₰ ——
Et pour la nouvelle reapreciation, —— neant.

Ouvrages de fer, le quintal cy-devant taxé trois ſols —— £ — ß 3 ₰ ——
Et pour la nouvelle reapreciation un ſol. —— £ — ß 1 ₰ ——

Ouvrages de Flandres & d'ailleurs, en lingerie de lin, groſſes & moyennes, comme toillettes, mouchoirs, chemiſes & autres, non compris les dentelles & point-coupé, la livre voyez *lingerie*, *orfevrerie*, *&* *pierreries*, payeront ſuivant l'eſtimation deux & demi pour cent.

# O

## Epiceries & Droguerie

| | ll | s | d |
|---|---|---|---|
| Oranges la caisse | // | 1 | // |
| orangelets | // | 12 | // |
| or battu le % | // | 2 | 2 |
| oignons d'épines le % | // | 5 | // |
| occuly Cancry | 1 | 5 | // |
| d'outre mer la ll | // | 2 | 4 |
| oblon le q.al | // | 3 | // |
| orseil ou tournesol en pain le q.al | 1 | 12 | 6 |
| ouvrage ou dantelles d'argent | 2 | 8 | 4 |
| outremer ou azur fin par cor. | 14 | 13 | 9 |
| Idem par comp. | 16 | 8 | 8 |
| oignons d'esquilles le % | | 5 | |
| oignons d'esquinne idem | | 5 | |

# Marchandises

| | lt. | s. | d. |
|---|---|---|---|
| Ouvrage de Perles le % | 4 | 4 | 4 |
| ouvrage de Soye las | 4 | 8 | 4 |
| ouvrages de Soye Etrangeres | 4 | 16 | 4 |
| oreillers des pays les % | | 10 | |
| ouvrages de la Mabre | | 10 | |
| ouvrages de coton ou cayne de coton | 1 | 10 | |
| ouvrages de soye bas de paris ou de pays calure | | 8 | |
| ouvrages de soyes des nismes bas de soye | | 16 | |
| idem estrangère moitié en sus | 1 | 4 | |

or et argent faux par arrest du 1er janvier 1717 a l'entrée du Royaume du % — 10.

or et argent filé faux du % — 20

au lieu des 10l. par mars par arrest du 14 juin 1689

Et lorsque les dites matières sont declarées à l'entrée du Royaume pour Lyon aux bureaux des cinq grosses fermes ils ne paieront que le quart que le quart des droits cydessus et paieront scavoir

Pour l'or et l'argent faux trait pour les droits de la douane de Lyon — 4lt. 7s. 4.

pour les tiers surtaux et 40e — 3. 2. 8

et a l'entrée — 2. 10.

— 10.

Pour l'or et l'argent filé faux a l'entrée — 5lt

douane de Lyon — 8. 17. 4.

tiers surtaux et 40e — 6. 2. 8.

— 20.

Et lorsqu'elles passeront dans l'estendue de la douane de Valence il sera payé pour l'or et l'argent faux trait au bureau de reconnoissance — 1. 7. 4.

et a la douane de Lyon — 3. } 4lt. 7s. 4.

Pour l'or et l'argent tiré faux a la douane de Valence — 1. 7. 4.

Et pour la douane de Lyon — 7. 10.

## *Espiceries & Drogueries.*

# P

PErles, le quintal cy-devant taxé sept livres deux sols six deniers. —— £ 7 ß 2 ₰ 6

Et pour la nouvelle reapreciation payeront suivant l'estimation, qui en sera faite à l'once ou à la livre, suivant les lieux d'où elles viendront. ——

Pour les quatre pour cent cy-devant taxez vingt-huit livres. —— £ 28 ß — ₰ —

Et pour la nouvelle reapreciation, *Idem*, comme dessus.

Perelle en terre, le quintal cy-devant taxé un sol quatre deniers. —— £ — ß 1 ₰ 4

Et pour la nouvelle reapreciation quatre sols huit deniers. —— £ — ß 4 ₰ 8

Pierre-ponce, le quintal cy-devant taxé deux sols six deniers. £ — ß 2 ₰ 6

Et pour la nouvelle reapreciation trois sols six deniers. —— £ — ß 3 ₰ 6

Pour les quatre pour cent cy-devant taxez huit sols. — £ — ß 8 ₰ —

Et pour la nouvelle reapreciation, —— neant.

Pignons & Pistaches, le quintal cy-devant taxé quatre sols trois deniers. —— £ — ß 4 ₰ 3

Et pour la nouvelle reapreciation quatre sols six deniers. —— £ — ß 4 ₰ 6

Pour les quatre pour cent cy-devant taxez dix sols. — £ — ß 10 ₰ —

Et pour la nouvelle reapreciation cinq sols. —— £ — ß 5 ₰ —

Pirette, le quintal cy-devant taxé neuf sols huit deniers. —— £ — ß 9 ₰ 8

Et pour la nouvelle reapreciation —— neant.

Pour les quatre pour cent cy-devant taxez cinq sols. —— £ — ß 5 ₰ —

Et pour la nouvelle reapreciation cinq sols. —— £ — ß 5 ₰ —

Poix, le boüillon cy-devant taxé six deniers. —— £ — ß — ₰ 6

Et pour la nouvelle reapreciation, le quintal huit deniers. —— £ — ß — ₰ 8

Poix-rasine, le quintal cy-devant taxé neuf deniers. —— £ — ß — ₰ 9

Et pour la nouvelle reapreciation seize deniers. —— £ — ß 1 ₰ 4

Pourcelaine, le quintal cy-devant taxé trente-sept sols six deniers. —— £ 1 ß 17 ₰ 6

Et pour la nouvelle reapreciation, —— neant.

Pour les quatre pour cent cy-devant taxez quarante sols. —— £ 2 ß — ₰ —

Et pour la nouvelle reapreciation, —— neant.

Poudres

Poudres de violettes ou de chipre, le quintal cy-devant taxé vingt sols. —— £ 1 ß — ₰ —
Et pour la nouvelle reapreciation trois livres. —— £ 3 ß — ₰ —

Pousse de gingembre épointé, le quintal cy-devant taxé vingt-neuf sols trois deniers. —— £ 1 ß 9 ₰ 3
Et pour la nouvelle reapreciation, —— neant.
Pour les quatre pour cent cy-devant taxez trois livres. —— £ 3 ß — ₰ —
Et pour la nouvelle reapreciation, —— neant.

Pousse d'écarlatte de France, le quintal cy-devant taxé six livres. —— £ 6 ß — ₰ —
Et pour la nouvelle reapreciation, —— neant.
L'étrangere pour tous droits, le quintal cy-devant taxé quatorze livres dix sols. —— £ 14 ß 10 ₰ —
Et pour la nouvelle reapreciation, —— neant.

Pousse de Muscade ou Massis, le quintal cy-devant taxé quarante-sept sols six deniers. —— £ 2 ß 7 ₰ 6
Et pour la nouvelle reapreciation, —— neant.
Pour les quatre pour cent cy-devant taxez six livres. £ 6 ß — ₰ —
Et pour la nouvelle reapreciation, —— neant.

Poivre, le quintal cy-devant taxé trois livres deux sols six deniers. —— £ 3 ß 2 ₰ 6
Et pour la nouvelle reapreciation, —— neant.
Pour les quatre pour cent six livres. —— £ 6 ß — ₰ —
Et pour la nouvelle reapreciation, —— neant.

Poivre leger, le quintal cy-devant taxé quarante-sept sols six deniers. —— £ 2 ß 7 ₰ 6
Et pour la nouvelle reapreciation, —— neant.
Pour les quatre pour cent cy-devant taxez trois livres. —— £ 3 ß — ₰ —
Et pour la nouvelle reapreciation deux sols six deniers. —— £ — ß 2 ₰ 6

Poivre long, le quintal cy-devant taxé trois livres deux sols six deniers. —— £ 3 ß 2 ₰ 6
Et pour la nouvelle reapreciation, —— neant.
Pour les quatre pour cent cy-devant taxez six livres. —— £ 6 ß — ₰ —
Et pour la nouvelle reapreciation, —— neant.

Perelle en teintures du Pays, la charge cy-devant taxée vingt sols six deniers. —— £ 1 ß — ₰ 6
Et pour la nouvelle reapreciation, —— neant.

Poudre d'arquebuse, le quintal cy-devant taxé quinze sols six deniers. —— £ — ß 15 ₰ 6
Et pour la nouvelle reapreciation —— neant.

Pour

# P.

## Epiceries, et drogueries

| | l. | s. | d. |
|---|---|---|---|
| Porcelaine d'hollande doit payer au % | 20 : | // : | // : |
| pierre de Mine le % | // : | 15 : | // : |
| pierre d'Emery le % | // : | 15 : | // : |
| polis de Raine le gal | // : | 7 : | // : |
| poudre dorée le % | // : | 2 : | 6 : |
| poix blanche le % | // : | 12 : | // : |
| peaux de Castor la pce | 1 : | 3 : | // : |
| peignes de l'abbé la caisse | // : | 5 : | // : |
| piment ou graine de paradis | 2. | 8. | |
| poulanque le % | | 10. | |
| poix blanche etrangere % des [illegible] | | 12 | |
| potargue ou oeuf de poisson salé | 2 | 10. | |
| precieuse voir Rhubarbes | | | |
| polipes le % | | 7 | |
| pruneaux de Tours | | 3 | |
| poudre de Chypre le % | 4. | 10. | |

Pour les quatre pour cent cy-devant taxez douze sols. £—ß 12 ₰—
Et pour la nouvelle reapreciation, neant.

Petum ou herbe de la Reine, le quintal pour tous droits cinq livres. £ 5 ß—₰—
Et pour la nouvelle reapreciation, neant.

Pruneaux de toutes sortes, le quintal trois sols. £—ß 3 ₰—

## *Marchandises.*

Panne de soye de Tours & d'ailleurs, la livre cy-devant taxée cinq sols neuf deniers. £—ß 5 ₰ 9
Et pour la nouvelle reapreciation trois sols trois deniers. £—ß 3 ₰ 3

Papier fin blanc & bleu, la balle cy-devant taxée cinq sols six deniers. £—ß 5 ₰ 6
Et pour la nouvelle reapreciation deux sols. £—ß 2 ₰—
L'Etranger neuf sols. £—ß 9 ₰—
Et pour la nouvelle reapreciation le cent trois sols. £—ß 3 ₰—

Papier de trasse de Paris, la balle cy-devant taxée un sol six deniers. £—ß 1 ₰ 6
Et pour la nouvelle reapreciation le cent un sol six deniers. £—ß 1 ₰ 6

Papier de trasse étranger, la balle cy-devant taxée deux sols neuf deniers. £—ß 2 ₰ 9
Et pour la nouvelle reapreciation le cent deux sols. £—ß 2 ₰—
Le quintal cy-devant taxé un sol six deniers. £—ß 1 ₰ 6
Et pour la nouvelle reapreciation deux sols. £—ß 2 ₰—

Papier blanc, la balle cy-devant taxée trois sols. £—ß 3 ₰—
Et pour la nouvelle reapreciation le cent deux sols six deniers. £—ß 2 ₰ 6
Et l'Etranger cy-devant taxé onze sols. £—ß 11 ₰—
Et pour la nouvelle reapreciation à l'equipolent.

Papier de trasse de charrette cy-devant taxée deux sols trois deniers. £—ß 2 ₰ 3
Et pour la nouvelle reapreciation, le cent pesant un sol. £—ß 1 ₰—

Papier fin étranger, le quintal cy-devant taxé trois sols. £—ß 3 ₰—
Et pour la nouvelle reapreciation trois sols. £—ß 3 ₰—

Papier fin du Pays, le quintal cy-devant taxé deux sols. £—ß 2 ₰—
Et pour la nouvelle reapreciation cinq sols. £—ß 5 ₰—

Papier gros étranger, la balle de charrette cy-devant taxée quatre sols six deniers. —— £—ß 4 ₰ 6

Et pour la nouvelle reapreciation le cent trois sols. £—ß 3 ₰—

Papier de trasse du Pays, le quintal cy-devant taxé un sol. — £—ß 1 ₰—

Et pour la nouvelle reapreciation un sol. —— £—ß 1 ₰—

Parchemin, la balle cy-devant taxée dix sols. —— £—ß 10 ₰—

Et pour la nouvelle reapreciation trois sols. —— £—ß 3 ₰—

Parun, la charge cy-devant taxée quatre sols. —— £—ß 4 ₰—

Et pour la nouvelle reapreciation le cent un sol. —— £—ß 1 ₰—

Paëlles de fer, la balle cy-devant taxée neuf sols. —— £—ß 9 ₰—

Et pour la nouvelle reapreciation trois sols. —— £—ß 3 ₰—

Passemens, Rubans, Porfileures, Franges, Ceintures, Coiffes, Collets de chemises, & autres tisseures, ouvrages & passemens de fil d'or, d'argent filé ou traict, la livre cy-devant taxée trois livres dix-huit sols. —— £ 3 ß 18 ₰—

Et pour la nouvelle reapreciation —— neant.

Passemens, Rubans, Porfileures, Trasses, Franges, Ceintures, Collets de chemise, & autres tisseures de fil d'or, d'argent & de soye, mêlez ensemble, la livre cy-devant taxée cinquante-six sols. —— £ 2 ß 16 ₰—

Et pour la nouvelle reapreciation, —— neant.

Passemens, Trasses, ouvrages, & choses susdites de soye rouge cramoisi, la livre cy-devant taxée quarante-huit sols neuf deniers. —— £ 2 ß 8 ₰ 9

Et pour la nouvelle reapreciation, —— neant.

Passemens, traces, ouvrages, & choses susdites de soye sans cramoysi, la livre cy-devant taxée quatorze sols. — £—ß 14 ₰—

Et pour la nouvelle reapreciation huit sols. —— £—ß 8 ₰—

Passemens de Saint Châmond, la livre cy-devant taxée deux sols. —— £—ß 2 ₰—

Et pour la nouvelle reapreciation un sol. —— £—ß 1 ₰—

Pastel, le quintal cy-devant taxé un sol six deniers. —— £—ß 1 ₰ 6

Et pour la nouvelle reapreciation trois sols six deniers. —— £—ß 3 ₰ 6

La charge de trois quintaux cy-devant taxée quatre sols six deniers. —— £—ß 4 ₰ 6

Et pour la nouvelle reapreciation à proportion que dessus. ——

Pastel étranger, la balle cy-devant taxée deux sols trois deniers. —— £—ß 2 ₰ 3

Et pour la nouvelle reapreciation du cent six sols. — £—ß 6 ₰—

Pastel d'écarlate étranger, le quintal cy-devant taxé six livres. —— £ 6 ß—₰—

Et pour la nouvelle reapreciation trois livres. —— £ 3 ß—₰—

Pate

Patenoſtres turquines, la quaiſſe cy-devant taxée cinq livres. — £ 5 ß — ₰ —

Et pour la nouvelle reapreciation du cent dix ſols. £ — ß 10 ₰ —

Paſtes, le quintal cy-devant taxé ſix deniers. — £ — ß — ₰ 6

Et pour la nouvelle reapreciation deux deniers. — £ — ß — ₰ 2

Et l'Etranger cy-devant taxé neuf deniers. — £ — ß — ₰ 9

Et pour la nouvelle reapreciation trois deniers. — £ — ß — ₰ 3

Pattins contenans un millier cy-devant taxé quatre ſols trois deniers. — £ — ß 4 ₰ 3

Et pour la nouvelle reapreciation un ſol trois deniers. — £ — ß 1 ₰ 3

Petites pieces de ſenteur à fleur d'oranges, la douzaine cy-devant taxée trois ſols. — £ — ß 3 ₰ —

Et pour la nouvelle reapreciation un ſol. — £ — ß 1 ₰ —

Petites pieces couleur jaunes ou rouſſes, la douzaine cy-devant taxée quinze ſols. — £ — ß 15 ₰ —

Et pour la nouvelle reapreciation trois ſols. — £ — ß 3 ₰ —

Petites peaux de Chevrotins lavées en jaſſemin, la douzaine cy-devant taxée trois ſols. — £ — ß 3 ₰ —

Et pour la nouvelle reapreciation un ſol. — £ — ß 1 ₰ —

Peaux de Cabron grandes à fleur d'orange, la douzaine cy-devant taxée dix ſols. — £ — ß 10 ₰ —

Et pour la nouvelle reapreciation cinq ſols. — £ — ß 5 ₰ —

Peaux de Romaigne, Piſtoye, & peaux de mer, la balle cy-devant taxée huit livres quinze ſols. — £ 8 ß 15 ₰ —

Et pour la nouvelle reapreciation du cent quarante ſols. — £ 2 ß — ₰ —

Peaux de Pays habillées en jambe, la balle cy-devant taxée dix ſols. — £ — ß 10 ₰ —

Et pour la nouvelle reapreciation le cent trois ſols. £ — ß 3 ₰ —

Peaux d'Agneaux cruës étrangeres, la balle cy-devant taxée onze ſols. — £ — ß 11 ₰ —

Et pour la nouvelle reapreciation du cent trois ſols. £ — ß 3 ₰ —

Peaux d'Agneaux cruës, Chevreaux & Moutons, la balle cy-devant taxée ſix ſols. — £ — ß 6 ₰ —

Et pour la nouvelle reapreciation du cent trois ſols. £ — ß 3 ₰ —

Peaux de Regnard ſauvagines, la piece cy-devant taxée ſix deniers. — £ — ß — ₰ 6

Et pour la nouvelle reapreciation trois deniers. — £ — ß — ₰ 3

La balle cy-devant taxée quarante ſols. — £ 2 ß — ₰ —

Et pour la nouvelle reapreciation — à proportion.

Peaux de Loup, la piece cy-devant taxée un ſol. — £ — ß 1 ₰ —

Et pour la nouvelle reapreciation quatre deniers. — £ — ß — ₰ 4

Et Loups cerviers, cy-devant taxez cinq ſols. — £ — ß 5 ₰ —

Et

Et pour la nouvelle reapreciation deux sols six deniers. — £—ß 2 ₰ 6

Peaux de Pourceau, la balle cy-devant taxée huit sols. — £—ß 8 ₰—

Et pour la nouvelle reapreciation du cent pesant trois sols. — £—ß 3 ₰—

L'Etranger cy-devant taxé douze sols. — £—ß 12 ₰—

Et pour la nouvelle reapreciation du cent pesant quatre sols. — £—ß 4 ₰—

Peaux de Chevreaux cruës, le quintal cy-devant taxé quatre sols. — £—ß 4 ₰—

Et pour la nouvelle reapreciation un sol six deniers. £—ß 1 ₰ 6

Peaux de Chevres, Moutons, Veaux, Chevreaux étrangers, la balle cy-devant taxée neuf sols. — £—ß 9 ₰—

Et pour la nouvelle reapreciation, voyez cy-dessous la douzaine. —

Et la douzaine cy-devant taxée un sol neuf deniers. — £—ß 1 ₰ 9

Et pour la nouvelle reapreciation six deniers. — £—ß—₰ 6

Le quintal cy-devant taxé six sols. — £—ß 6 ₰—

Et pour la nouvelle reapreciation, voyez cy-dessus.

Peaux de Moutons, Chevres & Veaux, la douzaine cy-devant taxée un sol. — £—ß 1 ₰—

Et pour la nouvelle reapreciation quatre deniers. — £—ß—₰ 4

Peaux de Chien, la charge cy-devant taxée dix-sept sols six deniers. — £—ß 17 ₰ 6

Et pour la nouvelle reapreciation, le cent, deux sols six deniers. — £—ß 2 ₰ 6

Peaux de Mouton, habillées en chamois, la douzaine cy-devant taxée sept sols. — £—ß 7 ₰—

Et pour la nouvelle reapreciation cinq sols. — £—ß 5 ₰—

Peaux de Chevre accoûtrées étrangeres la balle cy-devant taxée dix sols. — £—ß 10 ₰—

Et pour la nouvelle reapreciation le cent trois sols. £—ß 3 ₰—

Peaux de Veaux & Moutons cruës étrangeres, le quintal cy-devant taxé six sols. — £—ß 6 ₰—

Et pour la nouvelle reapreciation deux sols. — £—ß 2 ₰—

Peaux razes, la charge de trois quintaux cy-devant taxée dix-sept sols six deniers. — £—ß 17 ₰ 6

Et pour la nouvelle reapreciation trois sols. — £—ß 3 ₰—

Peaux d'Agneaux & Chevreaux, la douzaine six deniers. — £—ß—₰ 6

Et pour la nouvelle reapreciation six deniers. — £—ß—₰ 6

Peaux de Connils, la douzaine cy-devant taxée trois deniers. — £—ß—₰ 3

Et pour la nouvelle reapreciation trois deniers. — £—ß—₰ 3

Peaux de Cerf, la piece cy-devant taxée deux sols six deniers. £—ß 2 ₰ 6

Et

# P

## Marchandises

| | ₶ | s. | d. |
|---|---|---|---|
| Philozelle Etrangere le ⁰⁄₀ | 12 : | " : | " : |
| Pant avec or et argent la ℔ | " : | 14 : | " |
| parchemin le ⁰⁄₀ | " : | 8 : | 8 : |
| parun de peaux le ⁰⁄₀ | " : | 2 : | 4 : |
| peaux de Chien le ⁰⁄₀ | " : | 8 : | 4 : |
| peaux de Lapin de païs | " : | 12 : | 6 : |
| peaux dours, et autres Etrangeres le ⁰⁄₀ | 3 : | 10 : | " : |
| papeline Davignon la ℔ | " : | 13 : | " : |
| Celle de France la ℔ | " : | 5 : | " : |
| pate damende le ⁰⁄₀ | " : | 12 : | " : |
| peaux jeunes la douzaine | " : | 12 : | " |
| peaux Crües Etrangeres le ⁰⁄₀ | " : | 9 : | " |
| peaux Crües de païs le ⁰⁄₀ | " : | 7 : | " |
| peaux de porc habillées le ⁰⁄₀ | " : | 10 : | " |
| peaux blanches le ⁰⁄₀ | " : | 6 : | " |
| peaux de chien de Mer le ⁰⁄₀ | 2 : | 11 : | 4 : |
| peaux de Castor le ⁰⁄₀ | 7 : | 10 : | " : |
| peignes de Languedoc le ⁰⁄₀ | " : | 8 : | 9 |
| idem de tissorrant | | 7 | 6 |
| pelleterie commune le ⁰⁄₀ par accommodemt | 3 : | " : | " : |
| plomb en saumon le ⁰⁄₀ | " : | 8 : | 1 : |
| plumes Dautruche la ℔ | " : | 6 : | " : |
| pots de fonte le ⁰⁄₀ | " : | 5 : | " : |

| | ₶ | S. | D. |
|---|---|---|---|
| Plumes a écrire le ℔ | 4: | 10: | ": |
| plomb en grenaille le ℔ | ": | 9: | ": |
| peaux en couleur le ℔ | 2: | ": | ": |
| peaux de veaux corroyées la douzne | ": | 4: | ": |
| par arrêt petit noir a pointe plate la ₶ | ": | 2: | 4: |
| peaux en jambes le ℔ | ": | 8: | ": |
| pelleterie accoutrée | 5: | 13: | ": |
| pelleterie commune le % | 3. | | |
| pierres de Cuchon le ℔ | ": | 1: | 6. |
| pierre de Vailles la caisse | ": | 15: | ": |
| pierre de Cusils le ℔ | ": | 8: | 8: |
| peignes de Corne étrangers le ℔ | 2: | ": | ": |
| pierres du martigue le ℔ | 2: | ": | ": |
| pince de Cordonnier le ℔ | 4: | 16: | 8: |
| peaux de Chagrin la pce | ": | 2: | ": |
| peaux de Calepin la pce | ": | 2: | 3: |
| peaux de Chevreuil la pce | ": | 1: | 6. |
| plomb des mer | | 11 | |
| plaques ou taques fonte de fer | | 4 | |
| peaux de veaux étrangères apretées en huille par arrest a l'entrée du Royaume la douzaine | 6₶ | | |
| reg a la douane de Lyon | | | |
| peaux idem du rayé la 12no | | 12. | |
| poil de porc le % | | 10. | |
| passements de nismes la livre | | 16. | |
| Idem rouges et cramoisis | | 8. | |
| pistolets la piece | | 3. | 4. |
| poudre a canon le gl | | 15 | |
| point d'orillac la livre | 3. | 15 | |
| pevelle en terre | | 6. | |
| poesle de fer | | 7. | |
| platines fonte de fer le % | | 4. | |
| papelines de nismes la livre | | 13 | |
| de paris | | 5 | |

Et pour la nouvelle reapreciation six deniers. — £ — ß — ₰ 6

Peaux de senteurs, la douzaine cy-devant taxée trois livres. — £ 3 ß — ₰ —

Et pour la nouvelle reapreciation vingt sols. — £ 1 ß — ₰ —

Peaux de Chien de mer, la balle cy-devant taxée trois livres dix sols. — £ 3 ß 10 ₰ —

Et pour la nouvelle reapreciation le cent pesant cinq sols. — £ — ß 5 ₰ —

Peaux de Chevres habillées en chamois ou imprimées, la piece cy-devant taxée sept sols. — £ — ß 7 ₰ —

Et pour la nouvelle reapreciation, — neant.

Peaux d'Agneaux de Rome de senteur, la douzaine cy-devant taxée cinq sols. — £ — ß 5 ₰ —

Et pour la nouvelle reapreciation deux sols six deniers. — £ — ß 2 ₰ 6

Peaux de Buffle habillées en jaune, la piece cy-devant taxée treize sols six deniers. — £ — ß 13 ₰ 6

Et pour la nouvelle reapreciation six sols six deniers. — £ — ß 6 ₰ 6

Peaux cruës de Bievre, la piece cy-devant taxée un sol. — £ — ß 1 ₰ —

Et pour la nouvelle reapreciation la piece deux sols. £ — ß 2 ₰ —

Peignes à Tisserant, la balle cy-devant taxée vingt sols. — £ 1 ß — ₰ —

Et pour la nouvelle reapreciation quatre sols. — £ — ß 4 ₰ —

Peignes de Roynce, la quaisse cy-devant taxée trois sols. — £ — ß 3 ₰ —

Et pour la nouvelle reapreciation le cent un sol. — £ — ß 1 ₰ —

Peignes de Languedoc, la quaisse cy-devant taxée huit sols neuf deniers. — £ — ß 8 ₰ 9

Et pour la nouvelle reapreciation le cent trois sols. £ — ß 3 ₰ —

La charge cy-devant taxée dix-sept sols six deniers. £ — ß 17 ₰ 6

Et pour la nouvelle reapreciation comme dessus. —

Peintures en toille de Pays, le quintal cy-devant taxé quinze sols. — £ — ß 15 ₰ —

Et pour la nouvelle reapreciation, voyez *Images*. —

Etrangeres de toutes sortes, le quintal cy-devant taxé vingt-cinq sols. — £ 1 ß 5 ₰ —

Et pour la nouvelle reapreciation. — Idem.

Pelleterie noire de Naples, la balle cy-devant taxée cinq livres cinq sols. — £ 5 ß 5 ₰ —

Et pour la nouvelle reapreciation le cent vingt sols. £ 1 ß — ₰ —

Pelleterie blanche, la balle cy-devant taxée trente-cinq sols. £ 1 ß 15 ₰ —

Et pour la nouvelle reapreciation le cent quinze sols. £ — ß 15 ₰ —

Pelleterie accoûtrée, la balle cy-devant taxée huit livres quinze sols. — £ 8 ß 15 ₰ —

Et pour la nouvelle reapreciation le cent trente sols. £ 1 ß 10 ₰ —

T Pelleteries

Pelleteries d'Agneaux & étrangeres, cy-devant taxées cinq livres cinq sols. —— £ 5 ß 5 ₰ —

Et pour la nouvelle reapreciation le cent pesant vingt sols. —— £ 1 ß — ₰ —

Pelissons, la charge de trois quintaux cy-devant taxée cinquante sols. —— £ 2 ß 10 ₰ —

Et pour la nouvelle reapreciation du cent pesant cinq sols. —— £ — ß 5 ₰ —

Pluche de fleurs & fil, fait à Geneve, la livre cy-devant taxée sept sols. —— £ — ß 7 ₰ —

Et pour la nouvelle reapreciation deux sols. —— £ — ß 2 ₰ —

Perrelle du Puy pour servir en teinture, la charge cy-devant taxée vingt-deux sols six deniers. —— £ 1 ß 2 ₰ 6

Et pour la nouvelle reapreciation le cent pesant cinq sols. —— £ — ß 5 ₰ —

Petenuche, Gallette de cocolle, qui procede de la Soye, la balle cy-devant taxée vingt-trois sols six deniers —— £ 1 ß 3 ₰ 6

Et pour la nouvelle reapreciation le cent dix sols. —— £ — ß 10 ₰ —

Piques ferrées, la douzaine cy-devant taxée deux sols six deniers. —— £ — ß 2 ₰ 6

Et pour la nouvelle reapreciation un sol six deniers. £ — ß 1 ₰ 6

Pierre émouloire, la balle cy-devant taxée six sols. —— £ — ß 6 ₰ —

Et pour la nouvelle reapreciation deux sols. —— £ — ß 2 ₰ —

Pierres émouloires étrangeres la balle dix sols. —— £ — ß 10 ₰ —

Et pour la nouvelle reapreciation cinq sols. —— £ — ß 5 ₰ —

Pierres d'Arquebuses & Pistolets, la balle cy-devant taxée dix sols. —— £ — ß 10 ₰ —

Et pour la nouvelle reapreciation, le cent pesant deux sols. —— £ — ß 2 ₰ —

Pierre de Magayer pour sonder, le quintal cy-devant taxé un sol. —— £ — ß 1 ₰ —

Et pour la nouvelle reapreciation deux deniers. —— £ — ß — ₰ 2

Peignes à faire les velours & fustaines, la balle cy-devant taxée vingt sols. —— £ 1 ß — ₰ —

Et pour la nouvelle reapreciation cinq sols. —— £ — ß 5 ₰ —

Pistolets d'Allemagne, Milan, & autres Pays étrangers, la piece cy-devant taxée quinze sols. —— £ — ß 15 ₰ —

Et pour la nouvelle reapreciation, —— neant.

Pistolets garnis de roüets montez, la douzaine cy-devant taxée quarante sols. —— £ 2 ß — ₰ —

Et pour la nouvelle reapreciation, —— neant.

Platte ou rozette, le quintal cy-devant taxé huit sols. —— £ — ß 8 ₰ —

Et pour la nouvelle reapreciation douze sols. —— £ — ß 12 ₰ —

Plomb, le quintal cy-devant taxé trois sols. —— £ — ß 3 ₰ —

Et

Et pour la nouvelle reapreciation deux ſols. ———— ₤—ß 2 ₰—

Et l'Etranger cy-devant taxé quatre ſols quatre deniers. ₤—ß 4 ₰ 4

Et pour la nouvelle reapreciation trois ſols neuf deniers. ₤—ß 3 ₰ 9

Plumes d'Auſtruche d'Orient, la quaiſſe peſant environ cent livres, cy-devant taxée trente-cinq livres. ———— ₤35ß—₰—

Et pour la nouvelle reapreciation ſept livres dix ſols. ₤ 7 ß10₰— } 42: 10: ..

Plumes d'Aigrettes, la livre cy-devant taxée ſept ſols ſix deniers. ₤—ß 7 ₰ 6

Et pour la nouvelle reapreciation deux ſols. ———— ₤—ß 2 ₰— } .. 9: 6:

Plumes d'Auſtruche d'Alexandrie, la quaiſſe cy-devant taxée vingt-cinq livres. ———— ₤25ß—₰—

Et pour la nouvelle reapreciation cinq livres. ———— ₤ 5 ß—₰— } 30: .. ..

Plumes pour lict, la balle cy-devant taxée cinq ſols. ———— ₤—ß 5 ₰—

Et pour la nouvelle reapreciation cinq ſols. ———— ₤—ß 5 ₰— } .. 10: ..

Plumes de Duvet, la balle cy-devant taxée dix ſols. ———— ₤—ß10₰—

Et pour la nouvelle reapreciation le cent cinq ſols. —— ₤—ß 5 ₰— } .. 10: ..

Plumettes rayées de ſoye, la piece cy-devant taxée dix ſols. ₤—ß10₰—

Et pour la nouvelle reapreciation deux ſols. ———— ₤—ß 2 ₰— } .. 12: ..

Plumettes ſans ſoye, la piece cy-devant taxée quatre ſols ſix den. ₤—ß 4 ₰ 6

Et pour la nouvelle reapreciation deux ſols. ———— ₤—ß 2 ₰— } .. 6: 6:

Pots de fer, le quintal cy-devant taxé ſeize ſols huit deniers. ₤—ß16₰ 8

Et pour la nouvelle reapreciation, ———— neant. } .. 5: ..

Et la piece cy-devant taxée deux deniers. ———— ₤—ß—₰ 2

Et pour la nouvelle reapreciation. ———— Idem.

peaux de tigre aprestée le % . . . 3. 10.

peaux de bievre en poil la 12.ne . . . 18.

peaux de vache de Roussy la piece . . . 10.

peaux d'orignac ou buffeteau passée en blanc com̃e en chamois la piece . . . 1.₶

pierre de ponce le % . . . 6.

# *Espiceries & Drogueries.*

# Q

## *Marchandises.*

Queuës de draps ou cappes, le quintal cy-devant taxé huit sols. £—ß 8 ₰—
Et pour la nouvelle reapreciation deux sols. £—ß 2 ₰—
Queuës ou bouts d'étamines, le quintal huit sols. £—ß 8 ₰—
Et pour la nouvelle reapreciation deux sols. £—ß 2 ₰—
Queuës d'étaing, le quintal cy-devant taxé huit sols neuf den. £—ß 8 ₰ 9
Et pour la nouvelle reapreciation deux sols. £—ß 2 ₰—
Queuës de Singe, la balle cy-devant taxée huit sols neuf den. £—ß 8 ₰ 9
Et pour la nouvelle reapreciation trois sols. £—ß 3 ₰—
Queuës ou fonte, le quintal cy-devant taxé huit sols. £—ß 8 ₰—
Et pour la nouvelle reapreciation trois sols. £—ß 3 ₰—
Quinquaillerie de fer, le quintal cy-devant taxé six sols. £—ß 6 ₰—
Et pour la nouvelle reapreciation quatre sols. £—ß 4 ₰—
La balle cy-devant taxée neuf sols. £—ß 9 ₰—
Et pour la nouvelle reapreciation à proportion cy-dessus six sols. £—ß 6 ₰—
Quinquaillerie de cuivre, le quintal cy-devant taxé vingt-un sols. £ 1 ß 1 ₰—
Et pour la nouvelle reapreciation dix sols. £—ß 10 ₰—
Quinquaillerie de fonte ou d'acier, la balle n'excedant deux quintaux, cy-devant taxée douze sols. £—ß 12 ₰—
Et pour la nouvelle reapreciation quatre sols. £—ß 4 ₰—
Quinquaillerie étrangere d'Allemagne, la balle cy-devant taxée cinq livres quinze sols. £ 5 ß 15 ₰—
Et pour la nouvelle reapreciation le cent pesant vingt sols. £ 1 ß—₰—

# Epiceries & droguerie

Queuëu de Singe le n° ........ ʺ : 8 : ʺ

# Marchandises

Quincaillerie des foires étrangères ... 4. 16. 8.

# R

RAisins de Corinthe, & autres étrangers, le quintal pour les quatre pour cent cy-devant taxez dix sols. —— £—ß 10 δ—
Et pour la nouvelle reapreciation, —— neant.

Raisins de Damas, le quintal cy-devant taxé dix sols. —— £—ß 10 δ—
Et pour la nouvelle reapreciation deux sols six deniers. £—ß 2 δ 6

Razure eboris, autrement raclure d'Ivoire, le quintal cy-devant taxé dix sols. —— £—ß 10 δ—
Et pour la nouvelle reapreciation, —— neant.

Reagal, le quintal cy-devant taxé treize sols quatre deniers. £—ß 13 δ 4
Et pour la nouvelle reapreciation, —— neant.
Pour les quatre pour cent cy-devant taxez, douze sols. £—ß 12 δ—
Et pour la nouvelle reapreciation trois sols. —— £—ß 3 δ—

Reglisse, le quintal cy-devant taxé quatre sols trois deniers. £—ß 4 δ 3
Et la pour nouvelle reapreciation un sol neuf deniers. £—ß 1 δ 9
Pour les quatre pour cent cy-devant taxez deux sols. £—ß 2 δ—
Et pour la nouvelle reapreciation six sols. —— £—ß 6 δ—

Ris, pour les quatre pour cent, la balle cy-devant taxée trois sols. £—ß 3 δ—
Et pour la nouvelle reapreciation sept sols. —— £—ß 7 δ—

Roses de Provins, le quintal cy-devant taxé vingt sols. —— £ 1 ß—δ—
Et pour la nouvelle reapreciation cinq sols. —— £—ß 5 δ—

Rozette le quintal cy-devant taxé neuf sols. —— £—ß 9 δ—
Et pour la nouvelle reapreciation six sols. —— £—ß 6 δ—

Rheubarbe, le quintal cy-devant taxé huit livres deux sols six deniers. —— £ 8 ß 2 δ 6
Et pour la nouvelle reapreciation six livres dix-sept sols six deniers. —— £ 6 ß 17 δ 6
Pour les quatre pour cent cy-devant taxez, cinquante liv. £ 50 ß—δ—
Et pour la nouvelle reapreciation —— neant.

Responti, le quintal cy-devant taxé quatre liv. un sol trois den. £ 4 ß 1 δ 3
Et pour la nouvelle reapreciation quatre livres. —— £ 4 ß—δ—
Pour les quatre pour cent cy-devant taxez vingt-cinq l. £ 25 ß—δ—
Et pour la nouvelle reapreciation —— neant.

Rubea major, le quintal cy-devant taxé quatre sols. —— £—ß 4 δ—
Et pour la nouvelle reapreciation six sols. —— £—ß 6 δ—

Raisins de Savoye, le quintal cy-devant taxé cinq sols. —— £—ß 5 δ—
Et pour la nouvelle reapreciation trois sols. —— £—ß 3 δ—

Raisins du crû de France, le quintal cinq sols. —— £—ß 5 δ—

## Marchandiſes.

Racines, la balle cy-devant taxée quatre ſols. ——— £—ß 4 ₰—
Et pour la nouvelle reapreciation du cent peſant un ſol. £—ß 1 ₰—
Racines de Savoye, la balle cy-devant taxée cinq ſols. ——— £—ß 5 ₰—
Et pour la nouvelle reapreciation du cent peſant un ſol. £—ß 1 ₰—
Raffes ou rongneures de peau, la balle cy-devant taxée deux ſ. £—ß 2 ₰—
Et pour la nouvelle reapreciation, le cent peſant un ſol. £—ß 1 ₰—
Raffes de verre, la quaiſſe cy-devant taxée un ſol. ——— £—ß 1 ₰—
Et pour la nouvelle reapreciation du cent peſant ſix deniers. ——— £—ß—₰ 6
Reyfort ou retailles de Peaux, la charge cy-devant taxée quatre ſols. ——— £—ß 4 ₰—
Et pour la nouvelle reapreciation deux ſols. ——— £—ß 2 ₰—
Reveſches de Poitou, la piece cy-devant taxée ſept ſols ſix den. £—ß 7 ₰ 6
Et pour la nouvelle reapreciation ——— neant.
Reveſches de Florence, la piece cy-devant taxée ſix livres treize ſols quatre deniers. ——— £ 6 ß 13 ₰ 4
Et pour la nouvelle reapreciation ſix livres. ——— £ 6 ß—₰—
Riblon le millier cy-devant taxé huit ſols. ——— £—ß 8 ₰—
Et pour la nouvelle reapreciation quatre ſols. ——— £—ß 4 ₰—
Le quintal cy-devant taxé deux ſols. ——— £—ß 2 ₰—
Et pour la nouvelle reapreciation un ſol. ——— £—ß 1 ₰—
Rongneures de cartes, la charge cy-devant taxée trois ſols. ——— £—ß 3 ₰—
Et pour la nouvelle reapreciation du cent peſant un ſol. £—ß 1 ₰—
Rongneures de leton, le quintal cy-devant taxé cinq ſols. ——— £—ß 5 ₰—
Et pour la nouvelle reapreciation trois ſols. ——— £—ß 3 ₰—
Rondelles de Milan garnies de velours, la piece cy-devant taxée vingt-cinq ſols. ——— £ 1 ß 5 ₰—
Et pour la nouvelle reapreciation ——— neant.
Rouchon, la balle cy-devant taxée un ſol ſix deniers. ——— £—ß 1 ₰ 6
Et pour la nouvelle reapreciation le cent ſix deniers. £—ß—₰ 6
Rouleaux d'Angleterre, la piece cy-devant taxée quatre ſols ſix deniers. ——— £—ß 4 ₰ 6
Et pour la nouvelle reapreciation un ſol ſix deniers. £—ß 1 ₰ 6
Rozereaux, le timbre cy-devant taxé vingt ſols. ——— £ 1 ß—₰—
Et pour la nouvelle reapreciation dix ſols ——— £—ß 10 ₰—
Rozettes de France, & autres, la piece en lame, cy-devant taxée quatre ſols ſix deniers. ——— £—ß 4 ₰ 6
Et pour la nouvelle reapreciation un ſol ſix deniers. £—ß 1 ₰ 6
Roüets d'Arquebuſe, voyez *Arquebuſe.* ———
Rubans de Padouë, la balle cy-devant taxée douze livres. — £ 12 ß—₰—
Et pour la nouvelle reapreciation, la livre un ſol. £—ß 1 ₰—

Eſpiceries

# R

## Epiceries, & drogueries

| | | | |
|---|---|---|---|
| Racine de timelea le cent | " | 3 | " |
| Racine de païs | " | 3 | " |
| Rubans de fleuret ou passemens la [illegible] | " | 3 | " |
| Raclure d'ivoire le cent | " | 10 | " |
| Racine de timelea le q[l] | | 7 | |
| Racine d'Esquine ccc aprcte | " | 10 | |
| Rabatelle le cent | | 8 | |

# R.

## Marchandises

| | l. | s. | d. |
|---|---|---|---|
| Ratine de Rouen le c. | 3 | // | // |
| Idem d'hollande la piece de 20 aulnes | 3. | | |
| Rogneures de peau le c. 6 | // | 2 | 4 |
| Rechaux le c. | // | 8 | // |
| Rapatelles comme queües de Singes | // | 7 | 10 |
| Racture de Corne de Cerf le gl. | | 4. | 6. |
| Rubans de fleuret de soie la livre | | 4. | |
| item etranger | | 8. | |
| rubans de soie ponceau ou cramoisy etranger 1l 12s<br>augmentation moitié en sus 16s<br>2l 8s | 2. | 8 | |
| les dites couleur ordinaire estrangere 16s<br>moitiés en sus 8s | 1. | 4. | |
| de nismes | | 16. | |
| Ras de St Lo couleur ordinaire le % | 2. | 5 | |
| Ecarlatte le % | 2. | 14. | |

## *Espiceries & Drogueries.*

# S

SAffran de France, le quintal cy-devant taxé huit livres. £ 8 ß — ₰ —
Et pour la nouvelle reapreciation trois livres. £ 3 ß — ₰ —
La livre cy-devant taxée un sol huit deniers. £ — ß 1 ₰ 8
Et pour la nouvelle reapreciation à proportion.

Saffran étranger, le quintal pour tous droits cy-devant taxé vingt-trois livres six sols huit deniers. £ 23 ß 6 ₰ 8
Et pour la nouvelle reapreciation huit livres. £ 8 ß — ₰ —
La livre cy-devant taxée quatre sols huit deniers. £ — ß 4 ₰ 8
Et pour la nouvelle reapreciation. à proportion.

Saffran bâtard pour tous droits, le quintal cy-devant taxé vingt sols. £ 1 ß — ₰ —
Et pour la nouvelle reapreciation cinq sols. £ — ß 5 ₰ —

Sel gemme, le quintal cy-devant taxé six sols quatre deniers. £ — ß 6 ₰ 4
Et pour la nouvelle reapreciation un sol huit deniers. £ — ß 1 ₰ 8

Sel armoniac, le quintal cy-devant taxé trois livres deux sols six deniers. £ 3 ß 2 ₰ 6
Et pour la nouvelle reapreciation neant.
Pour les quatre pour cent cy-devant taxez trois livres. £ 3 ß — ₰ —
Et pour la nouvelle reapreciation, neant.

Salpêtre, le quintal cy-devant taxé quatre sols trois deniers. £ — ß 4 ₰ 3
Et pour la nouvelle reapreciation six sols neuf deniers. £ — ß 6 ₰ 9
Pour les quatre pour cent cy-devant taxez douze sols. £ — ß 12 ₰ —
Et pour la nouvelle reapreciation neant.

Salse-pareille, le quintal cy-devant taxé trois livres deux sols six deniers. £ 3 ß 2 ₰ 6
Et pour la nouvelle reapreciation neant.
Pour les quatre pour cent cy-devant taxez quatre livres. £ 4 ß — ₰ —
Et pour la nouvelle reapreciation neant.

Sandal, le quintal cy-devant taxé dix-sept sols six deniers. £ — ß 17 ₰ 6
Et pour la nouvelle reapreciation neant.
Pour les quatre pour cent cy-devant taxez vingt sols. £ 1 ß — ₰ —
Et pour la nouvelle reapreciation neant.

Sandarache, le quintal cy-devant taxé quatre sols trois deniers. £ — ß 4 ₰ 3
Et pour la nouvelle reapreciation six sols neuf deniers. £ — ß 6 ₰ 9

Pour les quatre pour cent cy-devant taxez douze sols. £—ß 12 ₰—
Et pour la nouvelle reapreciation huit sols. £—ß 8 ₰—

Sang de dragon, le quintal cy-devant taxé trois livres deux sols six deniers. £ 3 ß 2 ₰ 6
Et pour la nouvelle reapreciation neant.
Pour les quatre pour cent cy-devant taxez douze livres. £ 12 ß—₰—
Et pour la nouvelle reapreciation neant.

Savons de Marseille à petit pain ou autre de France, le quintal cy-devant taxé deux sols six deniers. £—ß 2 ₰ 6
Et pour la nouvelle reapreciation cinq sols. £—ß 5 ₰—

Savon étranger à petit pain & en plotte, le quintal cy-devant taxé trois sols neuf deniers. £—ß 3 ₰ 9
Et pour la nouvelle reapreciation cinq sols trois deniers. £—ß 5 ₰ 3
Pour les quatre pour cent cy-devant taxez six sols. £—ß 6 ₰—
Et pour la nouvelle reapreciation six sols. £—ß 6 ₰—

Savon de Gennes à grand pain, le quintal cy-devant taxé dix sols. £—ß 10 ₰—
Et pour la nouvelle reapreciation deux sols six deniers. £—ß 2 ₰ 6
Pour les quatre pour cent cy-devant taxez six sols. £—ß 6 ₰—
Et pour la nouvelle reapreciation six sols. £—ß 6 ₰—

Savon de Marseille & autres de France à grand pain, le quintal cy-devant taxé cinq sols. £—ß 5 ₰—
Et pour la nouvelle reapreciation cinq sols. £—ß 5 ₰—

Salsafra, le quintal cy-devant taxé sept livres deux sols six deniers. £ 7 ß 2 ₰ 6
Et pour la nouvelle reapreciation neant.
Pour les quatre pour cent cy-devant taxez neuf livres. £ 9 ß—₰—
Et pour la nouvelle reapreciation neant.

Scamonée, le quintal cy-devant taxé sept livres deux sols six deniers. £ 7 ß 2 ₰ 6
Et pour la nouvelle reapreciation trois livres dix-sept sols six deniers. £ 3 ß 17 ₰ 6
Pour les quatre pour cent cy-devant taxez neuf livres. £ 9 ß—₰—
Et la pour nouvelle reapreciation neuf livres. £ 9 ß—₰—

Scavisson, le quintal cy-devant taxé quarante-sept sols six deniers. £ 2 ß 7 ₰ 6
Et pour la nouvelle reapreciation deux sols six deniers. £—ß 2 ₰ 6
Pour les quatre pour cent cy-devant taxez trois livres. £ 3 ß—₰—
Et pour la nouvelle reapreciation vingt sols. £ 1 ß—₰—

Sebestes, le quintal cy-devant taxé treize sols trois deniers. £—ß 13 ₰ 3
Et pour la nouvelle reapreciation neant.
Pour les quatre pour cent cy-devant taxés vingt sols. £ 1 ß—₰—

Et

Et pour la nouvelle reapreciation ———— neant.

Sené, le quintal cy-devant taxé treize sols trois deniers. — ℒ — ß 13 ₰ 3

Et pour la nouvelle reapreciation seize sols huit deniers. ℒ — ß 16 ₰ 8

Pour les quatre pour cent cy-devant taxez quarante sols. ———— ℒ 2 ß — ₰ —

Et pour la nouvelle reapreciation quarante sols. —— ℒ 2 ß — ₰ —

Sené grec, le quintal cy-devant taxé deux sols quatre deniers. ℒ — ß 2 ₰ 4

Et pour la nouvelle reapreciation deux sols quatre deniers. ———— ℒ — ß 2 ₰ 4

Pour les quatre pour cent cy-devant taxez trois sols quatre deniers. ———— ℒ — ß 3 ₰ 4

Et pour la nouvelle reapreciation quatre sols deux deniers. ———— ℒ — ß 4 ₰ 2

Semencine, le quintal cy-devant taxé trois livres. —— ℒ 3 ß — ₰ —

Et pour la nouvelle reapreciation ———— neant.

Pour les quatre pour cent cy-devant taxez douze livres. ℒ 12 ß — ₰ —

Et pour la nouvelle reapreciation ———— neant.

Semence de saulge, le quintal cy-devant taxé cinq sols dix deniers. ———— ℒ — ß 5 ₰ 10

Et pour la nouvelle reapreciation six sols deux deniers. ℒ — ß 6 ₰ 2

Pour les quatre pour cent cy-devant taxez vingt-cinq sols dix deniers. ———— ℒ 1 ß 5 ₰ 10

Et pour la nouvelle reapreciation, voyez *Semence de Saulge*, six sols deux deniers. —— ℒ — ß 6 ₰ 2

Semence de Venic, le quintal cy-devant taxé treize sols quatre deniers. ———— ℒ — ß 13 ₰ 4

Et pour la nouvelle reapreciation, voyez *Idem*, six sols deux deniers. ———— ℒ — ß 6 ₰ 2

Pour les quatre pour cent cy-devant taxez vingt-cinq sols trois deniers. ———— ℒ 1 ß 5 ₰ 3

Et pour la nouvelle reapreciation onze sols neuf den. ℒ — ß 11 ₰ 9

Semorac, le quintal cy-devant taxé trois sols neuf deniers. — ℒ — ß 3 ₰ 9

Et pour la nouvelle reapreciation un sol quatre deniers. ———— ℒ — ß 1 ₰ 4

Pour le quatre pour cent cy-devant taxez quatre sols. ℒ — ß 4 ₰ —

Et pour la nouvelle reapreciation deux sols. —— ℒ — ß 2 ₰ —

Serapin, le quintal cy-devant taxé trois livres six deniers. —— ℒ 3 ß — ₰ 6

Et pour la nouvelle reapreciation ———— neant.

Sionac, le quintal cy-devant taxé trois sols neuf deniers. —— ℒ — ß 3 ₰ 9

Et pour la nouvelle reapreciation deux sols trois deniers. ———— ℒ — ß 2 ₰ 3

Pour les quatre pour cent cy-devant taxez quatre sols. ℒ — ß 4 ₰ —

Et pour la nouvelle reapreciation trois sols. —— ℒ — ß 3 ₰ —

Souchet ou Cypery, le quintal cy-devant taxé cinq sols. —— ℒ — ß 5 ₰ —

2 Et

Et pour la nouvelle reapreciation deux sols six deniers. £— ß 2 ₰ 6

Soulfre le quintal cy-devant taxé quatre sols trois deniers. — £— ß 4 ₰ 3
Et pour la nouvelle reapreciation neuf deniers. £— ß— ₰ 9
Pour les quatre pour cent cy-devant taxez deux sols. £— ß 2 ₰—
Et pour la nouvelle reapreciation douze sols. £— ß 12 ₰—

Soulde, le quintal cy-devant taxé un sol. £— ß 1 ₰—
Et pour la nouvelle reapreciation deux sols. £— ß 2 ₰—

Spermaceti, le quintal cy-devant taxé trois livres deux sols six deniers. £ 3 ß 2 ₰ 6
Et pour la nouvelle reapreciation sept sols six deniers. £— ß 7 ₰ 6
Pour les quatre pour cent cy-devant taxez quatre livres. £ 4 ß— ₰—
Et pour la nouvelle reapreciation trois livres. £ 3 ß— ₰—

Spica nardi, le quintal cy-devant taxé trois livres deux sols six deniers. £ 3 ß 2 ₰ 6
Et pour la nouvelle reapreciation vingt-deux sols six deniers. £ 1 ß 2 ₰ 6
Pour les quatre pour cent cy-devant taxez cinq livres. £ 5 ß— ₰—
Et pour la nouvelle reapreciation trois livres. £ 3 ß— ₰—

Spica Celtica, le quintal cy-devant taxé treize sols trois deniers. £— ß 13 ₰ 3
Et pour la nouvelle reapreciation onze sols neuf deniers. £— ß 11 ₰ 9
Pour les quatre pour cent cy-devant taxez seize sols. £— ß 16 ₰—
Et pour la nouvelle reapreciation seize sols. £— ß 16 ₰—

Spica semence pour tous droits cy-devant taxez trente-sept sols six deniers. £ 1 ß 17 ₰ 6
Et pour la nouvelle reapreciation, voyez cy-dessus, onze sols neuf deniers. £— ß 11 ₰ 9

Spodij, le quintal cy-devant taxé treize sols quatre deniers. £— ß 13 ₰ 4
Et pour la nouvelle reapreciation neant.
Pour les quatre pour cent cy-devant taxez vingt sols. £ 1 ß— ₰—
Et pour la nouvelle reapreciation neant.

Squinant, le quintal cy-devant taxé quinze sols. £— ß 15 ₰—
Et pour la nouvelle reapreciation dix sols. £— ß 10 ₰—

Stafisagre, le quintal cy-devant taxé cinq sols six deniers. £— ß 5 ₰ 6
Et pour la nouvelle reapreciation quatre sols six deniers. £— ß 4 ₰ 6
Pour les quatre pour cent cy-devant taxez quatre sols. £— ß 4 ₰—
Et pour la nouvelle reapreciation vingt-six sols. £ 1 ß 6 ₰—

Sticados, le quintal cy-devant taxé deux sols quatre deniers. £— ß 2 ₰ 4
Et pour la nouvelle reapreciation cinq sols deux deniers. £— ß 5 ₰ 2
Pour les quatre pour cent cy-devant taxez huit sols. £— ß 8 ₰—

Et

Et pour la nouvelle reapreciation quatre ſols. ——— £ — ß 4 ₰ —

Stincs, le quintal cy-devant taxé douze ſols ſix deniers. ——— £ — ß 12 ₰ 6
Et pour la nouvelle reapreciation ——————— neant.

Storax rouge, le quintal cy-devant taxé vingt-neuf ſols trois deniers. ——— £ 1 ß 9 ₰ 3
Et pour la nouvelle reapreciation vingt ſols neuf deniers. ——— £ 1 ß — ₰ 9
Pour les quatre pour cent cy-devant taxez quarante ſols. ——— £ 2 ß — ₰ —
Et pour la nouvelle reapreciation quarante ſols. ——— £ 2 ß — ₰ —

Storax liquide, le quintal cy-devant taxé vingt-neuf ſols trois deniers. ——— £ 1 ß 9 ₰ 3
Et pour la nouvelle reapreciation ——————— neant.
Pour les quatre pour cent cy-devant taxez vingt ſols. £ 1 ß — ₰ —
Et pour la nouvelle reapreciation quatre ſols. ——— £ — ß 4 ₰ —

Storax calamit, le quintal cy-devant taxé trente-deux ſols ſix deniers. ——— £ 1 ß 12 ₰ 6
Et pour la nouvelle reapreciation ſept ſols ſix deniers. £ — ß 7 ₰ 6
Pour les quatre pour cent cy-devant taxés quarante ſols. ——— £ 2 ß — ₰ —
Et pour la nouvelle reapreciation vingt ſols. ——— £ 1 ß — ₰ —

Sublimé, le quintal cy-devant taxé treize ſols quatre deniers. — £ — ß 13 ₰ 4
Et pour la nouvelle reapreciation trois livres. ——— £ 3 ß — ₰ —
Pour les quatre pour cent cy-devant taxez douze ſols. £ — ß 12 ₰ —
Et pour la nouvelle reapreciation trois livres dix ſols. £ 3 ß 10 ₰ —

Sucre fin de Valence, le quintal cy-devant taxé trente-cinq ſols. ——— £ 1 ß 15 ₰ —
Et pour la nouvelle reapreciation cinq ſols. ——— £ — ß 5 ₰ —
Pour les quatre pour cent cy-devant taxez douze ſols. £ — ß 12 ₰ —
Et pour la nouvelle reapreciation vingt ſols. ——— £ 1 ß — ₰ —

Sucre de Madere, Canarie & Candie, le quintal cy-devant taxé vingt-cinq ſols. ——— £ 1 ß 5 ₰ —
Et pour la nouvelle reapreciation dix ſols. ——— £ — ß 10 ₰ —
Pour les quatre pour cent cy-devant taxez douze ſols. £ — ß 12 ₰ —
Et pour la nouvelle reapreciation vingt ſols. ——— £ 1 ß — ₰ —

Sucre de Saint Omer & Caſſonade, le quintal cy-devant taxé douze ſols ſix deniers. ——— £ — ß 12 ₰ 6
Et pour la nouvelle reapreciation dix ſols. ——— £ — ß 10 ₰ —
Pour les quatre pour cent cy-devant taxez douze ſols. £ — ß 12 ₰ —
Et pour la nouvelle reapreciation vingt ſols. ——— £ 1 ß — ₰ —

Sumac pour tous droits, le quintal cy-devant taxé vingt-trois ſols trois deniers. ——— £ 1 ß 3 ₰ 3
Et pour la nouvelle reapreciation ——————— neant.

Semence de graine de ſoye, la livre cy-devant taxée dix ſols. £ — ß 10 ₰ —

Et pour la nouvelle reapreciation cinq sols — £ — ß 5 ₰ —

Semen-ben, le quintal cy-devant taxé treize sols quatre deniers. — £ — ß 13 ₰ 4

Et pour la nouvelle reapreciation — neant.

Pour les quatre pour cent cy-devant taxez vingt-cinq sols trois deniers. — £ 1 ß 5 ₰ 3

Et pour la nouvelle reapreciation — neant.

Scorpion, le quintal cy-devant taxé douze sols six deniers. — £ — ß 12 ₰ 6

Et pour la nouvelle reapreciation — neant.

## *Marchandises.*

Samis sans soye, la piece cy-devant taxée vingt-un sols. — £ 1 ß 1 ₰ —

Et pour la nouvelle reapreciation trois sols. — £ — ß 3 ₰ —

Samis de Florence, la livre cy-devant taxée dix-neuf sols neuf deniers. — £ — ß 19 ₰ 9

Et pour la nouvelle reapreciation cinq sols. — £ — ß 5 ₰ —

Samis de Bologne & Naples, la livre cy-devant taxée dix-neuf sols neuf deniers. — £ — ß 19 ₰ 9

Et pour la nouvelle reapreciation cinq sols. — £ — ß 5 ₰ —

Sangles, la charge de trois quintaux cy-devant taxée quinze sols. — £ — ß 15 ₰ —

Et pour la nouvelle reapreciation le cent cinq sols. — £ — ß 5 ₰ —

Sarges d'Ascot larges, la piece cy-devant taxée douze sols six deniers. — £ — ß 12 ₰ 6

Et pour la nouvelle reapreciation deux sols six deniers. — £ — ß 2 ₰ 6

Sarges d'Ascot étroites, la piece cy-devant taxée six sols trois deniers. — £ — ß 6 ₰ 3

Et pour la nouvelle reapreciation un sol trois deniers. £ — ß 1 ₰ 3

Sarges d'Arras, la piece cy-devant taxée neuf sols. — £ — ß 9 ₰ —

Et pour la nouvelle reapreciation quinze sols. — £ — ß 15 ₰ —

Sarges d'Amiens larges, la piece cy-devant taxée huit sols. — £ — ß 8 ₰ —

Et pour la nouvelle reapreciation trois sols. — £ — ß 3 ₰ —

Sarges de Florence, Gennes, Lucques, Milan, & autres étrangeres semblables, la balle n'excedant deux quintaux, cy-devant taxée vingt livres. — £ 20 ß — ₰ —

Et pour la nouvelle reapreciation la piece quatre livres. £ 4 ß — ₰ —

Le ballon de deux pieces cy-devant taxé douze livres. £ 12 ß — ₰ —

Et pour la nouvelle reapreciation la piece quatre livres. — £ 4 ß — ₰ —

Sarges

| Article | £ | ß | ₰ |
|---|---|---|---|
| Sarges de Paris, Caën, & autres semblables, le fonds n'excedant quatre quintaux cy-devant taxez cinq livres. | 5 | — | — |
| Et pour la nouvelle reapreciation la piece huit sols. | — | 8 | — |
| Sarges d'Orleans, le fonds, charge ou platteau, n'excedant quatre quintaux, cy-devant taxés cinq livres. | 5 | — | — |
| Et pour la nouvelle reapreciation la piece trois sols. | — | 3 | — |
| La piece desdites Sarges cy-devant taxée cinq sols. | — | 5 | — |
| Et pour la nouvelle reapreciation trois sols. | — | 3 | — |
| Sarges de Tours, le fonds ou charge cy-devant taxé trois livres. | 3 | — | — |
| Et pour la nouvelle reapreciation trois sols. | — | 3 | — |
| Et la piece desdites Sarges cy-devant taxée trois sols. | — | 3 | — |
| Et pour la nouvelle reapreciation trois sols. | — | 3 | — |
| Sarges de soye de Venise, la livre cy-devant taxée vingt-trois sols. | 1 | 3 | — |
| Et pour la nouvelle reapreciation sept sols. | — | 7 | — |
| Sarges de soye de Gennes, la livre cy-devant taxée dix-huit sols trois deniers. | — | 18 | 3 |
| Et pour la nouvelle reapreciation cinq sols neuf den. | — | 5 | 9 |
| La piece pour le mandement cy-devant taxée trente sols. | 1 | 10 | — |
| Et pour la nouvelle reapreciation | | | neant. |
| Sarges de soye de Florence, Bologne & Naples, la livre cy-devant taxée dix-neuf sols neuf deniers. | — | 19 | 9 |
| Et pour la nouvelle reapreciation six sols. | — | 6 | — |
| Sarges de soye violettes ou incarnattes, la livre cy-devant taxée trente-neuf sols. | 1 | 19 | — |
| Et pour la nouvelle reapreciation neuf sols. | — | 9 | — |
| Sarges & Cadits de Nîmes, la charge de trois quintaux cy-devant taxée quatre livres. | 4 | — | — |
| Et pour la nouvelle reapreciation la piece trois sols. | — | 3 | — |
| Sarges teintes en soye, la piece cy-devant taxée dix sols. | — | 10 | — |
| Et pour la nouvelle reapreciation cinq sols. | — | 5 | — |
| Sarge my-soye, la piece cy-devant taxée dix-huit sols trois den. | — | 18 | 3 |
| Et pour la nouvelle reapreciation trois sols neuf den. | — | 3 | 9 |
| Sargette, la charge cy-devant taxée quinze sols. | — | 15 | — |
| Et pour la nouvelle reapreciation le cent douze sols. | — | 12 | — |
| Sargettes de Milan, la piece cy-devant taxée cinquante sols. | 2 | 10 | — |
| Et pour la nouvelle reapreciation huit sols. | — | 8 | — |
| Sarges & Estamet de Milan, la piece cy-devant taxée quarante sols. | 2 | — | — |
| Et pour la nouvelle reapreciation six sols. | — | 6 | — |
| Sarges de Geneve, le quintal cy-devant taxé vingt-cinq sols. | 1 | 5 | — |
| Et pour la nouvelle reapreciation la piece trois sols. | — | 3 | — |
| Satins de Bruges, la piece cy-devant taxée quinze sols. | — | 15 | — |

Et pour la nouvelle reapreciation dix ſols. ———— £—ß10₰—

Satins avec or ou argent, la livre cy-devant taxée trente-ſix ſols. £ 1 ß16₰—

Et pour la nouvelle reapreciation neuf ſols. ———— £—ß 9 ₰—

Satins brochés d'or & d'argent riches, la livre cy-devant taxée quatre livres un ſol. ———— £ 4 ß 1 ₰—

Et pour la nouvelle reapreciation neuf ſols. ———— £—ß 9 ₰—

Satins brochez communs, la livre cy-devant taxée cinquante-huit ſols trois deniers. ———— £ 2 ß18₰ 3

Et pour la nouvelle reapreciation ſix ſols neuf deniers. £—ß 6 ₰ 9

Satins brochez de Veniſe, la livre cy-devant taxée vingt-trois ſ. £ 1 ß 3 ₰—

Et pour la nouvelle reapreciation cinq ſols. ———— £—ß 5 ₰—

Satins de Gennes, la livre cy-devant taxée dix-huit ſols quatre deniers. ———— £—ß18₰ 4

Et pour la nouvelle reapreciation cinq ſols. ———— £—ß 5 ₰—

Et la piece pour le mandement cy-devant taxée trois l. £ 3 ß—₰—

Et pour la nouvelle reapreciation ———— neant.

Satins de Florence, la livre cy-devant taxée dix-neuf ſols neuf d. £—ß19₰ 9

Et pour la nouvelle reapreciation quatre ſols trois den. £—ß 4 ₰ 3

Satins de Bologne & Naples, la livre cy-devant taxée dix-neuf ſols neuf deniers. ———— £—ß19₰ 9

Et pour la nouvelle reapreciation quatre ſols trois den. £—ß 4 ₰ 3

Satins de Milan, la livre cy-devant taxée dix-huit ſols trois den. £—ß18₰ 3

Et pour la nouvelle reapreciation quatre ſols neuf den. £—ß 4 ₰ 9

Satins de Lucques, la livre cy-devant taxée dix-ſept ſols trois d. £—ß17₰ 3

Et pour la nouvelle reapreciation quatre ſols neuf den. £—ß 4 ₰ 9

Satins violets ou incarnats cramoiſi de Veniſe, Florence, Milan, Naples & Lucques, la livre cy-devant taxée trente-neuf ſols. ———— £ 1 ß19₰—

Et pour la nouvelle reapreciation neuf ſols. ———— £—ß 9 ₰—

Satins de ſoye rouge cramoiſi deſdits lieux, la livre cy-devant taxée quarante-huit ſols neuf deniers. ———— £ 2 ß 8 ₰ 9

Et pour la nouvelle reapreciation huit ſols neuf den. £—ß 8 ₰ 9

Satins brochez communs, la livre cy-devant taxée cinquante-huit ſols trois deniers. ———— £ 2 ß18₰ 3

Et pour la nouvelle reapreciation, voyez cy-deſſus pareil article. ————

Sauvagines & Renards étrangers, la balle cy-devant taxée trois livres dix ſols. ———— £ 3 ß10₰—

Et pour la nouvelle reapreciation le cent dix ſols. ———— £—ß10₰—

Sauvagines & Renards de France, la balle cy-devant taxée quarante ſols. ———— £ 2 ß—₰—

Et pour la nouvelle reapreciation neuf deniers. ———— £—ß—₰ 9

Et le quintal cy-devant taxé vingt-ſix ſols huit deniers. £ 1 ß 6 ₰ 8

Et pour la nouvelle reapreciation ———— à proportion.

Sandres

Sandres gravellées, les cent livres cy-devant taxées deux ſols ſix deniers. — £—ß 2 ₰ 6
Et pour la nouvelle reapreciation ſept ſols ſix deniers. £—ß 7 ₰ 6
Scampoulon, la balle cy-devant taxée trente ſols. £ 1 ß 10 ₰—
Et pour la nouvelle reapreciation, le cent peſant dix ſols. £—ß 10 ₰—
Seilles ou Berceaux, la charge cy-devant taxée deux ſols. — £—ß 2 ₰—
Et pour la nouvelle reapreciation ſix deniers. — £—ß—₰ 6
Sarges d'Orleans, le quintal cy-devant taxé trente-deux ſols. £ 1 ß 12 ₰—
Et pour la nouvelle reapreciation dix-huit ſols. — £—ß 18 ₰—
Seintures & pendans avec or & argent, la piece cy-devant taxée dix ſols. — £—ß 10 ₰—
Et pour la nouvelle reapreciation cinq ſols. — £—ß 5 ₰—
Seilles blanches, la charge cy-devant taxée deux ſols ſix deniers. £—ß 2 ₰ 6
Et pour la nouvelle reapreciation huit deniers. — £—ß—₰ 8
Seilles étrangeres, la charge cy-devant taxée quatre ſols ſix den. £—ß 4 ₰ 6
Et pour la nouvelle reapreciation un ſol ſix deniers. — £—ß 1 ₰ 6
Serrures, la paire cy-devant taxée trois deniers. — £—ß—₰ 3
Et pour la nouvelle reapreciation un denier. — £—ß—₰ 1
Servelettes du Pays, & autres, la balle cy-devant taxée dix ſols. £—ß 10 ₰—
Et pour la nouvelle reapreciation cinq ſols. — £—ß 5 ₰—
Servietes, la piece cy-devant taxée deux ſols. — £—ß 2 ₰—
Et pour la nouvelle reapreciation trois ſols. — £—ß 3 ₰—
Servietes de Flandres, la piece cy-devant taxée douze ſols ſix deniers. — £—ß 12 ₰ 6
Et pour la nouvelle reapreciation ſept ſols ſix deniers. £—ß 7 ₰ 6
Sonat ou mouton en blancherie, la balle cy-devant taxée ſept ſ. £—ß 7 ₰—
Et pour la nouvelle reapreciation trois ſols. — £—ß 3 ₰—
Sochons, la tonnette cy-devant taxée cinq ſols. — £—ß 5 ₰—
Et pour la nouvelle repreciation un ſol. — £—ß 1 ₰—
Le quintal deux ſols. — £—ß 2 ₰—
Et pour la nouvelle reapreciation — à proportion.
Soufflet de Maréchal, la paire un ſol trois deniers. — £—ß 1 ₰ 3
Et pour la nouvelle reapreciation deux ſols neuf den. £—ß 2 ₰ 9
Souliers, la charge cy-devant taxée dix ſols. — £—ß 10 ₰—
Et pour la nouvelle reapreciation cinq ſols. — £—ß 5 ₰—
Soyes de mer, Rege, Mamodée, Caderne, Ardeſſe, Canane, Belledone, & autres ſemblables, la bale de cent ſoixante, poids de marc, cy-devant taxée douze livres dix ſols. £ 12 ß 10 ₰—
Et pour la nouvelle reapreciation la livre cinq ſols. — £—ß 5 ₰—
Soyes cruës de Meſſine, Barbarin, Baſſin, Vincence, Alſire & Armeries, la balle de cent ſoixante, poids de marc, cy-devant taxée treize livres dix ſols. — £ 13 ß 10 ₰—
Et pour la nouvelle reapreciation la livre ſix ſols. £—ß 6 ₰—
Soyes cruës de Vincence & autres lieux, ouvrées, filées, torſes,

& manufacturées, la balle de cent soixante, poids de marc, cy-devant taxée dix-neuf livres dix sols. —— £ 19 ß 10 d —

Et pour la nouvelle reapreciation la livre sept sols six deniers. —— £ — ß 7 d 6

Soyes teintes noires, & couleurs sans cramoisi, la livre cy-devant taxée dix sols six deniers. —— £ — ß 10 d 6

Et pour la nouvelle reapreciation trois sols. —— £ — ß 3 d —

Soye rouge cramoisi, la livre cy-devant taxée vingt-cinq sols. £ 1 ß 5 d —

Et pour la nouvelle reapreciation cinq sols. —— £ — ß 5 d —

Soye violette, incarnatte ou cramoisi de Tours, la livre cy-devant taxée huit sols. —— £ — ß 8 d —

Et pour la nouvelle reapreciation deux sols. —— £ — ß 2 d —

Soye teintes en France, la livre cy-devant taxée deux sols six d. £ — ß 2 d 6

Et pour la nouvelle reapreciation un sol six deniers. —— £ — ß 1 d 6

Seintures, flasques garnies de leurs pulverins, escarcelles, & fourreaux d'épée de velours, la douzaine cy-devant taxée treize sols six deniers. —— £ — ß 13 d 6

Et pour la nouvelle reapreciation —— neant.

Sitrins taillez, la livre cy-devant taxée un sol. —— £ — ß 1 d —

Et pour la nouvelle reapreciation trois deniers. —— £ — ß — d 3

Sable du Pont de Royant, venant du Dauphiné, la charge cy-devant taxée deux sols. —— £ — ß 2 d —

Et pour la nouvelle reapreciation —— neant.

Sablon d'Estampes, le quintal cy-devant taxé deux sols six den. £ — ß 2 d 6

Et pour la nouvelle reapreciation —— neant.

Sardines d'Espagne, le baril un sol. —— £ — ß 1 d —

Espiceries

# S

## Epiceries et Droguiries

| | l | S | d |
|---|---|---|---|
| Sel armoniac le q.al | 3 | 2 | 6 |
| Sené le q.al | 1 | 9 | 11 |
| Semence de perles | 4 | 10 | 4 |
| Sel de tartre le q.al | 4 | 10 | 4 |
| Sebim noire aprest le % | 4 | 10 | |
| Suc ou jus de Regulisse le % | | 12 | |
| Syrop de capillaire par arrest le q.l brut | | 15 | 6 |
| Idem d'alkermes le q.l net | 1 | 11 | |
| Sel tamarin | 1 | 5 | |
| Syrops rouges melasse ou melasse ou grasse de sucre | | 10 | |
| Saucissons estrangers | 2 | | |
| Sanguines | | 10 | |
| Semoule c.e Vermicely | | 6 | |
| Sel de verre ou de vitre | | 11 | |
| Safranon | 1 | 5 | |
| Syrop de capillaire pour le Roy | 1 | 10 | |
| Sequine noir apprest | | | |

# S

## Marchandises

| | ll. | s. | d. |
|---|---|---|---|
| Sanglier le c. | 1 | 10 | 1 |
| Serges d'ypre la p.ce | 1 | 15 | 1 |
| Serges de caën le c. et de St Lo | 2 | 5 | 1 |
| idem lcarlate | 3 | 10 | |
| Serges de St mexant le c. et de Poitou | 1 | 8 | 4 |
| Serges d'aumales et Beauvais le c. | 2 | 5 | 1 |
| Sauvagine de pais le c. | 2 | 10 | 1 |
| d'Etrangere | 3 | 10 | 1 |
| Sceilles de bois la douzaine | 1 | 1 | 6 |
| Soye Etrangere la ll. | 1 | 3 | 8 |
| Soye ouvrée de pais la ll. | 1 | 3 | 1 |
| Soye Graise la ll. | 1 | 2 | 1 |
| Soye ouvrée Etrangere la ll. | 1 | 9 | 11 |
| Soye Graise du Comtat d'Avignon la livre | 1 | 6 | 8 |
| idem etrangere la livre net | | 9 | 11 |
| Soude le q. | 1 | 3 | 1 |
| Serges de poitou le c. | 1 | 8 | 4 |
| Soie capiton | 6 | | |
| Serges de seigneliay Tonnay et autres meme de londres la piece de 20 aulnes | 1 | | |
| Serges de seigneur et darnetal le q.l | 3 | | |
| Serges de poitou | 1 | 8 | 4 |
| Suif fondu ou en rames | | 10 | |
| Soye graise du pays le q.l la livre 2 s. | | 10 | |
| Soye des tours ouvrée le % 1 s 6 d la livre | 7 | 10 | |
| Sabots comme futailles le % | | 1 | 3 |
| Soye a coudre de france la livre | | 8 | |
| Etrangere | | 13 | 6 |
| Sarlompette etrangere ou prounade le % | 7 | 10 | |
| de france coo theverovie ou prounade | 2 | | |
| Semences froide ou barbotine | 3 | | |
| Sablon d'etampes le % | | 2 | 6 |

## *Eſpiceries & Drogueries.*

# T

TAmaris, le quintal cy-devant taxé dix-ſept ſols ſix deniers. £—ß 17 ₰ 6
Et pour la nouvelle reapreciation ſept ſols ſix deniers. £—ß 7 ₰ 6
Pour les quatre pour cent cy-devant taxez vingt ſols. £ 1 ß—₰—
Et pour la nouvelle reapreciation vingt ſols. £ 1 ß—₰—

Terre de Moulard, le baril cy-devant taxé dix deniers. £—ß—₰ 10
Et pour la nouvelle reapreciation deux deniers. £—ß—₰ 2

Terra merita ou courconnie, le quintal cy-devant taxé treize ſols trois deniers. £—ß 13 ₰ 3
Et pour la nouvelle reapreciation ſix ſols neuf den. £—ß 6 ₰ 9
Pour les quatre pour cent cy-devant taxez dix ſols. £—ß 10 ₰—
Et pour la nouvelle reapreciation douze ſols. £—ß 12 ₰—

Terre rouge, le quintal cy-devant taxé un ſol trois deniers. £—ß 1 ₰ 3
Et pour la nouvelle reapreciation — neant.

Tarcelin pour tous droits, la piece cy-devant taxée ſept ſols ſix deniers. £—ß 7 ₰ 6
Et pour la nouvelle reapreciation — neant.

Tourneſol ou orſeille, le quintal cy-devant taxé trente-deux ſols ſix deniers. £ 1 ß 12 ₰ 6
Et pour la nouvelle reapreciation — neant.
Pour les quatre pour cent cy-devant taxez vingt ſols. £ 1 ß—₰—
Et pour la nouvelle reapreciation — neant.

Tourneſol de France en drapeau, le quintal cy-devant taxé vingt-deux ſols ſix deniers. £ 1 ß 2 ₰ 6
Et pour la nouvelle reapreciation — neant.

Tourneſol ou orſeille de France, le quintal cy-devant taxé dix ſols. £—ß 10 ₰—
Et pour la nouvelle reapreciation — neant.

Tourneſol de Flandres cy-devant taxé cinquante-ſept ſols ſix deniers. £ 2 ß 17 ₰ 6
Et pour la nouvelle reapreciation — neant.

Therebentine de Veniſe, cy-devant taxée trente-deux ſols ſix deniers. £ 1 ß 12 ₰ 6
Et pour la nouvelle reapreciation — neant.
Pour les quatre pour cent cy-devant taxez trente ſols. £ 1 ß 10 ₰—
Et pour la nouvelle reapreciation — neant.

Therebentine de Pays, le quintal cy-devant taxé deux ſols. £—ß 2 ₰—
Et pour la nouvelle reapreciation treize ſols. £—ß 13 ₰—

Therebentine groſſe de Suiſſe, le quintal douze ſols ſix deniers. £—ß 12 ₰ 6
Et pour la nouvelle reapreciation — neant.

Pour

Pour les quatre pour cent cy-devant taxez dix sols. — £ — ß 10 ₰ —
Et pour la nouvelle reapreciation deux sols. — £ — ß 2 ₰ —

Turbit, le quintal cy-devant taxé sept livres deux sols six deniers. — £ 7 ß 2 ₰ 6
Et pour la nouvelle reapreciation — neant
Pour les quatre pour cent cy-devant taxez quarante livres. — £ 40 ß — ₰ —
Et pour la nouvelle reapreciation — neant.

Tutie, le quintal cy-devant taxé trois livres deux sols six deniers. — £ 3 ß 2 ₰ 6
Et pour la nouvelle reapreciation — neant.

Terre sizelée, le quintal pour tous droits cy-devant taxé cinquante sols. — £ 2 ß 10 ₰ —
Et pour la nouvelle reapreciation — neant.

Tal de Venise, le quintal cy-devant taxé pour tous droits trente sols. — £ 1 ß 10 ₰ —
Et pour la nouvelle reapreciation — neant.

Tal, le quintal cy-devant taxé cinquante sols. — £ 2 ß 10 ₰ —
Et pour la nouvelle reapreciation — neant.
Pour les quatre pour cent cy-devant taxez trois livres. £ 3 ß — ₰ —
Et pour la nouvelle reapreciation — neant.

Theriaque, le quintal pour tous droits cy-devant taxé cinq livres. — £ 5 ß — ₰ —
Et pour la nouvelle reapreciation trois livres dix sols. £ 3 ß 10 ₰ —

Tripoly, le quintal cy-devant taxé deux sols six deniers. — £ — ß 2 ₰ 6
Et pour la nouvelle reapreciation — neant.

Tripoly de Barbarie, le quintal cy-devant taxé cinq sols. — £ — ß 5 ₰ —
Et pour la nouvelle reapreciation — neant.

## *Marchandises.*

Tabis de soye de Venise broché d'or cy-devant taxé cinquante-huit sols trois deniers. — £ 2 ß 18 ₰ 3
Et pour la nouvelle reapreciation six sols neuf deniers. £ — ß 6 ₰ 9

Tabis & Taffetas de soye de Venise, la livre cy-devant taxée vingt trois sols. — £ 1 ß 3 ₰ —
Et pour la nouvelle reapreciation cinq sols. — £ — ß 5 ₰ —
La piece cy-devant taxée trente sols. — £ 1 ß 10 ₰ —
Et pour la nouvelle reapreciation — neant.

Tabis de Venise avec or battu, la livre cy-devant taxée trente-six sols. — £ 1 ß 16 ₰ —

| Article | £ | ß | 8 |
|---|---|---|---|
| Et pour la nouvelle reapreciation dix sols. | — | 10 | — |
| Tabis avec or, frisez & relevez, la livre cy-devant taxée quatre livres un sol. | 4 | 1 | — |
| Et pour la nouvelle reapreciation onze sols. | — | 11 | — |
| Tableaux sur bois de Flandres, le quintal cy-devant taxé vingt-cinq sols. | 1 | 5 | — |
| Et pour la nouvelle reapreciation vingt-cinq sols. | 1 | 5 | — |
| Taffetas avec or & argent, la livre cy-devant taxée trente-six sols. | 1 | 16 | — |
| Et pour la nouvelle reapreciation dix sols. | — | 10 | — |
| Taffetas de Florence, Bologne & Naples, la livre cy-devant taxée dix-neuf sols neuf deniers. | — | 19 | 9 |
| Et pour la nouvelle reapreciation cinq sols trois deniers. | — | 5 | 3 |
| Taffetas de Milan, la livre cy-devant taxée dix-huit sols quatre deniers. | — | 18 | 4 |
| Et pour la nouvelle reapreciation cinq sols huit deniers. | — | 5 | 8 |
| Taffetas de Lucques, la livre cy-devant taxée dix-sept sols trois deniers. | — | 17 | 3 |
| Et pour la nouvelle reapreciation cinq sols trois deniers. | — | 5 | 3 |
| Taffetas de soye rouge cramoisi de Venise, Florence, Milan, Naples, & Lucques, la livre cy-devant taxée quarante-huit sols neuf deniers. | 2 | 8 | 9 |
| Et pour la nouvelle reapreciation huit sols trois den. | — | 8 | 3 |
| Taffetas violets ou incarnats cramoisi, la livre cy-devant taxée trente-neuf sols. | 1 | 19 | — |
| Et pour la nouvelle reapreciation dix sols. | — | 10 | — |
| Taffetas ou autres draps de soye, Raz de Tours, la livre cy-devant taxée quatre sols. | — | 4 | — |
| Et pour la nouvelle reapreciation six sols. | — | 6 | — |
| Taffetas ou autres draps de soye razez, cramoisi de Tours, la livre cy-devant taxée neuf sols. | — | 9 | — |
| Et pour la nouvelle reapreciation sept sols. | — | 7 | — |
| Tapis quarrez en laine, la piece cy-devant taxée quatre sols six deniers. | — | 4 | 6 |
| Et pour la nouvelle reapreciation un sol six deniers. | — | 1 | 6 |
| Tapis de Turquie, la balle cy-devant taxée cinq livres. | 5 | — | — |
| Et pour la nouvelle reapreciation la piece vingt sols. | 1 | — | — |
| Tapis d'Auvergne, la charge du poids de trois quintaux, cy-devant taxée trente sols. | 1 | 10 | — |
| Et pour la nouvelle reapreciation, le cent pesant dix sols. | — | 10 | — |
| Taffetas de Gennes & armoisin, la livre cy-devant taxée dix-huit sols quatre deniers. | — | 18 | 4 |

Et pour la nouvelle reapreciation sept sols huit deniers. £ — ß 7 ₰ 8

Pour les mandemens, chaque piece trente sols. £ 1 ß 10 ₰ —

Et pour la nouvelle reapreciation — neant.

Taffetas de Geneve & Avignon, la livre cy-devant taxée dix-huit sols trois deniers. £ — ß 18 ₰ 3

Et pour la nouvelle reapreciation sept sols neuf den. £ — ß 7 ₰ 9

Tapis de Turquie, la piece cy-devant taxée vingt sols. £ 1 ß — ₰ —

Et pour la nouvelle reapreciation vingt sols. £ 1 ß — ₰ —

Tapis de Turquie avec soye & or, la piece cy-devant taxée six livres cinq sols. £ 6 ß 5 ₰ —

Et pour la nouvelle reapreciation quatre livres. £ 4 ß — ₰ —

Tapis poil de chien, la piece cy-devant taxée un sol. £ — ß 1 ₰ —

Et pour la nouvelle reapreciation deux sols. £ — ß 2 ₰ —

Tapisseries de Venise avec soye & fil, la livre cy-devant taxée onze sols six deniers. £ — ß 11 ₰ 6

Et pour la nouvelle reapreciation deux sols six deniers. £ — ß 2 ₰ 6

Tapisseries de cuir doré d'Espagne, & autres lieux étrangers, la balle cy-devant taxée huit livres. £ 8 ß — ₰ —

Et pour la nouvelle reapreciation quarante sols. £ 2 ß — ₰ —

Tapisseries de cuir ouvré de soye, la douzaine cy-devant taxée cinq sols. £ — ß 5 ₰ —

Et pour la nouvelle reapreciation un sol. £ — ß 1 ₰ —

Tapisseries de Flandres, le fonds ou charge de quatre quintaux vingt-quatre livres. £ 24 ß — ₰ —

Et pour la nouvelle reapreciation le cent pesāt quatre l. £ 4 ß — ₰ —

Tapisseries de Flandres avec or, argent & soye, la piece cy-devant taxée dix-huit livres quinze sols. £ 18 ß 15 ₰ —

Et pour la nouvelle reapreciation six livres. £ 6 ß — ₰ —

Tapisseries de Flandres avec soye, le fonds de quatre quintaux cy-devant taxé trente-cinq livres. £ 35 ß — ₰ —

Et pour la nouvelle reapreciation, le cent pesant six livres cinq sols. £ 6 ß 5 ₰ —

Tapisseries de feüilletin, la charge de trois quintaux cy-devant taxée cinquante sols. £ 2 ß 10 ₰ —

Et pour la nouvelle reapreciation, le cent pesant vingt-quatre sols. £ 1 ß 4 ₰ —

Le quintal cy-devant taxé seize sols huit deniers. £ — ß 16 ₰ 8

Et pour la nouvelle reapreciation *Idem*, cōme à la charge.

Tapisseries d'Auvergne & la Marche, la charge cy-devant taxée cinquante sols. £ 2 ß 10 ₰ —

Et pour la nouvelle reapreciation le cent pesant quatre livres quinze sols. £ 4 ß 15 ₰ —

Tapisseries de Bourgogne, Bergame, & Espagne, cuir doré, la balle cy-devant taxée huit livres. £ 8 ß — ₰ —

Et

Et pour la nouvelle reapreciation, le cent pesant 40. sols. — £ 2 ß — ₰ —

Tharots, la quaisse cy-devant taxée neuf livres. — £ 9 ß — ₰ —

Et pour la nouvelle reapreciation — neant.

Thaulles de fer à harnois & autres choses, le quintal cy-devant taxé trois sols. — £ — ß 3 ₰ —

Et pour la nouvelle reapreciation un sol. — £ — ß 1 ₰ —

Thaulles de fer pour harnois, & autres étrangeres, le quintal cy-devant taxé quatre sols six deniers. — £ — ß 4 ₰ 6

Et pour la nouvelle reapreciation un sol six deniers. — £ — ß 1 ₰ 6

Thaulaches & Espieux de Milan & autres lieux, la piece cy-devant taxée six sols huit deniers. — £ — ß 6 ₰ 8

Et pour la nouvelle reapreciation — neant.

Thaulaches ou rondelles de Milan, garnies de velours, la piece cy-devant taxée dix sols. — £ — ß 10 ₰ —

Et pour la nouvelle reapreciation — neant.

Timbres de martres sublines, l'un portant l'autre, cy-devant taxez cinquante livres. — £ 50 ß — ₰ —

Et pour la nouvelle reapreciation dix livres. — £ 10 ß — ₰ —

Tirtaines & doubleures, la charge cy-devant taxée trois livres six sols. — £ 3 ß 6 ₰ —

Et pour la nouvelle reapreciation, le cent pesant dix sols. — £ — ß 10 ₰ —

Toilles d'or & d'argent riches, pour tous droits sera payé pour chacune livre de seize onces net, poids de marc, quatre livres treize sols quatre deniers. — £ 4 ß 13 ₰ 4

Et pour la nouvelle reapreciation six sols huit deniers. — £ — ß 6 ₰ 8

Toilles d'or & d'argent pleines, figurées avec or ou argent, la livre cy-devant taxée trente-six sols. — £ 1 ß 16 ₰ —

Et pour la nouvelle reapreciation dix sols. — £ — ß 10 ₰ —

Toilles de soye, la livre cy-devant taxée vingt-sept sols neuf d. — £ 1 ß 7 ₰ 9

Et pour la nouvelle reapreciation neuf sols trois den. — £ — ß 9 ₰ 3

Toilles de Constance, la charge cy-devant taxée six l. quinze f. — £ 6 ß 15 ₰ —

Et pour la nouvelle reapreciation, le cent pesant dix sols. — £ — ß 10 ₰ —

Toilles d'Allemagne, la piece cy-devant taxée cinq sols six den. — £ — ß 5 ₰ 6

Et pour la nouvelle reapreciation sept sols six den. — £ — ß 7 ₰ 6

Toilles de Hainaut & d'Aast, le fardeau n'excedant huit quintaux, cy-devant taxé quinze livres. — £ 15 ß — ₰ —

Et pour la nouvelle reapreciation voyez la piece cy-dessous. —

Le quintal cy-devant taxé trente-sept sols six deniers. — £ 1 ß 17 ₰ 6

Et pour la nouvelle reapreciation voyez cy-dessous la piece. —

La piece cy-devant taxée douze sols six deniers. — £ — ß 12 ₰ 6

Et pour la nouvelle reapreciation la piece trois sols six deniers. — £ — ß 3 ₰ 6

Toilles d'Hollande de quinze à ſeize aulnes, la piece cy-devant taxée ſeize ſols ſix deniers. —— £ — ß 16 ₰ 6

Et pour la nouvelle reapreciation —— neant.

Toilles rayées de ſoye, la piece cy-devant taxée dix ſols. —— £ — ß 10 ₰ —

Et pour la nouvelle reapreciation deux ſols. —— £ — ß 2 ₰ —

Toilles rayées ſans ſoye, la piece cy-devant taxée quatre ſols ſix deniers. —— £ — ß 4 ₰ 6

Et pour la nouvelle reapreciation deux ſols ſix deniers. £ — ß 2 ₰ 6

Toilles de Baptiſte, Cambray, jaunes & blanches, la piece cy-devant taxée douze ſols ſix deniers. —— £ — ß 12 ₰ 6

Et pour la nouvelle reapreciation deux ſols ſix deniers. £ — ß 2 ₰ 6

Toilles de Roüen & Normandie, la balle n'excedant deux quintaux, tant blanches que cruës, cy-devant taxée trois livres. —— £ 3 ß — ₰ —

Et pour la nouvelle reapreciation le cent peſant vingt ſols. —— £ 1 ß — ₰ —

Toilles d'Autun & Langres de ſemblables poids, la balle cy-devant taxée trois livres. —— £ 3 ß — ₰ —

Et pour la nouvelle reapreciation le cent peſant vingt ſols. —— £ 1 ß — ₰ —

Toilles de Peré, & autres ſemblables, cy-devant taxée quarante ſols. —— £ 2 ß — ₰ —

Et pour la nouvelle reapreciation le cent peſant dix ſ. £ — ß 10 ₰ —

Toilles de Belle-Ville, Beaujeu, Ville-Franche, & autres de Beaujollois, la balle cy-devant taxée vingt-cinq ſols. — £ 1 ß 5 ₰ —

Et pour la nouvelle reapreciation le cent peſant cinq ſ. £ — ß 5 ₰ —

La piece cy-devant taxée deux ſols ſix deniers. —— £ — ß 2 ₰ 6

Et pour la nouvelle reapreciation un ſol ſix deniers. — £ — ß 1 ₰ 6

Toilles de Mâcon, la balle cy-devant taxée quinze ſols. —— £ — ß 15 ₰ —

Et pour la nouvelle reapreciation le cent peſant ſept ſols ſix deniers. —— £ — ß 7 ₰ 6

Toilles rayées de Bourgogne, la piece cy-devant taxée trois ſ. £ — ß 3 ₰ —

Et pour la nouvelle reapreciation deux ſols. —— £ — ß 2 ₰ —

Toilles de Laval, Chaſtelleraut, Bretagne, Chaſtillon, Bourgogne, Breſſe, Scampoulons & Chenettes, la balle cy-devant taxée trente ſols. —— £ 1 ß 10 ₰ —

Et pour la nouvelle reapreciation du cent peſant quinze ſols. —— £ — ß 15 ₰ —

Toilles de Tarare, Charlieu, & Foreſts, la balle cy-devant taxée vingt ſols. —— £ 1 ß — ₰ —

Et pour la nouvelle reapreciation pour cent peſant cinq ſols. —— £ — ß 5 ₰ —

Toilles eſtoupieres de Charlieu & Cremieu, la balle cy-devant taxée huit ſols. —— £ — ß 8 ₰ —

Et

| | £ | ß | ₰ |
|---|---|---|---|
| Et pour la nouvelle reapreciation, le cent pesant trois s. | — | 3 | — |
| Toilles estoupieres de Lorraine & Grey, la balle cy-devant taxée treize sols. | — | 13 | — |
| Et pour la nouvelle reapreciation du cent pesant cinq s. | — | 5 | — |
| Toilles de Provins, Chaumont & Champagne, le fardeau contenant quatre balles, cy-devant taxé trois livres dix sols. | 3 | 10 | — |
| Et pour la nouvelle reapreciation de chacune balle dix-sept sols six deniers. | — | 17 | 6 |
| Toilles estoupieres de Forests, Canevart & Bourras, la piece cy-devant taxée un sol. | — | 1 | — |
| Et pour la nouvelle reapreciation six deniers. | — | — | 6 |
| Toille de ménage de Paris, Roüen, Autun, Troye ou Aussonne, la piece cy-devant taxée sept sols six deniers. | — | 7 | 6 |
| Et pour la nouvelle reapreciation cinq sols. | — | 5 | — |
| Toilles de Bretagne, le quintal cy-devant taxé quinze sols. | — | 15 | — |
| Et pour la nouvelle reapreciation vingt-cinq sols. | 1 | 5 | — |
| Toille virée, la piece deux sols. | — | 2 | — |
| Et pour la nouvelle reapreciation un sol. | — | 1 | — |
| Toilles rayées sans soye de Flandres, la piece cy-devant taxée quatre sols. | — | 4 | — |
| Et pour la nouvelle reapreciation trois sols six deniers. | — | 3 | 6 |
| Toilles flaines du Pays, la balle cy-devant taxée vingt-cinq sols. | 1 | 5 | — |
| Et pour la nouvelle reapreciation voyez cy-dessous la piece. | | | |
| La piece cy-devant taxée trois sols. | — | 3 | — |
| Et pour la nouvelle reapreciation deux sols. | — | 2 | — |
| Toutes Toilles de Bourgogne grosses, & Peiray, le quintal cy-devant taxé trente sols. | 1 | 10 | — |
| Et pour la nouvelle reapreciation dix sols. | — | 10 | — |
| Toilles d'Aussonne, la balle de cent cinquante livres, cy-devant taxée quarante-cinq sols. | 2 | 5 | — |
| Et pour la nouvelle reapreciation quinze sols. | — | 15 | — |
| Toilles flaines de Normandie, la charge cy-devant taxée cinq livres. | 5 | — | — |
| Et pour la nouvelle reapreciation quinze sols. | — | 15 | — |
| Toilles flaines de Flandres, la charge cy-devant taxée sept liv. | 7 | — | — |
| Et pour la nouvelle reapreciation pour cent vingt sols. | 1 | — | — |
| Toilles peintes de Flandres, le quintal cy-devant taxé vingt-cinq sols. | 1 | 5 | — |
| Et pour la nouvelle reapreciation quinze sols. | — | 15 | — |
| Toilles peintes du Pays, le quintal cy-devant taxé quinze sols. | — | 15 | — |
| Et pour la nouvelle reapreciation quinze sols. | — | 15 | — |
| Toilles rayées de Bourgogne, le quintal cy-devant taxé vingt sols. | 1 | — | — |

Et pour la nouvelle reapreciation dix ſols. —— £ — ß 10 ₰ —

Toille naturelle de Bourgogne, Piné & Lorraine, la piece cy-devant taxée douze ſols ſix deniers. —— £ — ß 12 ₰ 6

Et pour la nouvelle reapreciation deux ſols ſix deniers. £ — ß 2 ₰ 6

Toilles rittes, la piece cy-devant taxée trois ſols. —— £ — ß 3 ₰ —

Et pour la nouvelle reapreciation un ſol. —— £ — ß 1 ₰ —

Toilles de Lorraine & Savoye, la balle cy-devant taxée trente ſols. —— £ 1 ß 10 ₰ —

Et pour la nouvelle reapreciation dix ſols. —— £ — ß 10 ₰ —

Le quintal cy-devant taxé vingt ſols. —— £ 1 ß — ₰ —

Et pour la nouvelle reapreciation dix ſols. —— £ — ß 10 ₰ —

Toilles de Langres groſſieres, la balle de deux quintaux cy-devant taxée trente ſols. —— £ 1 ß 10 ₰ —

Et pour la nouvelle reapreciation quinze ſols. —— £ — ß 15 ₰ —

Toilles houppées ſans argent, la piece cy-devant taxée quatre ſols ſix deniers. —— £ — ß 4 ₰ 6

Et pour la nouvelle repreciation deux ſols ſix deniers. £ — ß 2 ₰ 6

Toilles & Treillis d'Allemagne, la balle à compoſition, cy-devant taxée trente-trois ſols neuf deniers. —— £ 1 ß 13 ₰ 9

Et pour la nouvelle reapreciation cy-aprés. ——

Toilles de ménage de Savoye, la piece cy-devant taxée quatre ſols ſix deniers. —— £ — ß 4 ₰ 6

Et pour la nouvelle reapreciation deux ſols ſix deniers. £ — ß 2 ₰ 6

Toilles blanches d'Allemagne, la piece cy-devant taxée cinq ſols ſix deniers. —— £ — ß 5 ₰ 6

Et pour la nouvelle reapreciation deux ſols ſix deniers. £ — ß 2 ₰ 6

Toilles eſtoupieres de Lorraine, la piece deux ſols. —— £ — ß 2 ₰ —

Et pour la nouvelle reapreciation deux ſols. —— £ — ß 2 ₰ —

Tholles de fer, arnois, & autres choſes, le quintal cy-devant taxé trois ſols. —— £ — ß 3 ₰ —

Et pour la nouvelle reapreciation un ſol. —— £ — ß 1 ₰ —

L'Etranger cy-devant taxé quatre ſols. —— £ — ß 4 ₰ —

Et pour la nouvelle reapreciation un ſol. —— £ — ß 1 ₰ —

Trippe de velours, la piece cy-devant taxée onze ſols. —— £ — ß 11 ₰ —

Et pour la nouvelle reapreciation quatre ſols. —— £ — ß 4 ₰ —

Trompes d'Italie, la balle cy-devant taxée quarante ſols. —— £ 2 ß — ₰ —

Et pour la nouvelle reapreciation dix ſols. —— £ — ß 10 ₰ —

Treillis d'Allemagne, la balle cy-devant taxée trois livres ſept ſols ſix deniers. —— £ 3 ß 7 ₰ 6

Et pour la nouvelle reapreciation douze ſols ſix den. £ — ß 12 ₰ 6

Turquins de Turquie, la balle cy-devant taxée cinq livres —— £ 5 ß — ₰ —

Et pour la nouvelle reapreciation cinquante ſols. —— £ 2 ß 10 ₰ —

Toille de ſoye nouvelle à faire lingerie, la livre trois livres dix ſols. —— £ 3 ß 10 ₰ —

T

# Epicerie, et Drogueries

| | L. | S. | D. |
|---|---|---|---|
| Terre jaune de Naples comme Tripoly le % | // | 3 | 6 |
| Timelea le % | // | 7 | // |
| Terre Rouge le % | // | 10 | // |
| tartre ouvrage de tonneau | | 3 | 6 |
| tartre ou creme de tartre | | 10 | |
| tasse de vermillon la 12.e | | 1 | |
| theriaque la livre | | 1 | 8 |
| le % | 8 | 10 | |
| terre de mine | | 3 | |
| tripoli le q.l | | 2 | 6 |
| thé la livre par les anciens arrets 10 lt et par un arrest du bail d'aymard Lambert 1 lt | 1 lt | | |

# T

## Marchandises

| | ll. | s. | d. |
|---|---|---|---|
| Toile de Suisse à la composition le % | 1 | 3 | 4 |
| Terre propre à vernir le q.al | // | 3 | // |
| Vieux tableaux de France le % | 1 | 7 | 6 |
| Tableaux étrangers par arrêt taxé | 1 | // | // |
| Tapisserie de France en cuir doré le % | 6 | 13 | 4 |
| Tapisserie de Paris avec soye ou des Gobelins | 7 | 10 | // |
| Tapisserie d'Auvergne | 5 | 11 | 8 |
| Timbre d'ermine ou mastre sublime | 1 | 7 | 6 |
| Toile de Flandre le % | 3 | 16 | 2 |
| Toile rayée de Bourgogne la p.ce | // | 5 | // |
| Toile de Rouen le % | 2 | 10 | // |
| Celles de Bretagne & Paris le % | 2 | // | // |
| Toile de Laval blanchie à Troyes | 1 | 15 | // |
| Toile claire de Beauvais la p.ce | // | 4 | // |
| Toile de Laval la p.ce | // | 3 | // |
| Toile Baptiste la p.ce | // | 15 | // |
| Toiles de Ser le % | // | 4 | // |
| Toile du Levant la p.ce de 12 aulnes | // | 2 | 6 |

Tafetas d'Avignon la livre 1# 6
augmentation 13 } 1# 19
Papier de Bergame et de Flandre à l'estimation
Terre d'ombre le q.al 10

| | | | |
|---|---|---|---|
| terre verte de Verone idem le % | | 10. | |
| toille rayée de soie la piece | | ᵗᵗ 12. | |
| Idem en gaze la livre | 2 | 4 | |
| toille d'allemagne a la composition le qᵗ. | 1. | 3. | 4 |
| la piece de toille de menage du Pays | | 4 | |
| toilles de menage de flandre coë toille de hainault | 3. | 16. | 2 |
| toilles ecorce d'arbre coë filatrice la livre | | 13. | |
| toille du levant de bourre la piece de 10 aulnes | | 2. | 6 |
| terre blanche a faire pot de terre le qᵗ. | | 1 | |
| toiles de lemac blanchie a troyes la piece | | 3. | |
| taffetas a feuillage d'or et d'argent la livre | 1. | | |
| trait faux par arrest du 1er janvier 1717 le % | 3. | 11 | |
| trait or et argent filé faux par ledit arrest | 6. | 2. | 8. |
| thon le qᵗ | | 10 | |
| tondure de drap etranger | 6 | 6 | |
| du pays | | 4. | |
| tapisserie de cuir doré venant de montpellier le % | 6. | 13. | 4 |
| thoulousine le % 15ᵗᵗ la livre | | 3. | |

## *Espiceries & Drogueries.*

# V

| | | | |
|---|---|---|---|
| Verdet, la charge cy-devant taxée vingt-cinq sols. | £ 1 | ß 5 | d — |
| Et pour la nouvelle reapreciation | | | neant. |
| Vermillon, autrement Cinabre, le quintal cy-devant taxé trente-cinq sols. | £ 1 | ß 15 | d — |
| Et pour la nouvelle reapreciation seize sols six deniers. | £ — | ß 16 | d 6 |
| Pour les quatre pour cent cy-devant taxez trente-deux sols. | £ 1 | ß 12 | d — |
| Et pour la nouvelle reapreciation trois livres. | £ 3 | ß — | d — |
| Vif-argent, le quintal pour les quatre pour cent cy-devant taxez vingt-quatre sols. | £ 1 | ß 4 | d — |
| Et pour la nouvelle reapreciation seize sols. | £ — | ß 16 | d — |
| Vif-argent, le ballon pesant cent cinquante livres payera quarante-cinq sols. | £ 2 | ß 5 | d — |
| Et pour la nouvelle reapreciation | | | à proportion. |
| Vitriol, le quintal cy-devant taxé à quatre sols trois deniers. | £ — | ß 4 | d 3 |
| Et pour la nouvelle reapreciation | | | neant. |
| Pour les quatre pour cent cy-devant taxez huit sols. | £ — | ß 8 | d — |
| Et pour la nouvelle reapreciation | | | neant. |
| Vitriol du Pays, le quintal cy-devant taxé trois sols quatre deniers. | £ — | ß 3 | d 4 |
| Et pour la nouvelle reapreciation trois sols quatre deniers. | £ — | ß 3 | d 4 |
| Vustum, le quintal cy-devant taxé treize sols trois deniers. | £ — | ß 13 | d 3 |
| Et pour la nouvelle reapreciation seize sols neuf den. | £ — | ß 16 | d 9 |
| Pour les quatre pour cent cy-devant taxez vingt sols. | £ 1 | ß — | d — |
| Et pour la nouvelle reapreciation vingt-huit sols | £ 1 | ß 8 | d — |
| Vert en vescie, le quintal cy-devant taxé cinq sols. | £ — | ß 5 | d — |
| Et pour la nouvelle reapreciation seize sols six deniers. | £ — | ß 16 | d 6 |
| Verny, le quintal cy-devant taxé quinze sols. | £ — | ß 15 | d — |
| Et pour la nouvelle reapreciation | | | neant. |
| Escuelle de Vermillon, la douzaine un sol. | £ — | ß 1 | d — |

## *Marchandises.*

| | | | |
|---|---|---|---|
| Vaisselle de Fayence & autres lieux d'Italie, la quaisse cy-devant taxée sept livres. | £ 7 | ß — | d — |

Et

Et pour la nouvelle reapreciation le cent pesant dix sols. ———— £ — ß 10 ₰ —

Vannes de toille picquées, la piece cy-devant taxée vingt sols. £ 1 ß — ₰ —

Et pour la nouvelle reapreciation six sols. ———— £ — ß 6 ₰ —

Vannes de taffetas dessus & dessous picquées, la piece cy-devant taxée trois livres. ———— £ 3 ß — ₰ —

Et pour la nouvelle reapreciation vingt sols. ———— £ 1 ß — ₰ —

Vannes de taffetas d'un côté & de l'autre, toille ou fustaine, cy-devant taxée quarante sols. ———— £ 2 ß — ₰ —

Et pour la nouvelle reapreciation treize sols. ———— £ — ß 13 ₰ —

Vaches de Roussy, la piece cy-devant taxée cinq sols. ———— £ — ß 5 ₰ —

Et pour la nouvelle reapreciation trois sols. ———— £ — ß 3 ₰ —

Vaches de Levant habillées, la piece cy-devant taxée trois sols. ———— £ — ß 3 ₰ —

Et pour la nouvelle reapreciation deux sols. ———— £ — ß 2 ₰ —

Velins, la balle cy-devant taxée vingt sols. ———— £ 1 ß — ₰ —

Et pour la nouvelle reapreciation six sols. ———— £ — ß 6 ₰ —

Velours de Toillette & autres petits Velours semblables, la livre cy-devant taxée dix-neuf sols neuf deniers. ———— £ — ß 19 ₰ 9

Et pour la nouvelle reapreciation six sols trois den. £ — ß 6 ₰ 3

Velours d'Avignon, Valence & Boulogne, la livre cy-devant taxée vingt-deux sols. ———— £ 1 ß 2 ₰ —

Et pour la nouvelle reapreciation huit sols. ———— £ — ß 8 ₰ —

Velours de Florence, Lucques, Milan, Naples, Venise & Ferrare, la livre cy-devant taxée vingt-huit sols. ———— £ 1 ß 8 ₰ —

Et pour la nouvelle reapreciation huit sols. ———— £ — ß 8 ₰ —

Velours de Reige, Modenes, & Constance, la livre cy-devant taxée vingt-deux sols neuf deniers. ———— £ 1 ß 2 ₰ 9

Et pour la nouvelle reapreciation sept sols trois deniers. ———— £ — ß 7 ₰ 3

Velours de Gênes, la livre cy-devant taxée vingt-deux sols. — £ 1 ß 2 ₰ —

Et pour la nouvelle reapreciation huit sols. ———— £ — ß 8 ₰ —

Velours de Gênes pour les mandemens, la piece cy-devant taxée sept livres cinq sols ———— £ 7 ß 5 ₰ —

Et pour la nouvelle reapreciation ———— neant.

Velours rouge cramoisi de Gênes, la livre cy-devant taxée quarante-cinq sols. ———— £ 2 ß 5 ₰ —

Et pour la nouvelle reapreciation cinq sols. ———— £ — ß 5 ₰ —

Velours rouge cramoisi de Gênes pour les mandemens, la piece cy-devant taxée six livres. ———— £ 6 ß — ₰ —

Et pour la nouvelle reapreciation ———— neant.

Velours violets incarnat cramoisi, la livre cy-devant taxée trente-sept sols trois deniers. ———— £ 1 ß 17 ₰ 3

Et pour la nouvelle reapreciation sept sols neuf deniers. £ — ß 7 ₰ 9

Velours

Velours violet & incarnat cramoisi de Gênes, la piece cy-devant taxée six livres. ———— ₤ 6 ß — ₰ —
Et pour la nouvelle reapreciation ———— neant

Velours rouges cramoisi de Florence, Venise, Lucques, Milan, & de tous autres Pays étrangers, la livre cy-devant taxée quarante-huit sols neuf deniers. ———— ₤ 2 ß 8 ₰ 9
Et pour la nouvelle reapreciation un sol trois deniers. ———— ₤ — ß 1 ₰ 3

Velours violet ou incarnat cramoisi desdits lieux, la livre cy-devant taxée quarante sols quatre deniers. ———— ₤ 2 ß — ₰ 4
Et pour la nouvelle reapreciation quatre sols huit deniers. ———— ₤ — ß 4 ₰ 8

Velours noir ou couleur de Tours, la livre cy-devant taxée six sols. ———— ₤ — ß 6 ₰ —
Et pour la nouvelle reapreciation six sols. ———— ₤ — ß 6 ₰ —

Velours & autres draps de soye raz, rouge cramoisi de Tours, la livre cy-devant taxée neuf sols. ———— ₤ — ß 9 ₰ —
Et pour la nouvelle reapreciation six sols. ———— ₤ — ß 6 ₰ —

Velours de Geneve de toutes couleurs, la livre cy-devant taxée vingt-cinq sols. ———— ₤ 1 ß 5 ₰ —
Et pour la nouvelle reapreciation cinq sols. ———— ₤ — ß 5 ₰ —

Velours de Ville-neuve, Selon, de Craux, & autres lieux de Provence, la livre cy-devant taxée six sols. ———— ₤ — ß 6 ₰ —
Et pour la nouvelle reapreciation six sols. ———— ₤ — ß 6 ₰ —

Velours à fonds d'or ou d'argent, la livre cy-devant taxée quarante-deux sols neuf deniers. ———— ₤ 2 ß 2 ₰ 9
Et pour la nouvelle reapreciation douze sols trois deniers. ———— ₤ — ß 12 ₰ 3

Vaisselle d'argent, le Marc cy-devant taxé vingt sols. ———— ₤ 1 ß — ₰ —
Et pour la nouvelle reapreciation ———— neant.

Vaisselle d'estain, le cent cy-devant taxé vingt-cinq sols. ———— ₤ 1 ß 5 ₰ —
Et pour la nouvelle reapreciation le cent dix sols. ———— ₤ — ß 10 ₰ —

Vergettes de Paris, le quintal cy-devant taxé huit sols. ———— ₤ — ß 8 ₰ —
Et pour la nouvelle reapreciation huit sols. ———— ₤ — ß 8 ₰ —

Vergettes de Roüen, le tonneau n'excedant cinq quintaux cy-devant taxé quarante sols. ———— ₤ 2 ß — ₰ —
Et pour la nouvelle reapreciation vingt sols. ———— ₤ 1 ß — ₰ —

Vergettes étrangeres, le quintal cy-devant taxé quatorze sols. ———— ₤ — ß 14 ₰ —
Et pour la nouvelle reapreciation dix sols. ———— ₤ — ß 10 ₰ —

Verres de Venise, la quaisse cy-devant taxée sept livres. ———— ₤ 7 ß — ₰ —
Et pour la nouvelle reapreciation ———— neant.

Verres à faire miroirs ou vitres, la quaisse cy-devant taxée sept sols. ———— ₤ — ß 7 ₰ —

 Et

| | £ | ß | ð |
|---|---|---|---|
| Et pour la nouvelle reapreciation trois sols. | — | 3 | — |
| Verres la charrette à un cheval cy-devant taxée sept sols. | — | 7 | — |
| Et pour la nouvelle reapreciation cinq sols. | — | 5 | — |
| Verres de Dauphiné & autres semblables, la charge cy-devant taxée deux sols. | — | 2 | — |
| Et pour la nouvelle reapreciation deux sols | — | 2 | — |
| Verres de bretelles, cy-devant taxez sept sols. | — | 7 | — |
| Et pour la nouvelle reapreciation trois sols. | — | 3 | — |
| Vieilles caboches, le quintal cy-devant taxé deux sols. | — | 2 | — |
| Et pour la nouvelle reapreciation deux sols. | — | 2 | — |
| Vieilles armes, la balle cy-devant taxée trente sols. | 1 | 10 | — |
| Et pour la nouvelle reapreciation voyez *Armes*. | | | |
| Vieux corselets, la piece cy-devant taxée cinq sols. | — | 5 | — |
| Et pour la nouvelle reapreciation voyez *Idem.* | | | |
| Volans, le quintal cy-devant taxé quatre sols. | — | 4 | — |
| Et pour la nouvelle reapreciation dix sols. | — | 10 | — |
| Vaisselle de terre, la douzaine quatre deniers. | — | — | 4 |
| Vermichely & semoulle, le quintal six sols. | — | 6 | — |

## *Espiceries & Drogueries.*

### Z

ZEdoart pour tous droits, le quintal cy-devant taxé deux livres sept sols six deniers. —— £ 2 ß 7 ₰ 6

Et pour la nouvelle reapreciation —— neant.

Pour les quatre pour cent cy-devant taxez trois livres. —— £ 3 ß — ₰ —

Et pour la nouvelle reapreciation —— neant.

Et Generalement toutes autres sortes de Marchandises, Drogueries, Espiceries, & autres de quelques qualitez qu'elles soient, qui ne sont cy-dessus specifiées & declarées, encore que par cy-devant il n'ait été levé aucune chose sur icelles, payeront à l'équipollent à la raison que dessus lesdits droits, suivant la Taxe qui en sera faite par les Officiers, Fermiers, ou Commis.

Fait au Conseil d'Etat du Roy tenu pour ses Finances à Toulouse, le vingt-septiéme jour d'Octobre, mil six cens trente-deux.

Signé LE RAGOIS.

Lettres

# Lettres de Commission du Roy pour l'établissement des droits de Reapreciation de la Doüane de Lyon.

*Données à S. Germain en Laye, le 13. Février 1633.*

LOUIS, par la grace de Dieu, Roy de France & de Navarre : A nôtre amé & feal Conseiller ordinaire en nôtre Conseil d'Etat, le Sieur de Moricq, Salut. Ayant par nos Lettres de declaration du quatorziéme Août mil six cens trente-deux, Ordonné la Reapreciation de nos droits de Traite-Foraine, Rêve, Domaine-Forain, & Haut-Passage, Traite-Domaniale sur les Danrées & Marchandises sortans hors nôtre Royaume pour être portées aux Païs Etrangers, & aux Provinces où nos Aydes n'ont cours, & les droits d'Entrée sur les Marchandises d'Or & d'Argent & de Soye, Espiceries, Drogueries, & autres Marchandises dépendans des Cinq Grosses Fermes de France, Doüane de Lyon, Traite d'Anjou & de Poitou, Ecu pour Tonneau de Mer de Normandie, & Tablier de la Rochelle, suivant les Etats, qui en ont été arrêtez en nôtre Conseil le vingt-septiéme Octobre audit an, Nous aurions dés ledit jour vingt-septieme Octobre fait expedier & adresser nos Lettres de Commission aux Presidens & Tresoriers de France des Generalitez de l'étenduë desdites Fermes pour faire faire l'établissement, levée & perception des droits d'icelle, tant anciens que nouveaux, & mettre en possession Me Jean de la Grange, qui avoit traité avec Nous de l'union desdites Fermes & Droits en attendant l'enregistrement de nosdites Lettres de Declaration, & du Bail qui lui en seroit expedié. Et voulant les Tresoriers de France à Lyon proceder à l'éxécution de nosdites Lettres de Commission pour ce qui est perceptible desdits droits en l'étenduë de leur Generalité, ils en auroient été empêchez par l'émotion populaire, & incendie arrivée en nôtredite Ville de Lyon, pour raison de quoi le Procez auroit été fait & parfait aux Coupables, & les principaux Autheurs de ladite émotion éxécutez à mort. Et depuis lesdites Fermes-Unies ayant été publiées en nôtre Conseil à divers jours, elles auroient été adjugées à Me André de la Fosse pour dix années commencées le premier jour de Janvier dernier, à la reserve de trente-cinq sols pour muid de Sel, qui s'enleve des Marais Salins de Broüages & Isles en dépendans, & du pouvoir baillé audit de la Grange par son Traité de rembourser le prix de l'engagement des droits d'Entrée de Drogueries & Espiceries & Tablier de la Rochelle, lesquelles Fermes & Droits Nous avons excepté de l'Adjudication pour en disposer ainsi que bon Nous semblera. Ensuite, Nous aurions fait expedier autres nos Lettres de Commission ausdits Tresoriers de France de Lyon pour faire faire l'établissement, levée & perception desdits droits anciens & nouveaux, & mettre en possession desdites Fermes ledit de la Fosse & ses Procureurs, ce que voulant être promptement executé en attendant l'enregistrement de nosdites Lettres de Declaration du quatorziéme Août dernier, & du Bail qui sera expedié audit de la Fosse. A CES CAUSES, de l'avis de nôtre Conseil, & de nôtre pleine puissance & autorité Royale, Nous vous mandons, ordonnons, & tres-expressément enjoignons par ces Presentes signées de nôtre main de faire faire l'établissement, levée & perception des droits, tant anciens que nouveaux desdites Cinq Grosses Fermes & Doüane de Lyon, & à cet effet mettre en possession d'icelles ledit de la Fosse, ses Procureurs & Commis pour en joüir suivant ledit Etat de Reapreciation arrêté en nôtre Conseil le vingt-septiéme d'Octobre dernier, cy-devant envoyé à nosdits Tresoriers de France à Lyon, lequel Nous voulons être observé de point en point selon sa forme & teneur, & que d'icelui, il soit fait un Tableau pour être mis & apposé en tous les Bureaux, afin que chacun sçache ce qu'il doit payer pour l'Entrée, Passage & Sortie de sa Marchandise, & qu'au payement desdits droits, les Marchands & toutes autres personnes que besoin sera, soient contrains par les voyes accoûtumées en tel cas, même les Commis dudit de la Grange, comme pour nos deniers & affaires de compter comme de Clerc à Maître avec ledit de la Fosse, ses Procureurs & Commis, & payer tous les deniers qu'ils ont receu desdites Cinq Grosses Fermes & Doüane de Lyon depuis ledit jour premier Janvier dernier jusques au jour de leur depossession, & de leur remettre és mains les Declarations, Registres des Recettes, Contrôlles, Passeports, & autres Pieces justificatives de ladite Recette, en quoi faisant, ils en demeureront valablement déchargés, de ce faire vous donnons pouvoir, autorité, Commission & Mandement special, nonobstant oppositions ou appellations quelconques, dont si aucunes interviennent, Nous nous en sommes reservé la connoissance en nôtredit Conseil, & icelle interdite & défenduë à toutes nos Cours de Parlement & des Aydes & autres Juges jusques à ce que nosdites Lettres de Declaration ayent été registrées. Ordonnons aussi & enjoignons à nôtre amé & feal Chevalier de nos Ordres, Conseiller en nôtre Conseil d'Etat, Gouverneur & nôtre Lieutenant General en ladite Ville & Païs de Lyonnois, Forest & Beaujollois, Prevôt des Marchands & Echevins, Maîtres des Ports, & autres nos Officiers de tenir la main à ce que ledit de la Fosse, ses Procureurs & Commis puissent en toute liberté faire payer nosdits droits. Et commandons à nôtre Huissier ou Sergent premier sur ce requis de faire toutes Contraintes, executions & saisies pour raison de ce, sans demander autre Congé ny Permission. Et sera foy ajoûtée comme à l'Original aux copies collationnées des Presentes par l'un de nos amez & feaux Conseiller-Secretaires : CAR tel est nôtre plaisir. DONNÉ à

Saint Germain en Laye, le treiziéme jour de Fevrier, l'an de grace, mil six cens trente-trois : Et de nôtre Regne, le vingt-troisiéme. Signé LOUIS. Et plus bas, Par le Roy, PHELYPEAUX. Et scellé du grand Seel de cire jaune.

---

*Du Procez Verbal de Monsieur de Moricq, Conseiller ordinaire au Conseil d'Etat du Roy, portant l'établissement dudit Droit en la Ville de Lyon, le troisiéme jour de Mars, mil six cens trente-trois, a été extrait ce qui ensuit.*

ESQUELLES Remontrances Nous leur avons donné Acte pour leur servir & valoir ce que de raison, & cependant avons mis ledit de la Garde, Procureur dudit de la Fosse ; en la possession & joüissance de lever & percevoir lesdits Droits, tant anciens que nouveaux desdites Cinq Grosses Fermes & Doüane de Lyon, suivant & conformément audit Etat de Reapreciation du vingt-septiéme Octobre dernier, lequel Nous avons remis entre les mains dudit de la Garde pour demeurer au Bureau de ladite Doüane à ce que chacun sçache ce qu'il doit payer des Marchandises, qui y arriveront : Au payement desquels droits anciens & de Reapreciation, suivant ledit Etat, seront tous Marchands & autres personnes que besoin sera contrains par les voyes accoûtumées, nonobstant oppositions ou appellations quelconques ; défenses à toutes personnes de l'y troubler. Enjoint aux Juges de ladite Doüane d'y tenir la main à peine d'en répondre en leurs propres & privez noms, & audit de la Garde de faire faire un Tableau en parchemin dudit Etat, qui sera collationné sur ledit Original par deux Secretaires du Roy pour demeurer audit Bureau auquel on aura recours. Et ce fait, sera ledit Original porté & remis par ledit de la Garde au Greffe du Bureau des Finances de cette Ville de Lyon pour y avoir recours quand besoin sera, à la fin duquel Tableau, qui demeurera audit Bureau, sera inserée copie de nosdites Lettres de Commission & de nôtre Procez Verbal. Signé DE JUYE. Et plus bas, Par Mondit Sieur, CHULOT.

*Collationné aux Originaux par Nous Conseiller-Secretaire du Roy, Maison, Couronne de France & de ses Finances.*

# ETAT DES MARCHANDISES, qui avoient été obmises dans le Tarif de la Doüane de Lyon, arrêté au Conseil du Roy le vingt-septiéme Octobre dernier ;

*Desquelles l'appreciation a été faite par les Officiers de ladite Doüane, suivant le pouvoir donné par Sa Majesté les jour & an que dessus.*

## A SCAVOIR.

## A

AGNUS Castus, le quintal sept sols six deniers. —— £—ß 7 ₰ 6
Aigre de Cedre, le quintal cinq livres. —— £ 5 ß—₰—
Amandres de Pays, le quintal six sols. —— £—ß 6 ₰—
Amidon étranger, le quintal seize sols. —— £—ß 16 ₰—
Anis lavé étranger, le quintal, comme l'Anis étranger, une livre dix-huit sols. —— £ 1 ß 18 ₰—

# B

Barracan fil & laine, la piece de 20. aulnes quinze sols. — ₤—ß15 ₰—

Basanne marroquinée, le quintal onze sols. — ₤—ß11 ₰—

Baudriers à la mode, comme Baudriers à gallon d'or & d'argent, la piece cinq sols. — ₤—ß 5 ₰—

Baume du Perou, le quintal vingt livres. — ₤20ß—₰—

Bazin de Montpelier, la piece sept sols. — ₤—ß 7 ₰—

Blanc de plomb, le quintal onze sols. — ₤—ß11 ₰—

Boccassin, la piece de dix aulnes deux sols six deniers. — ₤—ß 2 ₰ 6

Bois à faire boëttes blanches, le quintal un sol six deniers. — ₤—ß 1 ₰ 6

Bois de Crable, le quintal deux livres dix sols six deniers. — ₤ 2 ß10 ₰ 6

Bois de Picques non ferrées, la douzaine deux sols. — ₤—ß 2 ₰—

Bois de Linsticque, le quintal huit sols. — ₤—ß 8 ₰—

Bois d'Olivier, le quintal cinq sols. — ₤—ß 5 ₰—

Bois à faire cribles, & tamis le quintal deux sols. — ₤—ß 2 ₰—

Bois de Buis, le quintal cinq sols. — ₤—ß 5 ₰—

Bois de Storax, le quintal quinze sols. — ₤—ß15 ₰—

Bois de Sental, le quintal quinze sols. — ₤—ß15 ₰—

Bois de Picques ferrées, voyés Picques. —

Bois de Violettes, le quintal sept sols. — ₤—ß 7 ₰—

Bol, le quintal dix sols. — ₤—ß10 ₰—

Bonnets de toile picquée, la douzaine six sols. — ₤—ß 6 ₰—

Bonnets de fil pour femme, la douzaine quatre sols. — ₤—ß 4 ₰—

Boulay ou Mesches, le quintal six sols huit deniers. — ₤—ß 6 ₰ 8

Bourre de Chameaux, le quintal huit sols. — ₤—ß 8 ₰—

Bources à la mode, la douzaine dix sols. — ₤—ß10 ₰—

Bources en broderie or & agent, la douzaine vingt sols. — ₤ 1 ß—₰—

Boutons de fil blanc à moule de bois, la livre deux sols. — ₤—ß 2 ₰—

Boutons de fil blanc de France, la livre net trois sols. — ₤—ß 3 ₰—

Boutons de crain, la livre un sol six deniers. — ₤—ß 1 ₰ 6

Bruyeres accoûtrées de France, le quintal dix sols. — ₤—ß10 ₰—

Burail d'Arles, la piece onze sols. — ₤—ß11 ₰—

Burail de Zuricq, la balle, voyés Burail de Bergame, & la piece à proportion. —

# C

CAchaos, le quintal deux livres dix sols. —— £ 2 ß 10 ₰ —

Caffé, le quintal huit sols neuf deniers. —— £ — ß 8 ₰ 9

Camelot d'Amiens, la piece de dix aulnes cinq sols. —— £ — ß 5 ₰ —

Cannes de jonc, le quintal deux sols six deniers. —— £ — ß 2 ₰ 6

Capiton teint, le quintal huit livres. —— £ 8 ß — ₰ —

Carcaillons ou boutons de verre, le quintal trois sols. —— £ — ß 3 ₰ —

Carton fin étranger, le quintal neuf sols. —— £ — ß 9 ₰ —

Carton de Païs, le quintal quatre sols six deniers. —— £ — ß 4 ₰ 6

Carton commun étranger, le quintal quatre sols. —— £ — ß 4 ₰ —

Idem de Païs, le quintal deux sols. —— £ — ß 2 ₰ —

Catolicum, le quintal une livre cinq sols. —— £ 1 ß 5 ₰ —

Chapeau de Vigonne, la piece cinq sols. —— £ — ß 5 ₰ —

Chapelets d'Albastre d'Italie, le quintal sept livres. —— £ 7 ß — ₰ —

Chaucolat, le quintal cinq livres. —— £ 5 ß — ₰ —

Chevelieres de Flandre à jour, la livre deux sols. —— £ — ß 2 ₰ —

Cheveux, la livre cinq sols. —— £ — ß 5 ₰ —

Ciperus, le quintal six sols. —— £ — ß 6 ₰ —

Citrons, la charge de Mulet six sols. —— £ — ß 6 ₰ —

Coquilles de Nacre brut, le quintal quatre sols. —— £ — ß 4 ₰ —

Coquo, le quintal brut, quinze sols. —— £ — ß 15 ₰ —

Cordes de jonc, le quintal voyés cordes à moureaux cinq sols. —— £ — ß 5 ₰ —

Cordes de Raquêtes, le quintal deux livres. ———— ℒ 2 ß—ꝺ—
Cornes, le quintal un sol.———— ℒ—ß 1 ꝺ—
Cornes propres à faire manches de couteaux, le quintal trois sols. ———— ℒ—ß 3 ꝺ—
Creme de Tartre, le quintal dix sols. ———— ℒ—ß 10 ꝺ—
Côte de Soye, le quintal voyés Capiton, six livres.———— ℒ 6 ß—ꝺ—
Cuirs de Cheval, la piece deux sols. ———— ℒ—ß 2 ꝺ—

# D

| Article | £ | ß | ₰ |
|---|---|---|---|
| DAilles ou Faux étrangers, le Baril de 112. une livre dix-sept sols. | 1 | 17 | — |
| Dailles de France une livre cinq sols neuf deniers. | 1 | 5 | 9 |
| Damas Caffard, la piece vingt-cinq sols. | 1 | 5 | — |
| Damas de Laine comme Ligature, la piece simple sept sols six deniers. | — | 7 | 6 |
| Dantelles de fil du Puy, la livre six sols. | — | 6 | — |
| Dantelles de Prajellas, la livre trois sols. | — | 3 | — |
| Draps de Dieppe comme Drap du Seau, le quintal quatre livres dix sols. | 4 | 10 | — |

# E

| Article | £ | ß | ₰ |
|---|---|---|---|
| EAu de Romarin, le quintal comme Eau de fleurs d'Orange, une livre sept sols. | 1 | 7 | — |
| Eau forte, le quintal quinze sols. | — | 15 | — |
| Escailles de Tortuës ouvrées, le quintal deux livres. | 2 | — | — |
| Escailles, dit brut, vingt sols. | 1 | — | — |
| Escorces de Grenades, le quintal six sols trois deniers. | — | 6 | 3 |
| Escorces d'Oranges seches, le quintal douze sols. | — | 12 | — |
| Espingles d'Orleans, le quintal vingt-sept sols. | 1 | 7 | — |
| Essence ou esprit de Souffre, voyés Huile de Romarin quatre livres dix sols. | 4 | 10 | — |
| Estamine avec Soye, la piece de 10. aulnes, sept sols six deniers. | — | 7 | 6 |
| Estain en grille d'Allemagne, comme Estain en Saumon, le quintal vingt-cinq sols. | 1 | 5 | — |

# F

| | ℒ | ß | ₰ |
|---|---|---|---|
| FErrandine de France, la livre trois sols. | — | 3 | — |
| Ferrandine rayée d'or & d'argent, la livre huit sols. | — | 8 | — |
| Ferrandine étrangere, la livre six sols. | — | 6 | — |
| Feüilles de fer noir, le cent en nombre cinq sols. | — | 5 | — |
| Fil de lin, crud étranger, le quintal une livre quinze sols. | 1 | 15 | — |
| Fil blanc d'Allemagne, & de Lorraine, le quintal trois livres. | 3 | — | — |
| Figure de Plâtre, le quintal dix sols. | — | 10 | — |
| Fleurs de Souffre, le quintal une livre sept sols quatre deniers. | 1 | 7 | 4 |
| Fleuret teint en France, ayant payé crud la livre deux sols six deniers. | — | 2 | 6 |
| Fonte de fer, le quintal trois sols. | — | 3 | — |
| Frange de fil, la livre six sols. | — | 6 | — |
| Froc de Roüen, le quintal deux livres. | 2 | — | — |
| Fustaine de Montpelier, la balle quatre livres. | 4 | — | — |
| Et la piece quatre sols. | — | 4 | — |

# G

| | ℒ | ß | ₰ |
|---|---|---|---|
| GAns en broderie d'or fin, la paire sept sols six deniers. | — | 7 | 6 |
| Gans à passement d'or & d'argent, la paire trois sols neuf deniers. | — | 3 | 9 |
| Gans de Grenoble, la douzaine un sol six deniers. | — | 1 | 6 |
| Gans à la mode, la douzaine, sept sols six deniers. | — | 7 | 6 |
| Gans de Dains, la douzaine douze sols. | — | 12 | — |
| Gans de fil, la douzaine six sols. | — | 6 | — |
| Gans de Cotton, la douzaine six sols. | — | 6 | — |
| Gans de Chamois, la douzaine dix sols. | — | 10 | — |
| Gans d'Avignon & Provence, la douzaine quatre sols. | — | 4 | — |
| Glaces de Miroirs, Manufacture de France, le quintal brut une livre seize sols huit deniers. | 1 | 16 | 8 |
| Glans de fil de Paris, la livre dix sols. | — | 10 | — |

Gomme amée, le quintal deux livres. —————— £ 2 ß — ₰ —
Graine Dalquelmais, voyés Graine d'Ecarlatte de France, le quintal six livres cinq sols. —————— £ 6 ß 5 ₰ —

# H

HErbe de Thé, la livre trois sols. —————— £ — ß 3 ₰ —
Herbe de Capilaire, le quintal quinze sols. —————— £ — ß 15 ₰ —
Herbe de Gaude de Païs, le quintal deux sols. —————— £ — ß 2 ₰ —
Herbe de Pitaud, le quintal quatre sols quatre deniers. —— £ — ß 4 ₰ 4
Hobelon, le quintal trois sols. —————— £ — ß 3 ₰ —
Hoatte de soye, la livre cinq sols. —————— £ — ß 5 ₰ —
Huile de Lavande, le quintal, comme essence de Romarin quatre livres dix sols. —————— £ 4 ß 10 ₰ —
Huile de Noix étranger, le quintal dix sols. —————— £ — ß 10 ₰ —
Huile de Therebentine, le quintal trente sols. —————— £ 1 ß 10 ₰ —

# I

JArgons du Puy, Fragmats d'Hyacinthes ou Rubis, le quintal trois livres. — £ 3 ß — 𝔡 —

Jaſpe brut, le quintal, comme le Marbre, ſept ſols. — £ — ß 7 𝔡 —

Jayet taillé, le quintal quarante ſols. — £ 2 ß — 𝔡 —

Jonquines, le quintal cinq ſols. — £ — ß 5 𝔡 —

# L

LAcque platte de Provence, le quintal trois livres deux ſols ſix deniers. — £ 3 ß 2 𝔡 6

Laine de Vigogne, le quintal deux livres quinze ſols. — £ 2 ß 15 𝔡 —

Laine filée de Païs, le quintal une livre dix ſols. — £ 1 ß 10 𝔡 —

Laine Pelade étrangere, le quintal quartoze ſols quatre deniers. — £ — ß 14 𝔡 4

Lupin, le quintal, ſept ſols ſix deniers. — £ — ß 7 𝔡 6

Limaille de Lotton de Païs, voyés Limaille de Cuivre, le quintal huit ſols. — £ — ß 8 𝔡 —

Marſoüin,

# M

MArsoüin, le quintal dix sols. ———— ₤ — ß 10 ₰ —
Marbre en table, le quintal quinze sols. ———— ₤ — ß 15 ₰ —
Marbre relevé, le quintal trente sols. ———— ₤ 1 ß 10 ₰ —
Marbre brut, le quintal sept sols. ———— ₤ — ß 7 ₰ —
Melace ou Cirop noir, le quintal dix sols. ———— ₤ — ß 10 ₰ —
Mine de Cuivre, le quintal quatre sols. ———— ₤ — ß 4 ₰ —
Montre d'Horloge, comme la piece d'Horloge, dix sols. ———— ₤ — ß 10 ₰ —
Mouseline de cotton, comme Toille de cotton, la piece de dix aulnes, six sols. ———— ₤ — ß 6 ₰ —
Mouheres d'argent & soye, la livre trente sols. ———— ₤ 1 ß 10 ₰ —
Moulin à poivre, la piece trois sols. ———— ₤ — ß 3 ₰ —
Moulin de bois à poivre, la piece un sol. ———— ₤ — ß 1 ₰ —
Mousquets d'Allemagne, la balle trente sols. ———— ₤ 1 ß 10 ₰ —
Musq en vessie, la livre six livres. ———— ₤ 6 ß — ₰ —

# N

NOir pour les Peintres, le quintal trois sols six deniers. ———— ₤ — ß 3 ₰ 6
Noix de Ciprez, le quintal dix sols. ———— ₤ — ß 10 ₰ —

# O

| Article | £ | ß | ₰ |
|---|---|---|---|
| Oculi Cancry, le quintal une livre cinq sols. | 1 | 5 | — |
| Oignons de Saffran, le quintal sept sols six deniers. | — | 7 | 6 |
| Orange, la charge deux sols. | — | 2 | — |
| Ouvrages de fer étranger, le quintal huit sols. | — | 8 | — |

# P

| Article | £ | ß | ₰ |
|---|---|---|---|
| Papier fin d'Italie, la balle onze sols. | — | 11 | — |
| Parchemin vieil, le quintal trois sols. | — | 3 | — |
| Peaux de Veaux d'Angleterre, la douzaine quinze sols. | — | 15 | — |
| Peaux de Veaux habillées en Buffle, la piece dix sols. | — | 10 | — |
| Peaux de Chamois cruës, la piece un sol. | — | 1 | — |
| Peaux de Chagrin, la piece deux sols. | — | 2 | — |
| Peaux de Chevreüils en poil, la piece un sol six deniers. | — | 1 | 6 |
| Peaux de Mouton en tripe, le quintal six sols. | — | 6 | — |
| Peaux d'Elan crües, la piece cinq sols. | — | 5 | — |
| Peaux blanches étrangeres, le quintal douze sols. | — | 12 | — |
| Peaux de Chien en blanc, le quintal quarante sols. | 2 | — | — |
| Et la douzaine deux sols. | — | 2 | — |
| Peaux de Chamois habillées, voyés Chamois habillés en blanc, & la douzaine dix-huit sols six deniers. | — | 18 | 6 |
| Peaux de Veaux habillées à Annonay, la douzaine dix sols. | — | 10 | — |
| Peaux de Vaches habillées à Annonay, la piece quatre sols. | — | 4 | — |
| Peaux de Cerf habillées, la piece dix sols. | — | 10 | — |
| Peaux de Loup Marin, la piece deux sols. | — | 2 | — |
| Peaux d'Orinaux, la piece cinq sols. | — | 5 | — |
| Peaux en jambes étrangers, le quintal quinze sols. | — | 15 | — |
| Peaux de Lapin étrangers, le quintal une livre cinq sols. | 1 | 5 | — |

Peaux

Peaux de Lapin de Païs, le quintal douze sols six deniers. — £ — ß 12 ₰ 6
Pelleterie commune, le quintal trois livres. — £ 3 ß — ₰ —
Petenuche filée, la balle quarante-cinq sols. — £ 2 ß 5 ₰ —
Pierre d'Agattes ouvrée, la livre dix sols. — £ — ß 10 ₰ —
Pierre noire, le quintal trois sols. — £ — ß 3 ₰ —
Pierre de Rochon, le quintal un sol six deniers. — £ — ß 1 ₰ 6
Pippes à Tabac, le quintal dix sols. — £ — ß 10 ₰ —
Plomb en dragée, le quintal neuf sols. — £ — ß 9 ₰ —
Plomb de Mer, le quintal onze sols. — £ — ß 11 ₰ —
Plumes d'Austruche, la livre six sols. — £ — ß 6 ₰ —
Plumes d'Austruche apprêtées, voyés Aigrettes, la livre neuf sols six deniers. — £ — ß 9 ₰ 6
Poil ou Cheveux, la livre cinq sols. — £ — ß 5 ₰ —
Poil de Chameaux, le quintal huit sols. — £ — ß 8 ₰ —
Poil de Lapin étranger, le quintal cinquante sols. — £ 2 ß 10 ₰ —
Poil de Lapin de Païs, le quintal vingt-cinq sols. — £ 1 ß 5 ₰ —
Poil de Castor, la livre cinq sols. — £ — ß 5 ₰ —
Poil de Chevre filé, le quintal six livres treize sols quatre deniers. — £ 6 ß 13 ₰ 4
Poil de Porc de Païs non ouvré, le quintal dix sols. — £ — ß 10 ₰ —
Point-coupés de Forests, la livre seize sols. — £ — ß 16 ₰ —
Poix blanche de Bourgogne, le quintal neuf sols. — £ — ß 9 ₰ —
Pommade de Jasmin, & autres senteurs, le quintal quatre livres dix sols. — £ 4 ß 10 ₰ —
Poux de soye de Tours, la livre six sols. — £ — ß 6 ₰ —

# Q

QUinquina, la livre trois sols. —— £—ß 3 ∂—

# R

RAcines de Brionias, le quintal douze sols. —— £—ß12∂—
Ratines d'Hollande & Sedan, la piece de vingt aulnes trois livres. —— £ 3 ß—∂—
Robes de Chambres de Taffetas avec or & argent, la piece deux livres. —— £ 2 ß—∂—
Robes de Chambres d'Indienne, la piece vingt sols. —— £ 1 ß—∂—
Robes de Taffetas, la piece trente sols. —— £ 1 ß10∂—
Rocou, le quintal trente sols. —— £ 1 ß10∂—
Rodon ou herbe du pré, le quintal quatre sols quatre deniers. —— £—ß 4 ∂ 4
Rossoly, le quintal seize sols. —— £—ß 16∂—
Rouge brun d'Angleterre, le quintal dix sols. —— £—ß10∂—
Roucquaille, le quintal trente sols. —— £ 1 ß10∂—
Rougneures de Cartes, le quintal deux sols. —— £—ß 2 ∂—
Rubans à la digue, la livre vingt-quatre sols. —— £ 1 ß 4 ∂—

Sang

# S

| Article | £ | ß | ₰ |
|---|---|---|---|
| SAng de Bouq, le quintal dix ſols. | — | 10 | — |
| Sanguine ou Rouge d'Angleterre, le quintal dix ſols. | — | 10 | — |
| Sarges de Païs, la piece trois ſols. | — | 3 | — |
| Sarges de Londres, la piece vingt ſols. | 1 | — | — |
| Sarges Barracanées, la pieces dix ſols. | — | 10 | — |
| Sarges & Bayette de Beauvais, le quintal trente-huit ſols. | 1 | 18 | — |
| Sarges de Limeſtre & Diepe, le quintal trois livres. | 3 | — | — |
| Sarges de Troye, le quintal deux livres. | 2 | — | — |
| Sarges d'Eſpagne, la piece trois livres. | 3 | — | — |
| Sarges de Châlon, la piece quinze ſols. | — | 15 | — |
| Sarges de Châtillon, le quintal deux livres. | 2 | — | — |
| Sarges de Londres, couleur de feu, la piece de vingt aulnes vingt-cinq ſols. | 1 | 5 | — |
| Sargettes de Chartres, le quintal cinquante-cinq ſols. | 2 | 15 | — |
| Savonettes de Boulogne, le quintal comme Mercerie d'Italie, ſept livres. | 7 | — | — |
| Sel Tamaris, le quintal vingt-cinq ſols. | 1 | 5 | — |
| Sel Nitre, le quintal onze ſols. | — | 11 | — |
| Semence de Perles, l'once dix ſols. | — | 10 | — |
| Sermontant, le quintal neuf ſols. | — | 9 | — |
| Sociſſons de Boulogne, le quintal deux livres. | 2 | — | — |
| Sorbecq, le quintal cinq livres. | 5 | — | — |
| Soudure d'Eſtain, le quintal neuf ſols. | — | 9 | — |
| Soyes à Cordonniers, voyés Mercerie d'Allemagne. | | | |
| Squille, le quintal quatre ſols. | — | 4 | — |
| Straſſe de ſoye, voyés Bourre de ſoye, le quintal trois livres. | 3 | — | — |

# T

| | ℒ | ß | d |
|---|---|---|---|
| TAbernacles de bois peints & dorés, la piece sept livres. | 7 | — | — |
| Tabernacles de bois non dorés, la piece trois livres. | 3 | — | — |
| Tacques, Fontes de fer, le quintal quatre sols. | — | 4 | — |
| Taffetas ciré, la livre six sols. | — | 6 | — |
| Taffetas à feüillage d'or de France, la livre vingt sols. | 1 | — | — |
| Taffetas de France rayé d'argent, la livre quinze sols. | — | 15 | — |
| Tapis Indienne, la piece cinq sols. | — | 5 | — |
| Tayolle ou Ceinture de fil, la douzaine six sols. | — | 6 | — |
| Terre verte de Veronne ou Cypre, le quintal dix sols. | — | 10 | — |
| Terre verte commune, le quintal trois sols. | — | 3 | — |
| Terre verte de mine, le quintal trois sols. | — | 3 | — |
| Terre d'ombre, le quintal dix sols. | — | 10 | — |
| Toille de Laval blanchies à Troyes, la piece trois sols. | — | 3 | — |
| Toilles de cotton, la piece de 9. à 10. aulnes six sols. | — | 6 | — |
| Toilles barrées de Lorraine, la piece sept sols six deniers. | — | 7 | 6 |
| Toilles de Bretagne, la piece deux sols. | — | 2 | — |
| Toilles de Picardie, Beauvais, & Quintins, tirans six aulnes ou environ, la piece quatre sols. | — | 4 | — |
| Toilles de Courtrey, la piece de quinze à seize aulnes seize sols. | — | 16 | — |
| Toilles Indiennes, la piece de cinq aulnes cinq sols. | — | 5 | — |
| Toilles mittes, la piece de cinq aulnes, comme Cottonine deux sols six deniers. | — | 2 | 6 |
| Toilles barrées de Monbeillard, la piece huit sols. | — | 8 | — |
| Toilles cirées, le quintal deux livres. | 2 | — | — |
| Toyore de fer, le quintal quatre sols. | — | 4 | — |
| Trace de Prajelas, la livre un sol six deniers. | — | 1 | 6 |

Vaissell e

# V

VAiſſelle façon de Fayence de France, le quintal quinze ſols. —— £—ß 15 ₰—

Vans d'oſier, la douzaine un ſol. —— £—ß 1 ₰—

Verres à moulon, le quintal un ſol ſix deniers. —— £—ß 1 ₰ 6

Verres de Chriſtal de Lonchamps, Barſuraubes, & Nevers, le quintal quatre livres. —— £ 4 ß—₰—

Vieux fer, le quintal deux ſols. —— £—ß 2 ₰—

Vieux Parchemin, le quintal trois ſols. —— £—ß 3 ₰—

# X

## Y

## Z

ZAin, le quintal vingt-cinq sols. ———————— £ 1 ß 5 ₰ —

# TARIF
## DE LA
# DOÜANE
## DE VALENCE.

A LYON,
Chez FRANÇOIS BARBIER, ſeul Impr. & Libr. ord. du Roy, Ruë Confort, prés la Place des Jacobins, au Chef de Saint Jean.

M. DCC. XIII.

# DE PAR LE ROY.

*ETAT ET TARIF DES DROITS, que Sa Majesté veut être payez en la Doüane de Valence, y compris les deux sols pour livre d'augmentation au lieu des Droits des Commissaires, Conservateurs & leurs Lieutenans, & deux sols attribuez aux Receveurs & Contrôlleurs desdites Fermes, appartenans à Sa Majesté aux Bureaux établis pour recevoir lesdits Droits, esquels les Marchands & Voituriers sont obligez de passer pour y acquitter lesdits Droits au premier Bureau du Lieu où ils passeront, sans prendre aucune traverse, voye & chemin oblique à peine de confiscation de leurs Marchandises, Chevaux, Charettes ou Bateaux.*

# PREMIER ARTICLE.

## *Soyes, &c.*

SOYES de toutes ſortes, Draps d'Or, d'Argent & de Soye, Ratines de Milan, Ecarlates, Draps d'Hollande, d'Angleterre, d'Eſpagne & Rome : Fil d'Or, d'Argent, & de Soye : Merceries d'Italie, Dantelles de Flandres, Camelot, Moncayard de Levant & d'Hollande, Saffran, Panes de Florence, Gans de Rome ou à façon, Plumes d'Auſtruches : Miroirs, Glaces de Veniſe, Glux de Levant, Toiles de Soye & d'eſprit, Crêpes, Tapiſſeries de Hauteliſſe : Email, Azur fin, Cochenille, Monſelines, Cambraiſine de Levant, Caſtors, Graines de Vers à Soye, Jayet, Corail, Merceries de Veniſe : Cordes de Luth & Violon, Bouttons d'Or, d'Argent & Soye : Serge de Rome, Dantelles du Havre.

# PREMIER ARTICLE.

## *Brut & emballé.*

Une livre payera un sol deux deniers.

| | | | | |
|---|---|---|---|---|
| niers. | l. | 0. | 1. s. | 2. d. |
| 2. | l. | 0. | 2. s. | 3. d. |
| 3. | l. | 0. | 3. s. | 4. d. |
| 4. | l. | 0. | 4. s. | 5. d. |
| 5. | l. | 0. | 5. s. | 6. d. |
| 6. | l. | 0. | 6. s. | 7. d. |
| 7. | l. | 0. | 7. s. | 8. d. |
| 8. | l. | 0. | 8. s. | 9. d. |
| 9. | l. | 0. | 9. s. | 10. d. |
| 10. | l. | 0. | 10. s. | 11. d. |
| 15. | l. | 0. | 16. s. | 5. d. |
| 20. | l. | 1. | 1. s. | 10. d. |
| 25. | l. | 1. | 7. s. | 3. d. |
| 30. | l. | 1. | 12. s. | 9. d. |
| 35. | l. | 1. | 18. s. | 2. d. |
| 40. | l. | 2. | 3. s. | 8. d. |
| 45. | l. | 2. | 9. s. | 1. d. |
| 50. | l. | 2. | 14. s. | 6. d. |
| 55. | l. | 3. | 0. s. | 0. d. |
| 60. | l. | 3. | 5. s. | 5. d. |
| 65. | l. | 3. | 10. s. | 10. d. |
| 70. | l. | 3. | 16. s. | 3. d. |
| 75. | l. | 4. | 1. s. | 9. d. |
| 80. | l. | 4. | 7. s. | 2. d. |
| 85. | l. | 4. | 12. s. | 7. d. |
| 90. | l. | 4. | 18. s. | 1. d. |
| 95. | l. | 5. | 3. s. | 6. d. |
| 100. ou le Qu^al. | l. | 5. | 8. s. | 11. d. |
| 2. Quintaux. | l. | 10. | 17. s. | 10. d. |
| 3. Quintaux. | l. | 16. | 6. s. | 9. d. |
| 4. Quintaux. | l. | 21. | 15. s. | 8. d. |
| 5. | l. | 27. | 4. s. | 6. d. |
| 6. | l. | 32. | 13. s. | 5. d. |
| 7. | l. | 38. | 2. s. | 4. d. |
| 8. | l. | 43. | 11. s. | 3. d. |
| 9. | l. | 49. | 0. s. | 2. d. |
| 10. | l. | 54. | 9. s. | 0. d. |
| 11. | l. | 59. | 17. s. | 11. d. |
| 12. | l. | 65. | 6. s. | 10. d. |
| 13. | l. | 70. | 15. s. | 9. d. |
| 14. | l. | 76. | 4. s. | 8. d. |
| 15. | l. | 81. | 13. s. | 6. d. |
| 16. | l. | 87. | 2. s. | 5. d. |
| 17. | l. | 92. | 11. s. | 4. d. |
| 18. | l. | 98. | 0. s. | 3. d. |
| 19. | l. | 103. | 9. s. | 2. d. |
| 20. | l. | 108. | 18. s. | 0. d. |

## *Net sans emballage.*

Une livre payera un sol trois deniers.

| | | | | |
|---|---|---|---|---|
| niers. | l. | 0. | 1. s. | 3. d. |
| 2. | l. | 0. | 2. s. | 6. d. |
| 3. | l. | 0. | 3. s. | 9. d. |
| 4. | l. | 0. | 5. s. | 0. d. |
| 5. | l. | 0. | 6. s. | 3. d. |
| 6. | l. | 0. | 7. s. | 6. d. |
| 7. | l. | 0. | 8. s. | 9. d. |
| 8. | l. | 0. | 10. s. | 0. d. |
| 9. | l. | 0. | 11. s. | 3. d. |
| 10. | l. | 0. | 12. s. | 6. d. |
| 15. | l. | 0. | 18. s. | 8. d. |
| 20. | l. | 1. | 4. s. | 11. d. |
| 25. | l. | 1. | 11. s. | 2. d. |
| 30. | l. | 1. | 17. s. | 4. d. |
| 35. | l. | 2. | 3. s. | 7. d. |
| 40. | l. | 2. | 9. s. | 10. d. |
| 45. | l. | 2. | 16. s. | 0. d. |
| 50. | l. | 3. | 2. s. | 3. d. |
| 55. | l. | 3. | 8. s. | 6. d. |
| 60. | l. | 3. | 14. s. | 9. d. |
| 65. | l. | 4. | 1. s. | 0. d. |
| 70. | l. | 4. | 7. s. | 2. d. |
| 75. | l. | 4. | 13. s. | 5. d. |
| 80. | l. | 4. | 19. s. | 8. d. |
| 85. | l. | 5. | 5. s. | 10. d. |
| 90. | l. | 5. | 12. s. | 1. d. |
| 95. | l. | 5. | 18. s. | 4. d. |
| 100. ou le Qu^al. | l. | 6. | 4. s. | 6. d. |
| 2. Quintaux. | l. | 12. | 9. s. | 0. d. |
| 3. Quintaux. | l. | 18. | 13. s. | 6. d. |
| 4. Quintaux. | l. | 24. | 17. s. | 11. d. |
| 5. | l. | 31. | 2. s. | 5. d. |
| 6. | l. | 37. | 6. s. | 11. d. |
| 7. | l. | 43. | 11. s. | 4. d. |
| 8. | l. | 49. | 15. s. | 10. d. |
| 9. | l. | 56. | 5. s. | 0. d. |
| 10. | l. | 62. | 4. s. | 10. d. |
| 11. | l. | 68. | 9. s. | 4. d. |
| 12. | l. | 74. | 13. s. | 10. d. |
| 13. | l. | 80. | 18. s. | 4. d. |
| 14. | l. | 87. | 2. s. | 9. d. |
| 15. | l. | 93. | 7. s. | 3. d. |
| 16. | l. | 99. | 11. s. | 9. d. |
| 17. | l. | 105. | 16. s. | 2. d. |
| 18. | l. | 112. | 0. s. | 9. d. |
| 19. | l. | 118. | 5. s. | 2. d. |
| 20. | l. | 124. | 9. s. | 8. d. |

# SECOND ARTICLE.

## *Drogues, &c.*

COTON filé & en laine ou autre façon, Alun, Tabac, Couperouse, Garance, Bresil, Bois-d'Inde, Sucre, Cassonnade, Epiceries & autres Drogueries de toutes sortes, Vaches de Roussis, Marroquin de Levant, Tapis de Turquie, & autres Marchandises de même valeur, Eau-Naffe, Filouzelle, Couquons, Estrasse & Etoupe de Soye, Poil de Chevre de Levant, Chemisettes picquées & Vanes hors de Soye, Cuir doré, Terre melite, Figures de Marbre & Alebastre, Gales Romaines, Confitures de toutes sortes, Sirops communs, Sorbé, Regalisse, Eponges, Eau de vie composée, Terebantine de Venise & Benjoin, Huile d'Aspic, Huile de Laurier & Huile de Romarin, Toile de Coton bleüe commune, hors la Monseline fine, qui s'acquitte au premier Article, Fleurs de Roses & de Violettes seches, Miroirs communs, Cire d'Espagne, Granettes, Chapeaux de Vigogne, Saffranon, Terre d'Ombre, Crême de Tartre & Tapisserie de Bergame, Cendre gravelée & Verres de Venise.

# SECOND ARTICLE.

| *Brut & emballé.* | | *Net ſans emballage.* | |
|---|---|---|---|
| Une livre payera ſept deniers. | | Une livre payera huit deniers. | |
| 1. . . . . . . l. | 0. 0. ſ. 7. d. | 1. . . . . . . l. | 0. 0. ſ. 8. d. |
| 2. . . . . . . l. | 0. 1. ſ. 2. d. | 2. . . . . . . l. | 0. 1. ſ. 3. d. |
| 3. . . . . . . l. | 0. 1. ſ. 8. d. | 3. . . . . . . l. | 0. 1. ſ. 11. d. |
| 4. . . . . . . l. | 0. 2. ſ. 3. d. | 4. . . . . . . l. | 0. 2. ſ. 3. d. |
| 5. . . . . . . l. | 0. 2. ſ. 9. d. | 5. . . . . . . l. | 0. 3. ſ. 0. d. |
| 6. . . . . . . l. | 0. 3. ſ. 4. d. | 6. . . . . . . l. | 0. 3. ſ. 10. d. |
| 7. . . . . . . l. | 0. 3. ſ. 10. d. | 7. . . . . . . l. | 0. 4. ſ. 5. d. |
| 8. . . . . . . l. | 0. 4. ſ. 5. d. | 8. . . . . . . l. | 0. 5. ſ. 0. d. |
| 9. . . . . . . l. | 0. 4. ſ. 11. d. | 9. . . . . . . l. | 0. 5. ſ. 8. d. |
| 10. . . . . . . l. | 0. 5. ſ. 6. d. | 10. . . . . . . l. | 0. 6. ſ. 3. d. |
| 15. . . . . . . l. | 0. 8. ſ. 3. d. | 15. . . . . . . l. | 0. 9. ſ. 5. d. |
| 20. . . . . . . l. | 0. 11. ſ. 0. d. | 20. . . . . . . l. | 0. 12. ſ. 6. d. |
| 25. . . . . . . l. | 0. 13. ſ. 8. d. | 25. . . . . . . l. | 0. 15. ſ. 7. d. |
| 30. . . . . . . l. | 0. 16. ſ. 5. d. | 30. . . . . . . l. | 0. 18. ſ. 9. d. |
| 35. . . . . . . l. | 0. 19. ſ. 1. d. | 35. . . . . . . l. | 1. 1. ſ. 10. d. |
| 40. . . . . . . l. | 1. 1. ſ. 10. d. | 40. . . . . . . l. | 1. 4. ſ. 11. d. |
| 45. . . . . . . l. | 1. 4. ſ. 7. d. | 45. . . . . . . l. | 1. 8. ſ. 1. d. |
| 50. . . . . . . l. | 1. 7. ſ. 3. d. | 50. . . . . . . l. | 1. 11. ſ. 2. d. |
| 55. . . . . . . l. | 1. 10. ſ. 0. d. | 55. . . . . . . l. | 1. 14. ſ. 3. d. |
| 60. . . . . . . l. | 1. 12. ſ. 9. d. | 60. . . . . . . l. | 1. 17. ſ. 5. d. |
| 65. . . . . . . l. | 1. 15. ſ. 6. d. | 65. . . . . . . l. | 2. 0. ſ. 6. d. |
| 70. . . . . . . l. | 1. 18. ſ. 2. d. | 70. . . . . . . l. | 2. 3. ſ. 7. d. |
| 75. . . . . . . l. | 2. 0. ſ. 11. d. | 75. . . . . . . l. | 2. 6. ſ. 9. d. |
| 80. . . . . . . l. | 2. 3. ſ. 8. d. | 80. . . . . . . l. | 2. 9. ſ. 10. d. |
| 85. . . . . . . l. | 2. 6. ſ. 4. d. | 85. . . . . . . l. | 2. 12. ſ. 11. d. |
| 90. . . . . . . l. | 2. 9. ſ. 1. d. | 90. . . . . . . l. | 2. 16. ſ. 1. d. |
| 95. . . . . . . l. | 2. 11. ſ. 10. d. | 95. . . . . . . l. | 2. 19. ſ. 2. d. |
| 100. ou le Qu^al. l. | 2. 14. ſ. 6. d. | 100. ou le Qu^al. l. | 3. 2. ſ. 5. d. |
| 2. Quintaux. l. | 5. 8. ſ. 11. d. | 2. Quintaux. l. | 6. 4. ſ. 10. d. |
| 3. Quintaux. l. | 8. 3. ſ. 5. d. | 3. Quintaux. l. | 9. 7. ſ. 2. d. |
| 4. Quintaux. l. | 10. 17. ſ. 10. d. | 4. Quintaux. l. | 12. 9. ſ. 7. d. |
| 5. . . . . . . l. | 13. 12. ſ. 3. d. | 5. . . . . . . l. | 15. 12. ſ. 0. d. |
| 6. . . . . . . l. | 16. 6. ſ. 9. d. | 6. . . . . . . l. | 18. 14. ſ. 5. d. |
| 7. . . . . . . l. | 19. 1. ſ. 2. d. | 7. . . . . . . l. | 21. 16. ſ. 10. d. |
| 8. . . . . . . l. | 21. 15. ſ. 8. d. | 8. . . . . . . l. | 24. 19. ſ. 3. d. |
| 9. . . . . . . l. | 24. 10. ſ. 1. d. | 9. . . . . . . l. | 28. 1. ſ. 8. d. |
| 10. . . . . . . l. | 27. 4. ſ. 6. d. | 10. . . . . . . l. | 31. 4. ſ. 0. d. |
| 11. . . . . . . l. | 29. 19. ſ. 0. d. | 11. . . . . . . l. | 34. 6. ſ. 5. d. |
| 12. . . . . . . l. | 32. 13. ſ. 5. d. | 12. . . . . . . l. | 37. 8. ſ. 10. d. |
| 13. . . . . . . l. | 35. 7. ſ. 11. d. | 13. . . . . . . l. | 40. 11. ſ. 2. d. |
| 14. . . . . . . l. | 38. 2. ſ. 4. d. | 14. . . . . . . l. | 43. 13. ſ. 8. d. |
| 15. . . . . . . l. | 40. 16. ſ. 9. d. | 15. . . . . . . l. | 46. 16. ſ. 0. d. |
| 16. . . . . . . l. | 43. 11. ſ. 3. d. | 16. . . . . . . l. | 49. 18. ſ. 5. d. |
| 17. . . . . . . l. | 46. 5. ſ. 8. d. | 17. . . . . . . l. | 53. 1. ſ. 10. d. |
| 18. . . . . . . l. | 49. 0. ſ. 2. d. | 18. . . . . . . l. | 56. 4. ſ. 3. d. |
| 19. . . . . . . l. | 51. 14. ſ. 7. d. | 19. . . . . . . l. | 59. 6. ſ. 8. d. |
| 20. . . . . . . l. | 54. 9. ſ. 7. d. | 20. . . . . . . l. | 62. 9. ſ. 0. d. |

# TROISIEME ARTICLE.

*Draps, Laines, &c.*

DRAPS de Païs de toutes sortes, Cadits, Revêches, Laines, Agnis lavez ou non, Couvertes, Verdets, Graines de Jardin de toutes sortes, Cires, tant blanches que jaunes, Gans de Païs communs, Pelleterie sauvagine, tant cruë qu'habillée, Bazanes, Marroquins de Païs, Peaux de Veaux & Moutons, Brebis & Chevres habillées ou non, Chapeaux de laine, Tapisseries de laine, Bonneterie, & toute Marchandise de Laine & de Peaux, Semence de Marjolaine, Camelots d'Amien & de l'Isle, Raze de Chartres & Chalon, Bas de laine, Arcanette, Graine de Luzerne.

# TROISIE'ME ARTICLE.

| *Brut & emballé.* | | *Net ſans emballage.* | |
|---|---|---|---|
| Une livre payera cinq deniers. | | Une livre payera ſix deniers. | |
| 1. . . . . . . l. | 0. 0. ſ. 5. d. | 1. . . . . . . l. | 0. 0. ſ. 6. d. |
| 2. . . . . . . l. | 0. 0. ſ. 10. d. | 2. . . . . . . l. | 0. 1. ſ. 0. d. |
| 3. . . . . . . l. | 0. 1. ſ. 3. d. | 3. . . . . . . l. | 0. 1. ſ. 5. d. |
| 4. . . . . . . l. | 0. 1. ſ. 8. d. | 4. . . . . . . l. | 0. 1. ſ. 11. d. |
| 5. . . . . . . l. | 0. 2. ſ. 1. d. | 5. . . . . . . l. | 0. 2. ſ. 4. d. |
| 6. . . . . . . l. | 0. 2. ſ. 6. d. | 6. . . . . . . l. | 0. 2. ſ. 10. d. |
| 7. . . . . . . l. | 0. 2. ſ. 11. d. | 7. . . . . . . l. | 0. 3. ſ. 3. d. |
| 8. . . . . . . l. | 0. 3. ſ. 4. d. | 8. . . . . . . l. | 0. 3. ſ. 9. d. |
| 9. . . . . . . l. | 0. 3. ſ. 9. d. | 9. . . . . . . l. | 0. 4. ſ. 3. d. |
| 10. . . . . . . l. | 0. 4. ſ. 2. d. | 10. . . . . . . l. | 0. 4. ſ. 8. d. |
| 15. . . . . . . l. | 0. 6. ſ. 2. d. | 15. . . . . . . l. | 0. 7. ſ. 0. d. |
| 20. . . . . . . l. | 0. 8. ſ. 3. d. | 20. . . . . . . l. | 0. 9. ſ. 4. d. |
| 25. . . . . . . l. | 0. 10. ſ. 3. d. | 25. . . . . . . l. | 0. 11. ſ. 8. d. |
| 30. . . . . . . l. | 0. 12. ſ. 4. d. | 30. . . . . . . l. | 0. 14. ſ. 0. d. |
| 35. . . . . . . l. | 0. 14. ſ. 4. d. | 35. . . . . . . l. | 0. 16. ſ. 4. d. |
| 40. . . . . . . l. | 0. 16. ſ. 5. d. | 40. . . . . . . l. | 0. 18. ſ. 8. d. |
| 45. . . . . . . l. | 0. 18. ſ. 5. d. | 45. . . . . . . l. | 1. 1. ſ. 0. d. |
| 50. . . . . . . l. | 1. 0. ſ. 6. d. | 50. . . . . . . l. | 1. 3. ſ. 3. d. |
| 55. . . . . . . l. | 1. 2. ſ. 7. d. | 55. . . . . . . l. | 1. 5. ſ. 7. d. |
| 60. . . . . . . l. | 1. 4. ſ. 7. d. | 60. . . . . . . l. | 1. 7. ſ. 11. d. |
| 65. . . . . . . l. | 1. 6. ſ. 8. d. | 65. . . . . . . l. | 1. 10. ſ. 3. d. |
| 70. . . . . . . l. | 1. 8. ſ. 8. d. | 70. . . . . . . l. | 1. 12. ſ. 7. d. |
| 75. . . . . . . l. | 1. 10. ſ. 8. d. | 75. . . . . . . l. | 1. 14. ſ. 11. d. |
| 80. . . . . . . l. | 1. 12. ſ. 9. d. | 80. . . . . . . l. | 1. 17. ſ. 3. d. |
| 85. . . . . . . l. | 1. 14. ſ. 10. d. | 85. . . . . . . l. | 1. 19. ſ. 7. d. |
| 90. . . . . . . l. | 1. 16. ſ. 10. d. | 90. . . . . . . l. | 2. 1. ſ. 11. d. |
| 95. . . . . . . l. | 1. 18. ſ. 11. d. | 95. . . . . . . l. | 2. 4. ſ. 3. d. |
| 100. ou le Qu[al]. l. | 2. 0. ſ. 11. d. | 100. ou le Qu[al]. l. | 2. 6. ſ. 7. d. |
| 2. Quintaux. l. | 4. 1. ſ. 9. d. | 2. Quintaux. l. | 4. 13. ſ. 2. d. |
| 3. Quintaux. l. | 6. 2. ſ. 8. d. | 3. Quintaux. l. | 6. 19. ſ. 9. d. |
| 4. Quintaux. l. | 8. 3. ſ. 7. d. | 4. Quintaux. l. | 9. 6. ſ. 4. d. |
| 5. . . . . . . l. | 10. 4. ſ. 5. d. | 5. . . . . . . l. | 11. 12. ſ. 10. d. |
| 6. . . . . . . l. | 12. 5. ſ. 4. d. | 6. . . . . . . l. | 13. 19. ſ. 5. d. |
| 7. . . . . . . l. | 14. 6. ſ. 2. d. | 7. . . . . . . l. | 16. 6. ſ. 0. d. |
| 8. . . . . . . l. | 16. 7. ſ. 1. d. | 8. . . . . . . l. | 18. 12. ſ. 7. d. |
| 9. . . . . . . l. | 18. 8. ſ. 0. d. | 9. . . . . . . l. | 20. 19. ſ. 3. d. |
| 10. . . . . . . l. | 20. 8. ſ. 10. d. | 10. . . . . . . l. | 23. 5. ſ. 8. d. |
| 11. . . . . . . l. | 22. 9. ſ. 9. d. | 11. . . . . . . l. | 25. 12. ſ. 3. d. |
| 12. . . . . . . l. | 24. 10. ſ. 8. d. | 12. . . . . . . l. | 27. 18. ſ. 10. d. |
| 13. . . . . . . l. | 26. 11. ſ. 6. d. | 13. . . . . . . l. | 30. 5. ſ. 5. d. |
| 14. . . . . . . l. | 28. 12. ſ. 4. d. | 14. . . . . . . l. | 32. 12. ſ. 0. d. |
| 15. . . . . . . l. | 30. 13. ſ. 3. d. | 15. . . . . . . l. | 34. 18. ſ. 6. d. |
| 16. . . . . . . l. | 32. 14. ſ. 2. d. | 16. . . . . . . l. | 37. 5. ſ. 1. d. |
| 17. . . . . . . l. | 34. 15. ſ. 1. d. | 17. . . . . . . l. | 39. 11. ſ. 8. d. |
| 18. . . . . . . l. | 36. 15. ſ. 11. d. | 18. . . . . . . l. | 41. 18. ſ. 3. d. |
| 19. . . . . . . l. | 38. 16. ſ. 10. d. | 19. . . . . . . l. | 44. 4. ſ. 10. d. |
| 20. . . . . . . l. | 40. 17. ſ. 8. d. | 20. . . . . . . l. | 46. 11. ſ. 4. d. |

# QUATRIEME ARTICLE.

*Merceries, &c.*

FUSTAINES, Toiles de toutes sortes, hors celles de Coton & de Soye, tant blanches qu'autres, Boucassins, Treillis, Fil de toutes sortes, Epingles & Etuis, menuë Quinquaillerie & Mercerie, comme Ecritoires, Plumes à écrire, Baleines, Eguilles, Eguillettes de fil, Cordelles, Chapelets communs, Chevillieres, Souflets, Liettes, Coffres garnis de Peaux, Peignes de corne, de Boüis & autre façon, Sonnettes, Epoussettes, Plumes de Coître, Bouteilles à mettre Eau de senteur : Et pour la menuë Quinquaille se doit entendre, comme Coûteaux de toutes sortes, Ciseaux de toutes sortes, Eperons, Gardes d'Epées, Pistolets, Fusils montez & Platines, Mors de Bride, Bourcettes, Cadres de Miroirs de Bois, & autres Merceries, Dantelles communes & Lin.

argent faux
filé, Chapeaux
de paille,
Caracteres d'Imprimerie
figures en platre
Jettons de Nacre, soufflets, fourchettes, Souliers
verre fine d'amoulettier, terraille de Rome
tablettes platre, terres fayance, [illegible]
marseille.

# QUATRIE'ME ARTICLE.

## *Brut & emballé.*

Une livre payera cinq deniers.

| | | |
|---|---|---|
| 1. . . . . . . . | l. | 0. 0. ſ. 5. d. |
| 2. . . . . . . . | l. | 0. 0. ſ. 9. d. |
| 3. . . . . . . . | l. | 0. 1. ſ. 3. d. |
| 4. . . . . . . . | l. | 0. 1. ſ. 6. d. |
| 5. . . . . . . . | l. | 0. 1. ſ. 10. d. |
| 6. . . . . . . . | l. | 0. 2. ſ. 3. d. |
| 7. . . . . . . . | l. | 0. 2. ſ. 7. d. |
| 8. . . . . . . . | l. | 0. 2. ſ. 11. d. |
| 9. . . . . . . . | l. | 0. 3. ſ. 4. d. |
| 10. . . . . . . . | l. | 0. 3. ſ. 8. d. |
| 15. . . . . . . . | l. | 0. 5. ſ. 6. d. |
| 20. . . . . . . . | l. | 0. 7. ſ. 4. d. |
| 25. . . . . . . . | l. | 0. 9. ſ. 2. d. |
| 30. . . . . . . . | l. | 0. 10. ſ. 11. d. |
| 35. . . . . . . . | l. | 0. 12. ſ. 9. d. |
| 40. . . . . . . . | l. | 0. 14. ſ. 7. d. |
| 45. . . . . . . . | l. | 0. 16. ſ. 5. d. |
| 50. . . . . . . . | l. | 0. 18. ſ. 2. d. |
| 55. . . . . . . . | l. | 1. 0. ſ. 0. d. |
| 60. . . . . . . . | l. | 1. 1. ſ. 10. d. |
| 65. . . . . . . . | l. | 1. 3. ſ. 8. d. |
| 70. . . . . . . . | l. | 1. 5. ſ. 6. d. |
| 75. . . . . . . . | l. | 1. 7. ſ. 3. d. |
| 80. . . . . . . . | l. | 1. 9. ſ. 1. d. |
| 85. . . . . . . . | l. | 1. 10. ſ. 11. d. |
| 90. . . . . . . . | l. | 1. 12. ſ. 9. d. |
| 95. . . . . . . . | l. | 1. 14. ſ. 7. d. |
| 100. ou le Qu^al. | l. | 1. 16. ſ. 4. d. |
| 2. Quintaux. | l. | 3. 12. ſ. 8. d. |
| 3. Quintaux. | l. | 5. 8. ſ. 11. d. |
| 4. Quintaux. | l. | 7. 5. ſ. 3. d. |
| 5. . . . . . . . | l. | 9. 1. ſ. 6. d. |
| 6. . . . . . . . | l. | 10. 17. ſ. 10. d. |
| 7. . . . . . . . | l. | 12. 14. ſ. 2. d. |
| 8. . . . . . . . | l. | 14. 10. ſ. 5. d. |
| 9. . . . . . . . | l. | 16. 6. ſ. 9. d. |
| 10. . . . . . . . | l. | 18. 3. ſ. 0. d. |
| 11. . . . . . . . | l. | 19. 19. ſ. 4. d. |
| 12. . . . . . . . | l. | 21. 15. ſ. 8. d. |
| 13. . . . . . . . | l. | 23. 11. ſ. 11. d. |
| 14. . . . . . . . | l. | 25. 8. ſ. 3. d. |
| 15. . . . . . . . | l. | 27. 4. ſ. 6. d. |
| 16. . . . . . . . | l. | 29. 0. ſ. 10. d. |
| 17. . . . . . . . | l. | 30. 17. ſ. 2. d. |
| 18. . . . . . . . | l. | 32. 13. ſ. 5. d. |
| 19. . . . . . . . | l. | 34. 9. ſ. 9. d. |
| 20. . . . . . . . | l. | 36. 6. ſ. 0. d. |

## *Net ſans emballage.*

Une livre payera cinq deniers.

| | | |
|---|---|---|
| 1. . . . . . . . | l. | 0. 0. ſ. 5. d. |
| 2. . . . . . . . | l. | 0. 0. ſ. 10. d. |
| 3. . . . . . . . | l. | 0. 1. ſ. 3. d. |
| 4. . . . . . . . | l. | 0. 1. ſ. 8. d. |
| 5. . . . . . . . | l. | 0. 2. ſ. 1. d. |
| 6. . . . . . . . | l. | 0. 2. ſ. 6. d. |
| 7. . . . . . . . | l. | 0. 2. ſ. 11. d. |
| 8. . . . . . . . | l. | 0. 3. ſ. 4. d. |
| 9. . . . . . . . | l. | 0. 3. ſ. 9. d. |
| 10. . . . . . . . | l. | 0. 4. ſ. 2. d. |
| 15. . . . . . . . | l. | 0. 6. ſ. 3. d. |
| 20. . . . . . . . | l. | 0. 8. ſ. 4. d. |
| 25. . . . . . . . | l. | 0. 10. ſ. 5. d. |
| 30. . . . . . . . | l. | 0. 12. ſ. 6. d. |
| 35. . . . . . . . | l. | 0. 14. ſ. 7. d. |
| 40. . . . . . . . | l. | 0. 16. ſ. 8. d. |
| 45. . . . . . . . | l. | 0. 18. ſ. 9. d. |
| 50. . . . . . . . | l. | 1. 0. ſ. 9. d. |
| 55. . . . . . . . | l. | 1. 2. ſ. 10. d. |
| 60. . . . . . . . | l. | 1. 4. ſ. 11. d. |
| 65. . . . . . . . | l. | 1. 7. ſ. 0. d. |
| 70. . . . . . . . | l. | 1. 9. ſ. 1. d. |
| 75. . . . . . . . | l. | 1. 11. ſ. 2. d. |
| 80. . . . . . . . | l. | 1. 13. ſ. 3. d. |
| 85. . . . . . . . | l. | 1. 15. ſ. 4. d. |
| 90. . . . . . . . | l. | 1. 17. ſ. 5. d. |
| 95. . . . . . . . | l. | 1. 19. ſ. 6. d. |
| 100. ou le Qu^al. | l. | 2. 1. ſ. 6. d. |
| 2. Quintaux. | l. | 4. 2. ſ. 11. d. |
| 3. Quintaux. | l. | 6. 4. ſ. 4. d. |
| 4. Quintaux. | l. | 8. 5. ſ. 9. d. |
| 5. . . . . . . . | l. | 10. 7. ſ. 2. d. |
| 6. . . . . . . . | l. | 12. 8. ſ. 8. d. |
| 7. . . . . . . . | l. | 14. 10. ſ. 1. d. |
| 8. . . . . . . . | l. | 16. 11. ſ. 6. d. |
| 9. . . . . . . . | l. | 18. 12. ſ. 11. d. |
| 10. . . . . . . . | l. | 20. 14. ſ. 4. d. |
| 11. . . . . . . . | l. | 22. 15. ſ. 10. d. |
| 12. . . . . . . . | l. | 24. 17. ſ. 3. d. |
| 13. . . . . . . . | l. | 26. 18. ſ. 8. d. |
| 14. . . . . . . . | l. | 29. 0. ſ. 1. d. |
| 15. . . . . . . . | l. | 31. 1. ſ. 6. d. |
| 16. . . . . . . . | l. | 33. 3. ſ. 0. d. |
| 17. . . . . . . . | l. | 35. 4. ſ. 5. d. |
| 18. . . . . . . . | l. | 37. 5. ſ. 10. d. |
| 19. . . . . . . . | l. | 39. 7. ſ. 3. d. |
| 20. . . . . . . . | l. | 41. 8. ſ. 8. d. |

# CINQUIÉME ARTICLE.

*Chanvre, &c.*

ETOUPES, Fil d'Etoupes, Chanvres, Cordes, Sangles, Livres, Papiers, Parchemins, Cartes, Cartons, Images de Papier.

# CINQUIE'ME ARTICLE.

## *Brut & emballé.*

Une livre payera quatre deniers.

| Poids | | Droits |
|---|---|---|
| 1. . . . . . . | l. | 0. 0. ſ. 4. d. |
| 2. . . . . . . | l. | 0. 0. ſ. 7. d. |
| 3. . . . . . . | l. | 0. 0. ſ. 10. d. |
| 4. . . . . . . | l. | 0. 1. ſ. 1. d. |
| 5. . . . . . . | l. | 0. 1. ſ. 5. d. |
| 6. . . . . . . | l. | 0. 1. ſ. 8. d. |
| 7. . . . . . . | l. | 0. 1. ſ. 11. d. |
| 8. . . . . . . | l. | 0. 2. ſ. 3. d. |
| 9. . . . . . . | l. | 0. 2. ſ. 6. d. |
| 10. . . . . . . | l. | 0. 2. ſ. 9. d. |
| 15. . . . . . . | l. | 0. 4. ſ. 2. d. |
| 20. . . . . . . | l. | 0. 5. ſ. 6. d. |
| 25. . . . . . . | l. | 0. 6. ſ. 10. d. |
| 30. . . . . . . | l. | 0. 8. ſ. 3. d. |
| 35. . . . . . . | l. | 0. 9. ſ. 7. d. |
| 40. . . . . . . | l. | 0. 10. ſ. 11. d. |
| 45. . . . . . . | l. | 0. 12. ſ. 3. d. |
| 50. . . . . . . | l. | 0. 13. ſ. 8. d. |
| 55. . . . . . . | l. | 0. 15. ſ. 1. d. |
| 60. . . . . . . | l. | 0. 16. ſ. 5. d. |
| 65. . . . . . . | l. | 0. 17. ſ. 9. d. |
| 70. . . . . . . | l. | 0. 19. ſ. 1. d. |
| 75. . . . . . . | l. | 1. 0. ſ. 6. d. |
| 80. . . . . . . | l. | 1. 1. ſ. 11. d. |
| 85. . . . . . . | l. | 1. 3. ſ. 3. d. |
| 90. . . . . . . | l. | 1. 4. ſ. 7. d. |
| 95. . . . . . . | l. | 1. 5. ſ. 11. d. |
| 100. ou le Qual. | l. | 1. 7. ſ. 3. d. |
| 2. Quintaux. | l. | 2. 14. ſ. 6. d. |
| 3. Quintaux. | l. | 4. 1. ſ. 8. d. |
| 4. Quintaux. | l. | 5. 8. ſ. 11. d. |
| 5. . . . . . . | l. | 6. 16. ſ. 2. d. |
| 6. . . . . . . | l. | 8. 3. ſ. 5. d. |
| 7. . . . . . . | l. | 9. 10. ſ. 7. d. |
| 8. . . . . . . | l. | 10. 17. ſ. 10. d. |
| 9. . . . . . . | l. | 12. 5. ſ. 1. d. |
| 10. . . . . . . | l. | 13. 12. ſ. 3. d. |
| 11. . . . . . . | l. | 14. 19. ſ. 6. d. |
| 12. . . . . . . | l. | 16. 6. ſ. 9. d. |
| 13. . . . . . . | l. | 17. 13. ſ. 11. d. |
| 14. . . . . . . | l. | 19. 1. ſ. 2. d. |
| 15. . . . . . . | l. | 20. 8. ſ. 5. d. |
| 16. . . . . . . | l. | 21. 15. ſ. 8. d. |
| 17. . . . . . . | l. | 23. 2. ſ. 10. d. |
| 18. . . . . . . | l. | 24. 10. ſ. 1. d. |
| 19. . . . . . . | l. | 25. 17. ſ. 3. d. |
| 20. . . . . . . | l. | 27. 4. ſ. 6. d. |

## *Net ſans emballage.*

Une livre payera quatre deniers.

| Poids | | Droits |
|---|---|---|
| 1. . . . . . . | l. | 0. 0. ſ. 4. d. |
| 2. . . . . . . | l. | 0. 0. ſ. 8. d. |
| 3. . . . . . . | l. | 0. 1. ſ. 0. d. |
| 4. . . . . . . | l. | 0. 1. ſ. 4. d. |
| 5. . . . . . . | l. | 0. 1. ſ. 8. d. |
| 6. . . . . . . | l. | 0. 2. ſ. 0. d. |
| 7. . . . . . . | l. | 0. 2. ſ. 4. d. |
| 8. . . . . . . | l. | 0. 2. ſ. 8. d. |
| 9. . . . . . . | l. | 0. 3. ſ. 0. d. |
| 10. . . . . . . | l. | 0. 3. ſ. 3. d. |
| 15. . . . . . . | l. | 0. 4. ſ. 11. d. |
| 20. . . . . . . | l. | 0. 6. ſ. 6. d. |
| 25. . . . . . . | l. | 0. 8. ſ. 2. d. |
| 30. . . . . . . | l. | 0. 9. ſ. 9. d. |
| 35. . . . . . . | l. | 0. 11. ſ. 5. d. |
| 40. . . . . . . | l. | 0. 13. ſ. 0. d. |
| 45. . . . . . . | l. | 0. 14. ſ. 8. d. |
| 50. . . . . . . | l. | 0. 16. ſ. 3. d. |
| 55. . . . . . . | l. | 0. 17. ſ. 11. d. |
| 60. . . . . . . | l. | 0. 19. ſ. 6. d. |
| 65. . . . . . . | l. | 1. 1. ſ. 2. d. |
| 70. . . . . . . | l. | 1. 2. ſ. 9. d. |
| 75. . . . . . . | l. | 1. 4. ſ. 5. d. |
| 80. . . . . . . | l. | 1. 6. ſ. 0. d. |
| 85. . . . . . . | l. | 1. 7. ſ. 8. d. |
| 90. . . . . . . | l. | 1. 9. ſ. 3. d. |
| 95. . . . . . . | l. | 1. 10. ſ. 11. d. |
| 100. ou le Qua. | l. | 1 12. ſ. 6. d. |
| 2. Quintaux. | l. | 3. 4. ſ. 10. d. |
| 3. Quintaux. | l. | 4. 17. ſ. 5. d. |
| 4. Quintaux. | l. | 6. 9. ſ. 10. d. |
| 5. . . . . . . | l. | 8. 2. ſ. 3. d. |
| 6. . . . . . . | l. | 9. 14. ſ. 9. d. |
| 7. . . . . . . | l. | 11. 7. ſ. 2. d. |
| 8. . . . . . . | l. | 12. 19. ſ. 8. d. |
| 9. . . . . . . | l. | 14. 12. ſ. 1. d. |
| 10. . . . . . . | l. | 16. 4. ſ. 6. d. |
| 11. . . . . . . | l. | 17. 17. ſ. 0. d. |
| 12. . . . . . . | l. | 19. 9. ſ. 5. d. |
| 13. . . . . . . | l. | 21. 1. ſ. 11. d. |
| 14. . . . . . . | l. | 22. 14. ſ. 4. d. |
| 15. . . . . . . | l. | 24. 6. ſ. 9. d. |
| 16. . . . . . . | l. | 25. 19. ſ. 3. d. |
| 17. . . . . . . | l. | 27. 11. ſ. 8. d. |
| 18. . . . . . . | l. | 29. 4. ſ. 2. d. |
| 19. . . . . . . | l. | 30. 16. ſ. 7. d. |
| 20. . . . . . . | l. | 32. 9. ſ. 0. d. |

# SIXIE'ME ARTICLE.

## *Fruits , &c.*

SAVONS, Miel, Poix blanche & noire, Poix raiſines, Graiſſes, Suif, Chandelles, Beurre, Fromage, Poiſſons frais & ſalé de toutes ſortes, Galles & Goume de Païs, Orſelle, Bol, Colle-forte, Amandres, Avelanes, Raiſins, Huile d'Olive, de Noix & de Poiſſon, Capris, Huile de Cade, Pignons, Olives, Oranges, Citrons, Jujubes, Grenades, Prunes, Paſtel, Soulfre, Salpêtre, Ris, Noix mondées, Dates, Viande de Paſte, Perilles, Truffes noires, Amidon, Perdrix, Volaille, Gibier, Artichaux, Aſperges.

# SIXIE'ME ARTICLE.

| *Brut & emballé.* | | *Net ſans emballage.* | |
|---|---|---|---|
| Une livre payera trois deniers. | | Une livre payera trois deniers. | |
| 1. . . . . . . l. | 0. 0. ſ. 3. d. | 1. . . . . . . l. | 0. 0. ſ. 3. d. |
| 2. . . . . . . l. | 0. 0. ſ. 5. d. | 2. . . . . . . l. | 0. 0. ſ. 5. d. |
| 3. . . . . . . l. | 0. 0. ſ. 7. d. | 3. . . . . . . l. | 0. 0. ſ. 8. d. |
| 4. . . . . . . l. | 0. 0. ſ. 9. d. | 4. . . . . . . l. | 0. 0. ſ. 10. d. |
| 5. . . . . . . l. | 0. 0. ſ. 11. d. | 5. . . . . . . l. | 0. 1. ſ. 1. d. |
| 6. . . . . . . l. | 0. 1. ſ. 2. d. | 6. . . . . . . l. | 0. 1. ſ. 3. d. |
| 7. . . . . . . l. | 0. 1. ſ. 4. d. | 7. . . . . . . l. | 0. 1. ſ. 6. d. |
| 8. . . . . . . l. | 0. 1. ſ. 6. d. | 8. . . . . . . l. | 0. 1. ſ. 8. d. |
| 9. . . . . . . l. | 0. 1. ſ. 8. d. | 9. . . . . . . l. | 0. 1. ſ. 11. d. |
| 10. . . . . . . l. | 0. 1. ſ. 10. d. | 10. . . . . . . l. | 0. 2. ſ. 1. d. |
| 15. . . . . . . l. | 0. 2. ſ. 9. d. | 15. . . . . . . l. | 0. 3. ſ. 2. d. |
| 20. . . . . . . l. | 0. 3. ſ. 8. d. | 20. . . . . . . l. | 0. 4. ſ. 2. d. |
| 25. . . . . . . l. | 0. 4. ſ. 7. d. | 25. . . . . . . l. | 0. 5. ſ. 3. d. |
| 30. . . . . . . l. | 0. 5. ſ. 6. d. | 30. . . . . . . l. | 0. 6. ſ. 3. d. |
| 35. . . . . . . l. | 0. 6. ſ. 5. d. | 35. . . . . . . l. | 0. 7. ſ. 4. d. |
| 40. . . . . . . l. | 0. 7. ſ. 4. d. | 40. . . . . . . l. | 0. 8. ſ. 4. d. |
| 45. . . . . . . l. | 0. 8. ſ. 3. d. | 45. . . . . . . l. | 0. 9. ſ. 5. d. |
| 50. . . . . . . l. | 0. 9. ſ. 1. d. | 50. . . . . . . l. | 0. 10. ſ. 5. d. |
| 55. . . . . . . l. | 0. 10. ſ. 0. d. | 55. . . . . . . l. | 0. 11. ſ. 5. d. |
| 60. . . . . . . l. | 0. 10. ſ. 11. d. | 60. . . . . . . l. | 0. 12. ſ. 6. d. |
| 65. . . . . . . l. | 0. 11. ſ. 10. d. | 65. . . . . . . l. | 0. 13. ſ. 6. d. |
| 70. . . . . . . l. | 0. 12. ſ. 9. d. | 70. . . . . . . l. | 0. 14. ſ. 7. d. |
| 75. . . . . . . l. | 0. 13. ſ. 8. d. | 75. . . . . . . l. | 0. 15. ſ. 8. d. |
| 80. . . . . . . l. | 0. 14. ſ. 7. d. | 80. . . . . . . l. | 0. 16. ſ. 8. d. |
| 85. . . . . . . l. | 0. 15. ſ. 6. d. | 85. . . . . . . l. | 0. 17. ſ. 8. d. |
| 90. . . . . . . l. | 0. 16. ſ. 5. d. | 90. . . . . . . l. | 0. 18. ſ. 9. d. |
| 95. . . . . . . l. | 0. 17. ſ. 4. d. | 95. . . . . . . l. | 0. 19. ſ. 9. d. |
| 100. ou le Qu[al]. l. | 0. 18. ſ. 2. d. | 100. ou le Qu[al]. l. | 1. 0. ſ. 9. d. |
| 2. Quintaux. l. | 1. 16. ſ. 4. d. | 2. Quintaux. l. | 2. 1. ſ. 6. d. |
| 3. Quintaux. l. | 2. 14. ſ. 6. d. | 3. Quintaux. l. | 3. 2. ſ. 2. d. |
| 4. Quintaux. l. | 3. 12. ſ. 8. d. | 4. Quintaux. l. | 4. 2. ſ. 10. d. |
| 5. . . . . . . l. | 4. 10. ſ. 9. d. | 5. . . . . . . l. | 5. 3. ſ. 7. d. |
| 6. . . . . . . l. | 5. 8. ſ. 11. d. | 6. . . . . . . l. | 6. 4. ſ. 4. d. |
| 7. . . . . . . l. | 6. 7. ſ. 1. d. | 7. . . . . . . l. | 7. 5. ſ. 1. d. |
| 8. . . . . . . l. | 7. 5. ſ. 3. d. | 8. . . . . . . l. | 8. 5. ſ. 9. d. |
| 9. . . . . . . l. | 8. 3. ſ. 5. d. | 9. . . . . . . l. | 9. 6. ſ. 6. d. |
| 10. . . . . . . l. | 9. 1. ſ. 6. d. | 10. . . . . . . l. | 10. 7. ſ. 2. d. |
| 11. . . . . . . l. | 9. 19. ſ. 8. d. | 11. . . . . . . l. | 11. 7. ſ. 11. d. |
| 12. . . . . . . l. | 10. 17. ſ. 10. d. | 12. . . . . . . l. | 12. 8. ſ. 8. d. |
| 13. . . . . . . l. | 11. 16. ſ. 0. d. | 13. . . . . . . l. | 13. 9. ſ. 4. d. |
| 14. . . . . . . l. | 12. 14. ſ. 2. d. | 14. . . . . . . l. | 14. 10. ſ. 1. d. |
| 15. . . . . . . l. | 13. 12. ſ. 4. d. | 15. . . . . . . l. | 15. 10. ſ. 9. d. |
| 16. . . . . . . l. | 14. 10. ſ. 5. d. | 16. . . . . . . l. | 16. 11. ſ. 6. d. |
| 17. . . . . . . l. | 15. 8. ſ. 7. d. | 17. . . . . . . l. | 17. 12. ſ. 2. d. |
| 18. . . . . . . l. | 16. 6. ſ. 9. d. | 18. . . . . . . l. | 18. 12. ſ. 11. d. |
| 19. . . . . . . l. | 17. 4. ſ. 11. d. | 19. . . . . . . l. | 19. 13. ſ. 8. d. |
| 20. . . . . . . l. | 18. 3. ſ. 0. d. | 20. . . . . . . l. | 20. 14. ſ. 5. d. |

# SEPTIEME ARTICLE.

## *Fer, Cuirs, &c.*

Bois Fustet, Cuillieres de Bois, Boules de Maille, Brottes, gros Cuirs habillez & en poil, Pierres de Dail, Soude, Verres, Verres à Vitres, Acier, Cuivre, Lotton, Fer, Plomb, Fil de Fer & de Lotton, Etain, tant vieil que neuf, Lames d'Epées, Cloux, Poudre à Canon, Armes de toutes sortes non nommées cy-devant, comme sont Cuirasses, Corcélets, Canons de Mousquets, d'Arquebuses ou Pistolets non montez, Picques, Mousquets, Halebardes, Pertuisanes, Grosse Quincaille, entenduë comme Etrilles, Etrieux, Apes de Portes & Fenêtres, Fiches, Grosses Taravelles, Caboche, Mêtail, Etocs, Tenailles, Marteaux, Chaînes de Puits, Cloux de Lit, Bourre de Basts, Fourreaux d'Epées, Eau de Vie simple, Craye rouge portée, Boëttes blanches ou Bois prêt à en faire de Sapin, Bouteilles de Cuir boüilly, Pots de Terre pour Apotiquaires, Neifs de Bœuf, Cornes de Serfs, Treillaux & Mourreaux.

# SEPTIE'ME ARTICLE.

## *Brut & emballé.*

Une livre payera deux deniers.

| | | | | |
|---|---|---|---|---|
| 1. | l. | 0. | 0. ſ. | 2. d. |
| 2. | l. | 0. | 0. ſ. | 4. d. |
| 3. | l. | 0. | 0. ſ. | 5. d. |
| 4. | l. | 0. | 0. ſ. | 7. d. |
| 5. | l. | 0. | 0. ſ. | 9. d. |
| 6. | l. | 0. | 0. ſ. | 10. d. |
| 7. | l. | 0. | 1. ſ. | 0. d. |
| 8. | l. | 0. | 1. ſ. | 2. d. |
| 9. | l. | 0. | 1. ſ. | 3. d. |
| 10. | l. | 0. | 1. ſ. | 5. d. |
| 15. | l. | 0. | 2. ſ. | 1. d. |
| 20. | l. | 0. | 2. ſ. | 9. d. |
| 25. | l. | 0. | 3. ſ. | 5. d. |
| 30. | l. | 0. | 4. ſ. | 2. d. |
| 35. | l. | 0. | 4. ſ. | 10. d. |
| 40. | l. | 0. | 5. ſ. | 6. d. |
| 45. | l. | 0. | 6. ſ. | 2. d. |
| 50. | l. | 0. | 6. ſ. | 10. d. |
| 55. | l. | 0. | 7. ſ. | 6. d. |
| 60. | l. | 0. | 8. ſ. | 3. d. |
| 65. | l. | 0. | 8. ſ. | 11. d. |
| 70. | l. | 0. | 9. ſ. | 7. d. |
| 75. | l. | 0. | 10. ſ. | 3. d. |
| 80. | l. | 0. | 11. ſ. | 0. d. |
| 85. | l. | 0. | 11. ſ. | 8. d. |
| 90. | l. | 0. | 12. ſ. | 4. d. |
| 95. | l. | 0. | 13. ſ. | 0. d. |
| 100. ou le Qu[al]. | l. | 0. | 13. ſ. | 8. d. |
| 2. Quintaux. | l. | 1. | 7. ſ. | 3. d. |
| 3. Quintaux. | l. | 2. | 0. ſ. | 10. d. |
| 4. Quintaux. | l. | 2. | 14. ſ. | 6. d. |
| 5. | l. | 3. | 8. ſ. | 1. d. |
| 6. | l. | 4. | 1. ſ. | 8. d. |
| 7. | l. | 4. | 15. ſ. | 4. d. |
| 8. | l. | 5. | 8. ſ. | 11. d. |
| 9. | l. | 6. | 2. ſ. | 7. d. |
| 10. | l. | 6. | 16. ſ. | 1. d. |
| 11. | l. | 7. | 9. ſ. | 10. d. |
| 12. | l. | 8. | 3. ſ. | 4. d. |
| 13. | l. | 8. | 17. ſ. | 0. d. |
| 14. | l. | 9. | 10. ſ. | 7. d. |
| 15. | l. | 10. | 4. ſ. | 2. d. |
| 16. | l. | 10. | 17. ſ. | 10. d. |
| 17. | l. | 11. | 11. ſ. | 5. d. |
| 18. | l. | 12. | 5. ſ. | 0. d. |
| 19. | l. | 12. | 18. ſ. | 7. d. |
| 20. | l. | 13. | 12. ſ. | 3. d. |

## *Net ſans emballage.*

Une livre payera deux deniers.

| | | | | |
|---|---|---|---|---|
| 1. | l. | 0. | 0. ſ. | 2. d. |
| 2. | l. | 0. | 0. ſ. | 4. d. |
| 3. | l. | 0. | 0. ſ. | 6. d. |
| 4. | l. | 0. | 0. ſ. | 8. d. |
| 5. | l. | 0. | 0. ſ. | 10. d. |
| 6. | l. | 0. | 1. ſ. | 0. d. |
| 7. | l. | 0. | 1. ſ. | 1. d. |
| 8. | l. | 0. | 1. ſ. | 3. d. |
| 9. | l. | 0. | 1. ſ. | 5. d. |
| 10. | l. | 0. | 1. ſ. | 7. d. |
| 15. | l. | 0. | 2. ſ. | 4. d. |
| 20. | l. | 0. | 3. ſ. | 2. d. |
| 25. | l. | 0. | 3. ſ. | 11. d. |
| 30. | l. | 0. | 4. ſ. | 8. d. |
| 35. | l. | 0. | 5. ſ. | 6. d. |
| 40. | l. | 0. | 6. ſ. | 3. d. |
| 45. | l. | 0. | 7. ſ. | 0. d. |
| 50. | l. | 0. | 7. ſ. | 9. d. |
| 55. | l. | 0. | 8. ſ. | 6. d. |
| 60. | l. | 0. | 9. ſ. | 3. d. |
| 65. | l. | 0. | 10. ſ. | 1. d. |
| 70. | l. | 0. | 10. ſ. | 10. d. |
| 75. | l. | 0. | 11. ſ. | 8. d. |
| 80. | l. | 0. | 12. ſ. | 4. d. |
| 85. | l. | 0. | 13. ſ. | 2. d. |
| 90. | l. | 0. | 13. ſ. | 11. d. |
| 95. | l. | 0. | 14. ſ. | 8. d. |
| 100. ou le Qu[al]. | l. | 0. | 15. ſ. | 5. d. |
| 2. Quintaux. | l. | 1. | 10. ſ. | 10. d. |
| 3. Quintaux. | l. | 2. | 6. ſ. | 3. d. |
| 4. Quintaux. | l. | 3. | 1. ſ. | 8. d. |
| 5. | l. | 3. | 17. ſ. | 0. d. |
| 6. | l. | 4. | 12. ſ. | 5. d. |
| 7. | l. | 5. | 7. ſ. | 10. d. |
| 8. | l. | 6. | 3. ſ. | 3. d. |
| 9. | l. | 6. | 18. ſ. | 8. d. |
| 10. | l. | 7. | 14. ſ. | 0. d. |
| 11. | l. | 8. | 9. ſ. | 5. d. |
| 12. | l. | 9. | 4. ſ. | 10. d. |
| 13. | l. | 10. | 0. ſ. | 3. d. |
| 14. | l. | 10. | 15. ſ. | 8. d. |
| 15. | l. | 11. | 11. ſ. | 0. d. |
| 16. | l. | 12. | 6. ſ. | 5. d. |
| 17. | l. | 13. | 1. ſ. | 10. d. |
| 18. | l. | 13. | 17. ſ. | 3. d. |
| 19. | l. | 14. | 12. ſ. | 8. d. |
| 20. | l. | 15. | 8. ſ. | 0. d. |

# HUITIEME ARTICLE.

ET pour le regard des Bois, comme Mats de Navire, Sommiers, Chevrons, Doublis, Paux, Ais, Batteaux, & autres de quelque qualité & valeur qu'ils soient, soit par Radeaux ou autrement, il a été resolu, tant pour la commodité des Marchands que des Fermiers, qu'il se payera sortant du Dauphiné ou y entrant de quelque côté que ce soit, à raison de Deux & demi pour cent, & Deux sols pour livre de la juste valeur desdits Bois sur l'estimation qui en sera faite.

IX.

Le Bled, l'Anée payera vingt-quatre sols,. 1. l. 4. s.

X.

Le Seigle, l'Anée payera quatorze sols six deniers, 14. s. 6. d.

XI.

Et l'Avoine, l'Anée payera sept sols trois deniers, 7. s. 3. d.

XII.

Toutes sortes de Legumes & Graines de Chanvre, autres que les cy-dessus, l'Anée payera vingt-quatre sols, 1. l. 4. s.

XIII.

Et le Vin de toutes sortes, chacune Anée payera douze sols, tant de celui qu'on charge sur la Riviere du Rône que l'Isere, & autres, 12. s.

XIV.

Les Châtaignes, comme aussi les Noix, & autres fruits, qui ne sont cy-dessus nommez, la charge payera 7. s. 3. d.

Les Commis remarqueront qu'il s'entend des fruits frais & non secs, qui sont au sixiéme Article, & que ce sont les Noix avec la coquille, qui s'acquittent audit Article quatorziéme, comme aussi les Amandres avec la coquille.

XV.

Châcun Bœuf ou Vache, Mulets, Chevaux & Jumens qu'on menera pour être vendus, payera chacun cinq sols, 5. s.

Lesdits Commis ont à prendre garde qu'on a coûtume d'acquitter ledit Bêtail, tant grand que petit, suivant ledit Article, même les Anes.

XVI.

Le Veau payera un sol trois deniers, 1. s. 3. d.

XVII.

Moutons & Brebis, chacun payera sept deniers, 7. d.

XVIII.

Pourceaux gras, chacun payera deux sols six deniers, 2. ſ. 6. d.
Et les communs, chacun payera un sol trois deniers, 1. ſ. 3. d.

XIX.

Comme auſſi toutes autres ſortes de Marchandiſes, Grains & Bêtail, qui ne ſont cy-deſſus ſpecifiées, payeront les Droits ſelon leur qualité & valeur à proportion des Articles cy-deſſus, fors & excepté le Sel, qui ne payera aucune choſe.

| | | | |
|---|---|---|---|
| Le millier d'Oranges & le cent de Carpes, payera une livre ſeize ſols quatre deniers, | 1. l. | 16. ſ. | 4. d. |
| Le cent de Bènes de Charbon de Pierre, payera à Valence, | 2. l. | 8. ſ. | 5. d. |
| Le millier de Citrons, | 3. l. | 0. ſ. | 6. d. |
| Le cent de petits Poiſſons, | 1. l. | 7. ſ. | 6. d. |
| La Raſſe de Verres, | 0. l. | 11. ſ. | 0. d. |
| Le Quintal du Verny de Terre, | 0. l. | 5. ſ. | 6. d. |
| Le Barils de Harans des petits, | 3. l. | 0. ſ. | 6. d. |
| La douzaine de Souflets, | 0. l. | 3. ſ. | 8. d. |
| La charge de Pots de Terre, | 0. l. | 7. ſ. | 3. d. |
| Le ballon Acier, | 0. l. | 18. ſ. | 3. d. |

*Fait & arrêté au Conſeil d'Etat du Roy, tenu pour ſes Finances à Lyon, le 15. Janvier 1659.* Signé Bossuet.

# TARIF DES MARCHANDISES ET DANRE'ES,

SUJETTES AU PAYEMENT DES DROITS de la Foraine, Domaine-Forain, Denier Saint André, & Traite-Domaniale deûs au Roy; Et que le Fermier de Languedoc, Provence, & Dauphiné prend.

*SUIVANT LES LETTRES PATENTES de sa Majesté, du douziéme Octobre mil six cens trente-deux: Verifiées en la Cour des Comptes, Aydes & Finances de Montpellier, & Arrests depuis ensuivis.*

*A VALENCE,*

Chez CHARLES BARBIER, Imprimeur & Libraire ordinaire du Roy, de Monseigneur l'Evêque de Valence, & Die.

M. DC. LXXXVII.

*AVEC PERMISSION.*

(1)

TARIF des Droits de l'Imposition Foraine, Resve, haut-Passage ou Domaine Forain, & denier S. André, qui se levent pour le Roy, à raison de vingt-un deniers pour livre de l'estimation des Marchandises & Danrées qui sont enlevées de l'étenduë de la Ferme desdits Droits en la Senéchaussée de Beaucaire & Nismes, ses anciens ressorts & limites; Ensemble du Droit de la Traite-Domaniale qui se prend sur les Marchandises ou Danrées sujetes audit Droit és Provinces de Languedoc, Provence & Dauphiné, outre & par-dessus lesdits vingt-un deniers, suivant le Bail de ladite Ferme, Edits & Ordonnances du Roy, Arrests de son Conseil & de la Cour des Comptes, Aydes & Finances de Montpellier, Tarifs precedens, & Ordonnances des Maîtres des Ports. Et soit noté, que ledit droit de Denier S. André n'est deub que depuis le passage de Roquemaure en Vivarez, jusqu'au Port de Cassaude inclusivement. Et ledit Droit de Traite-Domaniale sur ce qui va hors du Royaume, & aux Villes refusantes l'établissement des Commis du Fermier; & que les Droits d'Imposition Foraine, Resve, haut-Passage, ou Domaine Forain, & Traite-Domaniale, sont tirez hors ligne, & ceux du Denier Saint André aux marges, d'autant qu'ils sont affermez separément. Au payement desquels Droits tous Marchands, Patrons, Voituriers, Mariniers & autres, de quelque qualité & condition qu'ils soyent, qui enleveront des marchandises & danrées sujetes ausdits Droits, seront contrains comme pour les propres deniers & affaires de sa Majesté, sur les peines portées par lesdits Edits & Ordonnances.

LES

*LES TARIFS de la Foraine - Domaniale, & du Denier Saint André, s'obſervent aux Bureaux qui ſont le long du Rône, dépuis Lyon juſques à Caſſaude.*

CES TARIFS s'obſervent auſſi dans tous les Bureaux qui ſont le long du Rône, du côté de Languedoc : Mais pour le Denier Saint André, & les trois ſols pour livre d'augmentation, ils ne ſe levent qu'aux Bureaux cy-aprés nommez.

SAVOIR,

Anconne, le Teil, Viviers, le Bourg Saint Eſprit, Saint Eſtienne de Sort, Lardoiſe, Roquemaure, Villeneufve, Aramon, Valabregue, Beaucaire, Fourques, Saint Gilles, & Caſſaude.

*IL eſt à remarquer, qu'en tous les Bureaux de Languedoc, ſur les Droits de Sortie, on ne leve que trois ſols pour livre.*

TARIF

# TARIFFE.

## A

ACaçia la livre estimée quatre sols, doit quatre deniers. — 4 ₰

5 ₰ Acier estimé un sol la livre, doit pour quintal huit sols quatre deniers, — 8 ß 4 ₰

Aës-ustrain estimé six sols la livre, doit six deniers, — 6 ₰

1 ß 3 ₰ Ærin estimé trois sols la livre, doit pour quintal vingt cinq sols, — 1 £ 5 ß

Agaric estimé six sols la livre, doit six deniers, — 6 ₰

Agnus castus estimé six sols la livre, doit six deniers, — 6 ₰

Agneaux d'un an estimez vingt sols, doit — 1 ß 8 ₰

Et pour la reapreciation du xi. Octobre 1632. estimeé dix sols, doit dix deniers, — 10 ₰

1 ß 3 ₰ Alun en roche estimé trois sols la livre, qui revient pour quintal quinze livres, doit vingt-cinq sols, — 1 £ 5 ß

ob. Aloës chicotin & autres, estimé quinze sols la livre, doit un sol trois deniers, — 1 ß 3 ₰

7 ₰ ½ Amandes un sol six deniers la livre, qui revient pour quintal sept livres dix sols, doit douze sols six den. — 12 ß 6 ₰

1 £ 5 ß Ambre gris la livre estimée trois cens livres, doit vingt cinq livres, — 25 £

Ambre ou carabre estimé cinq sols la livre, doit cinq deniers, — 5 ₰

Amidon un sol la livre, doit un denier, — 1 ₰

Anis verd estimé deux sols la livre, doit deux den. — 2 ₰

Arans sol, le lez qui est de dix milliers estimé cent li-

7 ₰ vres, doit pour millier unze sols huit deniers, —— 11 ß 8 ₰
Et pour la reapreciation du unziéme Octobre
1632. estimé soixante sols, le miller doit cinq
3 ₰ sols, —— 5 ß
Arâns blancs, le lez qui est estimé six-vingt livres,
8 ₰ doit pour millier treize sols quatre deniers, —— 13 ß 4 ₰
Arsenic estimé quatre sols la livre, doit quatre den. —— 4 ₰
Anes & Anesses chacun estimé cinq livres, doit huit
5 ₰ sols quatre deniers, —— 8 ß 4 ₰
Et pour la susdite reapreciation estimez chacun
1 ₰ vingt sols, doit un sol huit deniers, —— 1 ß 8 ₰
Aspalatam estimé dix sols la livre, doit dix deniers, —— 10 ₰
Assa fœtida, estimé quinze sols la livre, doit un sol trois
deniers, —— 1 ß 3 ₰
Avoine, estimée vingt livres le muid, qui revient la
charge cinquante-trois sols quatre deniers, doit
quatre sols cinq deniers obole, —— 4 ß 5 ₰ $\frac{1}{2}$
Et pour la reapreciation quarante-six sols huit
den. la charge, doit trois sols dix den. obole —— 3 ß 10 ₰ $\frac{1}{2}$
Avelanes, estimées deux sols la livre, qui revient pour
10 ₰ quintal dix livres, doit seize sols huit deniers, —— 16 ß 8 ₰
Azur fin la livre estimée cinquante sols, doit quatre
sols deux deniers, —— 4 ß 2 ₰
Azarum la livre estimée quatre sols, doit quatre den. —— 4 ₰

## B

BArbotine la livre estimée soixante sols, doit cinq
3 ₰ sols, —— 5 ß
Bazannes de peaux de mouton, la douzaine estimée
2 ₰ quarante sols, doit trois sols quatre deniers, —— 3 ß 4 ₰
Bedellion la livre estimée vingt-cinq sols, doit deux
1 ₰ pite. sols un denier, —— 2 ß 1 ₰
Beurre de toutes sortes & pays, la livre estimée deux
10 ₰ sols, qui revient pour quintal dix livres, doit seize
sols huit deniers, —— 16 ß 8 ₰
Been blanc & rouge, la livre estimée trois sols, doit
trois deniers, —— 3 ₰
Benjoin fin, la livre estimée vingt-cinq sols, doit deux
sols un denier, —— 2 ß 1 ₰
Benjoin gros, la livre estimée deux sols, doit deux den. —— 2 ₰

Bœuf

Bœuf eſtimé vingt livres piece, doit trente-trois ſols
1 ß 8 ₰ quatre deniers, ———————— 1 ℒ 13 ß 4 ₰
Et pour la reapreciation, dix livres, doit ſeize ſols
10 ₰ huit deniers, ———————— 16 ß 8 ₰
Bled froment le muid eſtimé trente livres, qui revient
4 ₰ la charge à quatre livres, doit ſix ſols huit deniers, —— 6 ß 8 ₰
Et pour la reapreciation, eſtimé la charge ſix livres, doit dix ſols, laquelle ayant été revoquée par Arreſt du Conſeil du 26. Octobre 1634. ne ſera tirée hors ligne.
Blanc de plomb, la livre eſtimée deux ſols, doit deux deniers, ———————— 2 ₰
Bois à brûler, la Charetée eſtimée trente ſols, doit
1 ₰ $\frac{1}{2}$ deux ſols ſix deniers, ———————— 2 ß 6 ₰
Bois de toutes ſortes ſervant à la teinture, la livre eſtimée ſix deniers, doit pour quintal quatre ſols deux den. —. 4 ß 2 ₰
Arbres pour les galeres, la piece eſtimée ſoixante livres,
5 ß doit cinq livres, ———————— 5 ℒ
Arbres pour vaiſſeaux, eſtimez cinq livres piece, doit
5 ₰ huit ſols quatre deniers, ———————— 8 ß 4 ₰
Carras ou bois ſapin de la grande forme, eſtimée douze
1 ß livres piece, doit une livre, ———————— 1 ℒ
Carras les petits ou petits Sommeirots, la piece eſtimée
5 ₰ cinq livres, doit huit ſols quatre deniers, ———— 8 ß 4 ₰
Et pour la reapreciation vingt ſols, doit un ſol
1 ₰ huit deniers, ———————— 1 ß 8 ₰
6 ₰ Bois rond la piece eſtimée ſix livres, doit dix ſols, ———— 10 ß
Fillieres de toutes ſortes & petits Sommeirots, la piece
2 ₰ eſtimée quarante ſols, doit trois ſols quatre deniers, — 3 ß 4 ₰
Et pour la reapreciation vingt ſols, doit un ſol
1 ₰ huit deniers, ———————— 1 ß 8 ₰
Balançons & Talagognes, la douzaine eſtimée trois livres, doit cinq ſols, ———————— 5 ß
Et pour la reapreciation trois livres, doit cinq ſols, ———————— 5 ß
Poſts de noyer de la grande forme, la douzaine eſtimée
10 ₰ dix livres, doit ſeize ſols huit deniers, ———— 16 ß 8 ₰
Et pour la reapreciation quatorze livres, doit
1 ß 2 ₰ vingt-trois ſols quatre deniers, ———— 1 ℒ 3 ß 4 ₰
Poſts de noyer de la moyenne forme, la douzaine eſti-

5 ₰ mée cinq livres, doit huit sols quatre deniers,———. 8 ß 4 ₰
Et pour la reapreciation, sept livres, doit unze
sols huit deniers,-———————————-11 ß 8 ₰
Posts de Fayar, & pointe de Sapin fortes, estimez quarante
2 ₰ sols la douzaine, doit trois sols quatre deniers, -——- 3 ß 4 ₰
Et pour la reapreciation vingt sols, doit un sol huit
1 ₰ deniers,———————————-1 ß 8 ₰
Posts de Sapin simples, la douzaine estimée vingt sols,
1 ₰ ½ doit un sol huit deniers,——————— 1 ß 8 ₰
Et pour la reapreciation dix sols, doit————- 10 ₰
Posts d'Andance simples, la douzaine estimée dix-huit
sols, doit un sol six deniers,—————— 1 ß 6 ₰
Et pour la reapreciation six sols, doit six deniers,———6 ₰
Pertiolle la douzaine estimée neuf livres, doit quinze
9 ₰ sols,-——————————————. 15 ß
Raix la douzaine estimée douze sols, doit un sol,-——— 1 ß
Entenes de barques, la douzaine estimée trente livres,
2 ß 6 ₰ doit deux livres dix sols,-———————2 £ 10 ß
6 ₰ Et pour la reapreciation six livres, doit dix sols,———10 ß
Doublys de six à sept canes de long, estimez la charge
2 ₰ quarante sols, doit trois sols quatre deniers,———-3 ß 4 ₰
Et pour la reapreciation, quarante sols, doit
2 ₰ trois sols quatre deniers, ——————-3 ß 4 ₰
Doublys les petits, la charge estimée vingt sols, doit
1 ₰ un sol huit deniers,-——————————- 1 ß 8 ₰
Et pour la reapreciation vingt sols, doit un sol
1 ₰ huit deniers, ————————————-1 ß 8 ₰
Bigons les petits, la douzaine estimée trois livres, doit
3 ₰ cinq sols,-———————————————- 5 ß
Et pour la reapreciation estimée trois livres, doit
3 ₰ cinq sols,————————————— 5 ß
Essieux, la douzaine estimée douze sols, doit un sol,——-1 ß
Et pour la reapreciation vingt-quatre sols, doit
1 ₰ ½ deux sols,-——————————————. 2 ß
Membrures Bois Noyer, la douzaine estimée quarante
2 ₰ sols, doit trois sols quatre deniers, .——————-3 ß 4 ₰
Et pour la reapreciation vingt sols, doit un sol
1 ₰ huit deniers,-———————————-1 ß 8 ₰
Cornudes, la douzaine estimée trois livres, doit cinq
3 ₰ sols,-——————————————— 5 ß

Brocs,

Brocs, Ferrats, & Selles de bois, la douzaine estimée
1 ꝺ ½ trente sols, doit deux sols six deniers, ——— 2 ß 6 ꝺ
Et pour la reapreciation six sols, doit six deniers, 6 ꝺ

La charge de tonneaux à tenir vin, Cercles, Amatines, Agulhades, Fourches, Rastels, & Estelles pour collarive, estimé quatre livres, doit six sols huit de-
4 ꝺ niers, ——— 6 ß 8 ꝺ

Boli armeny, estimé dix deniers la livre, doit pour quintal, six sols neuf deniers, ——— 6 ß 9 ꝺ

Bonnets de toutes sortes & façons, le quintal estimé
4 ß 2 ꝺ cinquante livres, doit quatre livres trois sols quatre deniers, ——— 4 £ 3 ß 4 ꝺ

Bresil, la livre estimée six deniers, pour quintal doit quatre sols deux deniers, ——— 4 ß 2 ꝺ

Been, la livre estimée quatre deniers, qui revient à trente-trois sols quatre deniers pour quintal, doit deux sols neuf deniers, ——— 2 ß 9 ꝺ

2 ꝺ Bouc, estimé quarante sols, doit ——— 3 ß 4 ꝺ

## C

CAlamus aromaticus, la livre estimée deux sols, doit deux deniers, ——— 2 ꝺ

Camelot à eau ou sans eau, samis, ostade, camelot ondé & non ondé, Bouracan & autres de même qualité, la livre estimée trente sols, doit deux sols
1 ꝺ ½ six deniers, ——— 2 ß 6 ꝺ

Camfre, la livre estimée quatre livres, doit six sols
4 ꝺ huit deniers, ——— 6 ß 8 ꝺ

Canelle ou Cinamome, la livre estimée trente sols,
1 ꝺ ½ doit deux sols six deniers, ——— 2 ß 6 ꝺ

Cantarides, la livre estimée cinq sols, doit cinq deniers, 5 ꝺ

Capellettes ou fus de girofles, la livre estimée vingt
1 ꝺ sols, doit un sol huit deniers, ——— 1 ß 8 ꝺ

Capres menuës, la livre estimée trois sols qui revient
1 ß 3 ꝺ le quintal à quinze livres, doit vingt-cinq sols, ——— 1 £ 5 ß

Capres grosses, un sol six deniers la livre, qui revient le quintal à sept livres dix sols, doit douze sols six de-
7 ꝺ ½ niers, ——— 12 ß 6 ꝺ

Cardamome, la livre estimée vingt-cinq sols, doit
1 ꝺ deux sols un denier, ——— 2 ß 1 ꝺ

Carvis, la livre estimée un sol six deniers, doit un denier obole, ———— 1 ₰ $\frac{1}{2}$

Carpobalsamy, la livre estimée six sols, doit six den. 6 ₰

Castors, la livre estimée dix sols, doit dix deniers, —— 10 ₰

Casse, la livre estimée quatre sols, doit quatre deniers, 4 ₰

Cedovard ou Citovard, la livre estimée vingt sols, doit
1 ₰ un sol huit deniers, ———— 1 ß 8 ₰

Cedre blanc, la livre estimée huit sols, doit huit den. 8 ₰

Cedre rouge, la livre estimée six sols, doit six deniers, 6 ₰

Ceruse fine ou blanche de plomb, la livre estimée trois sols, doit trois deniers, ———— 3 ₰

Chevres, la piece estimée trente sols, doit deux sols six
2 ₰ $\frac{1}{2}$ deniers, ———— 2 ß 6 ₰

Chastaines fraiches, la charge estimée cinquante sols,
1 ₰ $\frac{1}{2}$ doit quatre sols deux deniers, ———— 4 ß 2 ₰

Chastaines seiches & blanches, la charge estimée qua-
4 ₰ tre livres, doit six sols huit deniers, ———— 6 ß 8 ₰

Chanvre prest à filer estimé quinze livres le quintal,
1 ß 3 ₰ doit vingt-cinq sols, ———— 1 £ 5 ß

Chanvre crud sans apprester, estimé cinq livres, doit
5 ₰ pour quintal huit sols quatre deniers, ———— 8 ß 4 ₰

Chevaux tant à Selle qu'à porter Bât, estimez soixante
5 ß livres la piece, doit cinq livres, ———— 5 £

Et pour la reapreciation trente livres piece, doit
2 ß 6 ₰ cinquante sols, ———— 2 £ 10 ß

Citroüilles un sol six deniers la livre, doit un denier obole, ———— 1 ₰ $\frac{1}{2}$

Cire vierge & neufve huit sols la livre, qui revient le quintal quarante livres, doit trois livres six sols
3 ß 4 ₰ huit deniers, ———— 3 £ 6 ß 8 ₰

Cire blanche la livre estimée dix sols, qui revient le quintal cinquante livres, doit quatre livres trois sols
4 ß 2 ₰ quatre deniers, ———— 4 £ 3 ß 4 ₰

Civette, la livre estimée cent cinquante livres, doit
12 ß 6 ₰ douze livres dix sols, ———— 12 £ 10 ß

Couvertes de Montpellier & autres, estimées le quin-
1 ß 3 ₰ tal quinze livres, doit vingt-cinq sols, ———— 1 £ 5 ß

Et pour la reapreciation quinze livres, doit vingt-
1 ß 3 ₰ cinq sols, ———— 1 £ 5 ß

Cochenille, la livre estimée cinq livres, doit huit sols
5 ₰ quatre deniers, ———— 8 ß 4 ₰

Collo

Colloquinte, la livre estimée six sols, doit six deniers,- 6 ₰

Colles de toutes sortes, la livre estimée deux sols, doit deux deniers, ——— 2 ₰

Cotton en laine, le quintal estimé vingt livres, doit
1 ß 8 ₰ trente-trois sols quatre deniers, -——— 1 ₤ 13 ß 4 ₰

Cotton filé de toutes sortes, le quintal estimé quarante
3 ß 4 ₰ livres, doit trois livres six sols huit deniers, ——— 3 ₤ 6 ß 8 ₰

Colõbin gros, la livre estimée cinq sols, doit cinq den. 5 ₰

Colombin menu, la livre estimée deux sols six deniers, doit deux deniers obole, ——— 2 ₰ ½

Corne de Licorne, la livre estimée cinquante livres,
4 ß 2 ₰ doit quatre livres trois sols quatre deniers, ——— 4 ₤ 3 ß 4 ₰

Coral blanc & rouge fin, la livre estimée quarante sols,
2 ₰ doit trois sols quatre deniers, -——— 3 ß 4 ₰

Coral blanc & rouge gros, la livre estimée dix sols, doit dix deniers, -——— 10 ₰

Coste doux & amer, la livre estimée sept sols six den. doit sept deniers obole, ——— 7 ₰ ½

Coriandre la livre estimée un sol, doit un denier, ——— 1 ₰

Concombres, la livre estimée un sol six deniers, doit un denier obole, ——— 1 ₰ ½

Coucourdes, la livre estimée un sol six deniers, doit un denier obole, ——— 1 ₰ ½

Confitures, la livre estimée dix sols, doit dix deniers, 10 ₰

Cordages de toutes sortes, le quintal estimé cinq livres,
5 ₰ doit huit sols quatre deniers, -——— 8 ß 4 ₰

Cubebes, la livre estimée vingt sols, doit un sol huit
1 ₰ deniers, ——— 1 ß 8 ₰

Cumin, la livre estimée un sol six deniers, doit un denier obole, -——— 1 ₰ ½

Cuivre en rosette ou masse, la livre estimée trois sols,
1 ß 3 ₰ doit pour quintal vingt-cinq sols, -——— 1 ₤ 5 ß

Cuirs de bœuf tanez de toutes sortes, la douzaine estimée quarante-cinq livres, doit trois livres quin-
3 ß 9 ₰ ze sols, ——— 3 ₤ 15 ß

Cuirs de vache tanez, la douzaine estiméevingt livres,
1 ß 8 ₰ doit trente-trois sols quatre deniers, -——— 1 ₤ 13 ß 4 ₰

Cuir de cheval tané, la douzaine estimée trente livres,
2 ß 6 ₰ doit cinquante sols, -——— 2 ₤ 10 ß

Cuirs de Bœuf & Vache avec le poil, la douzaine esti-

mée

1 ß 6 ₰ mée dix-huit livres, doit trente sols, ——— 1 ℒ 10 ß
Cuirs de veaux tanez, doivent pour douzaine quinze
9 ₰ sols, ——— 15 ß

D

DAttes, la livre estimée quatre sols, doit quatre deniers, ——— 4 ₰
Dictame, la livre estimée trois sols, doit trois deniers, 3 ₰
Doronicum Romanum, la livre, estimée six deniers, doit obole, ——— ½
Dragées de toutes sortes, la livre estimée huit sols, doit huit deniers, ——— 8 ₰
Draps d'or & d'argent, Satins brochés, Toilles d'or & d'argent, veloux, satins & damas à fleur d'or & d'argent, & autres draps or & argent, tant riches, moyens, mélez, qu'autres, la livre estimée vingt-
1 ß 10 ₰ deux livres, doit trente-six sols huit deniers, ——— 1 ℒ 16 ß 8 ₰
Draps & Toilles, or & argent, passemens or & argent
6 ₰ faux, la livre estimée six livres, doit dix sols, ——— 10 ß
Draps de Soye de toutes sortes & couleurs, Veloux, Satins, Damas, Taffetas, Tapis, Serges, & autres draps de Soyes, la livre estimée six livres, doit dix
6 ₰ sols, ——— 10 ß
Draps de laine de toutes sortes & couleurs, façons & pays, le quintal estimé cinquante-cinq livres, doit
4 ß 7 ₰ quatre livres unze sols huit deniers, ——— 4 ℒ 11 ß 8 ₰
Et pour la reapreciation estimée vingt livres, doit
1 ß 8 ₰ le quintal trente-trois sols quatre deniers, ——— 1 ℒ 13 ß 4 ₰

E

ENcens fin ou Oliban, la livre estimée quatre sols, doit quatre deniers, ——— 4 ₰
Encens gros, la livre estimée un sol, doit un denier, ——— 1 ₰
Ellebore blanc & noir, la livre estimée trois sols, doit trois deniers, ——— 3 ₰
Epitymy ou poil d'estain, la livr eestimée dix sols, doit dix deniers, ——— 10 ₰
Ecorce de Tamaris, la livre estimée trois sols, doit trois deniers, ——— 3 ₰
Ecorce de Capres, la livre estimée quatre sols, doit quatre deniers, ——— 4 ₰
Esperme de Baleine, la livre estimée trente sols, doit deux

2 ₰ $\frac{1}{2}$ deux ſols ſix deniers, —— 2 ß 6 ₰

Eponges de toutes ſortes, la livre eſtimée deux ſols, doit deux deniers, —— 2 ₰

Eſelly, la livre eſtimée un ſol, doit un denier, —— 1 ₰

Eſtamine & Buratte d'Auvergne de toutes ſortes de couleurs, le quintal eſtimé cinquante livres, doit
1 ß 2 ₰ quatre livres trois ſols quatre deniers, —— 4 ₶ 3 ß 4 ₰

Et pour la reapreciation eſtimé dix livres, doit
10 ₰ ſeize ſols huit deniers, —— 16 ß 8 ₰

Eſtamines de Reims, eſtimée ſix-vingt livres le quintal,
10 ß doit dix livres, —— 10 ₶

Extorax citium, eſtimé quatre ſols la livre, doit quatre deniers, —— 4 ₰

Eſtain, eſtimé quatre ſols la livre, doit quatre deniers, 4 ₰

6 ₰ Eſcamonée, la livre eſtimée ſix livres, doit dix ſols, —— 10 ß

Eſtaphiſagre, la livre eſtimée deux ſols, doit deux den. 2 ₰

Eſtamines d'Italie, Lombardie, & d'ailleurs de toutes ſortes de couleurs, eſtimez cinquante-cinq livres le quintal, doit quatre livres unze ſols huit de-
4 ß 7 ₰ niers, —— 4 ₶ 11 ß 8 ₰

Euforbe, la livre eſtimée quatre ſols, doit quatre den. 4 ₰

## F

FEnoüil la livre eſtimée un ſol ſix deniers, doit un denier obole, —— 1 ₰ $\frac{1}{2}$

Fer, eſtimé cinq livres le quintal, doit huit ſols qua-
5 ₰ tre deniers, —— 8 ß 4 ₰

Fer ouvré de toutes ſortes, comme pots, bâdes, eſſieux de charetes, gonds, cloutrailles & autres, excepté la Quincaillerie, dont eſt fait mention dans l'article de la Mercerie, eſtimé un ſol la livre, doit pour
5 ₰ quintal huit ſols quatre deniers, —— 8 ß 4 ₰

Et pour la reapreciation eſtimée vingt ſols le quin-
1 ₰ tal, doit un ſol huit deniers, —— 1 ß 8 ₰

Figues de Languedoc, Provence & autres, eſtimées un ſol la livre, qui revient le quintal à cinq livres,
5 ₰ doit huit ſols quatre deniers, —— 8 ß 4 ₰

Fil de Leton, la livre eſtimée quatre ſols, revient le
1 ß 8 ₰ quintal à trente-trois ſols quatre deniers, —— 1 ₶ 13 ß 4 ₰

Et pour la reapreciation ſeize ſols huit deniers
10 ₰ pour quintal, —— 16 ß 8 ₰

| Denier S. André | | Droits Forains |
|---|---|---|
| 2 ß 1 ₰ | Fil de Lin blanc & écreu, estimé vingt cinq livres le quintal, doit deux livres un sol huit deniers, —— | 2 ₶ 1 ß 8 ₰ |
| 1 ß 8 ₰ | Fil de chanvre, & étoupes de lin, estimé vingt livres le quintal, doit trente-trois sols quatre deniers, —. | 1 ₶ 13 ß 4 ₰ |
| | Foin, la Charetée estimée vingt-quatre sols, doit deux sols, —— | 2 ß |
| | Folium Malabestumi, estimé vingt-cinq sols la livre, doit deux sols un denier, —— | 2 ß 1 ₰ |
| | Folium Gariopholi, estimé cinquante sols la livre, doit quatre sols deux deniers, —— | 4 ß 2 ₰ |
| 10 ₰ | Fromage d'Auvergne, la livre estimée deux sols, revient pour quintal dix livres, doit seize sols huit deniers, —— | 16 ß 8 ₰ |
| | Et pour la reapreciation estimée cinquante sols le quintal, doit quatre sols deux deniers, —— | 4 ß 1 ₰ |
| | Fromage commun de toutes sortes, estimé un sol la livre, qui revient le quintal à cinq livres, doit huit sols quatre deniers, —— | 8 ß 2 ₰ |
| 5 ₰ | Et pour la reapreciation estimée cinquante sols, doit quatre sols deux deniers, —— | 4 ß 2 ₰ |
| 1 ß 8 ₰ | Fromage de Milan, Florence, Marsolin, & Majorque, estimé quatre sols la livre, qui revient pour quintal à vingt livres, doit trente-trois sols quatre deniers, —— | 1 ₶ 13 ß 4 ₰ |

## G

| Denier S. André | | Droits Forains |
|---|---|---|
| 2 ₰ | GAlvigal fin, la livre estimée quarante sols, doit trois sols quatre deniers, —— | 3 ß 4 ₰ |
| 1 ₰ | Galvigal sauvage, la livre estimée vingt sols, doit un sol huit deniers, —— | 1 ß 8 ₰ |
| | Gajac bois & écorce, estimé un sol la livre, doit un denier, —— | 1 ₰ |
| | Galbanum, estimé dix sols la livre, doit dix denies, —— | 10 ₰ |
| 5 ₰ | Garence, estimée un sol la livre, doit pour quintal huit sols quatre deniers, —— | 8 ß 4 ₰ |
| | Gerofle de toutes sortes, la livre estimée cinquãte sols, doit quatre sols deux deniers, —— | 4 ß 2 ₰ |
| | Gingembre de toutes sortes, la livre estimée douze sols, doit un sol, —— | 1 ß |
| | Gluz, la livre estimée un sol six deniers, doit un denier obole, —— | 1 ₰ ½ |

Gomme

Gomme de Cedre & Adragan, la livre estimée six sols, doit six deniers, — 6 ᵭ

Gomme Armoniac, la livre estimée sept sols six deniers, qui revient le quintal à trente-sept livres dix sols, doit trois livres deux sols six deniers, — 3 ₶ 2 ß 6 ᵭ

3 ß 1 ᵭ ½

Gomme Arabic, la livre estimée trois sols, doit trois deniers, — 3 ᵭ

Gomme Eleminy, la livre estimée huit sols, doit huit deniers, — 8 ᵭ

Gomme de Lierre, quatre sols la livre, doit quatre den. 4 ᵭ

Graine d'Ecarlate & Alkeides ou Kerme, la livre estimée trente-cinq sols, doit deux sols unze deniers, 2 ß 11 ᵭ

Grenades doivent le cent, huit sols quatre deniers, — 8 ß 4 ᵭ

H

Hermodates, la livre estimée trois sols, doit trois deniers, — 3 ᵭ

Hipocistidos, la livre estimée quatre sols, doit quatre deniers, — 4 ᵭ

Houx blanche, la livre estimée un sol six deniers, doit un denier obole, — 1 ᵭ ½

Huile d'Aspic, la livre estimée dix sols, doit dix den. 10 ᵭ

Huile de Petrolle, la livre estimée dix sols, doit dix deniers, — 10 ᵭ

Huile de Terebentine, de Benedic, Lorin, & de Tartre, estimé quatre sols la livre, doit quatre den. — 4 ᵭ

Huile de Scorpion, la livre estimée cinq sols, doit cinq deniers, — 5 ᵭ

Huile de Geniévre, la livre estimée douze deniers, doit un denier, — 1 ᵭ

Huile d'Olive, la livre estimée deux sols, doit deux deniers, — 2 ᵭ

Huile d'Amandre, la livre estimée dix sols, doit dix deniers, — 10 ᵭ

Huile de Noix, de Navette & de Lin, la livre estimée un sol, doit un denier, — 1 ᵭ

Huile de Baleine & tous autres Poissons, estimée six deniers la livre, doit obole, — ½

I

Ubles secs, chacun d'iceux estimé cinq sols, doit cinq deniers, — 5 ᵭ

Jujubes

Jujubes, la livre estimée un sol, doit un denier, —— 1 ₰

Ius de Reglice, la livre estimée quatre sols, doit quatre deniers, —— 4 ₰

## L

3 ₰ LAcque de Venise, la livre estimée soixante sols, doit cinq sols, —— 5 ß

Labdanum, la livre estimée quatre sols, doit quatre deniers, —— 4 ₰

Lacra, la livre estimée dix sols, doit dix deniers, —— 10 ₰

Laine d'Angleterre non apprestée, la livre estimée dix sols, doit dix deniers, —— 10 ₰

Laine d'Espagne, Languedoc, Provence, & autres lieux & pays, fines & moyennes non apprestées, la livre estimée six sols, doit six deniers, —— 6 ₰

Laine desdits pays grosse non apprestée, la livre estimée quatre sols, doit quatre deniers, —— 4 ₰

Laine filée de toutes couleurs, la livre estimée huit sols, doit huit deniers, —— 8 ₰

Laine moyenne & grosse filée de toutes couleurs, la livre estimée cinq sols, doit cinq deniers, —— 5 ₰

Laine d'Aûtriche, la livre estimée deux sols, doit deux deniers, —— 2 ₰

Lard de toutes sortes, la livre estimée deux sols, doit deux deniers, —— 2 ₰

Legumes de toutes sortes, estimez vingt-quatre livres le muid, qui revient la charge à trois livres six sols, doit cinq sols six deniers, —— 5 ß 6 ₰

Et pour la reapreciation trois livres quatorze sols, la charge doit six sols deux deniers, —— 6 ß 2 ₰

4 ₰ Lignum d'Aloës fin la livre estimée quatre livres, doit six sols huit deniers, —— 6 ß 8 ₰

Lignum d'Aloës moyen, la livre estimée dix sols, doit dix deniers, —— 10 ₰

Lignum cassis, sept sols six deniers la livre, doit sept deniers oboie. —— 7 ₰ ½

Lignum balsamy, estimé dix sols la livre, doit dix deniers, —— 10 ₰

Lierre, la livre estimée deux sols, doit deux deniers, 2 ₰

1 ß 8 ₰ Lin prest à filler, estimé vingt livres, le quintal, doit trente-trois sols quatre deniers, —— 1 £ 13 ß 4 ₰

Lin

Lin crû sans aprester, estimé sept livres dix sols le
quintal, doit douze sols six deniers, ———— 12 ß 6 ₰

Linge vieil, estimé dix livres le quintal, doit seize sols
10 ₰ huit deniers, ———————————— 16 ß 8 ₰

Litarge d'or & d'argent, estimé un sol la livre, doit un
denier, ———————————— 1 ₰

M

1 ₰ MAnne de Dauphiné & Provence, la livre estimée vingt sols, doit un sol huit deniers, — 1 ß 8 ₰

Maniquette & graine de Paradis, la livre estimée
huit sols, doit huit deniers, ———————— 8 ₰

Manne de Calabre, la livre estimée soixante sols, doit
3 ₰ cinq sols, ———————————— 5 ß

3 ₰ Macis, la livre estimée soixante sols, doit cinq sols, — 5 ß

Mastic, la livre estimée vingt-cinq sols, doit deux sols
un denier, ———————————— 2 ß 1 ₰

Marroquin & Cordoüans de toutes sortes, la douzaine
1 ß estimée douze livres, doit une livre, ———— 1 ₶

Marroquin d'Espagne, la douzaine estimée vingt-
2 ß quatre livres, doit deux livres, ———— 2 ₶

Marroquin de Levant, la douzaine estimée trente
2 ß 6 ₰ livres, doit cinquante sols, ———— 2 ₶ 10 ß

Melons, la livre estimée un sol six deniers, doit un
denier obole, ———————————— 1 ₰ ½

Merlus, le millier estimé soixante livres, doit cinq
5 ß livres, ———————————— 5 ₶

Mercerie meslée, où sont cõprises les danrées & marchandises cy-aprés declarées, demi ostades, manthes de Cathalogne, & semblables; Couvertures, coutils, filozelles de toutes sortes & couleurs; Capiton de soye, rubans de filozelle & d'autres sortes de soye, frange de filozelle hors de soye, ceintures de toutes sortes, cordons de toutes sortes, dehors or & soye, passemens de capiton de soye, filozelle, sayette ou fil, chapeaux de toutes sortes & façons, Orpeau, & tout autre petit cuir chargé d'or, Peaux de cuir blanches & teintes, écritoires, plumes de Hollande & autres, jettons, gans, mitaines de laine & autres, moufles de laine & autres, couteaux, cizeaux, forces, canivets, & semblable quin-

callerie, feuſtres,pouſſellieres, mors de bride, bottes, étriers,éperons, ſangles, fil d'Eſpinay, fil blanc & teint de Paris, Lyon ou ailleurs, éguilles, éguillettes de toutes ſortes, demy-ſeins, tabourets, poupées, beaux moulles, plumes d'Aûtruche appreſtées, ſonnettes, écouvertes, époussettes, miroirs & peignes, êtuis,raquettes,cordes de boyaux, fil d'Arbaliſte, Pate-noſtres ſans orphevrerie ; verres, taſſes, coupes & baſſins de chriſtalin de Veniſe ou d'ailleurs ; coffres à bahu, boëttes ferrées, bougettes, malles & mallettes de cuir ou autrement,êpingles,cartes,dez, & generalement toutes ſortes de merceries de Paris,Roüen,Lyon,Limoge, & autres lieux & endroits de ce Royaume, qui ne ſont cy-deſſus compriſes, declarées, appreciées & eſtimées, le cent peſant poids de marc, y comprins tonneaux, bales, paniers, & ſerpilieres, cordes, & tout autre embalage vingt-cinq livres le quintal,
2 ß 1 ₰ doit quarante-un ſol huit deniers, ——— 2 £ 1 ß 8 ₰

Et pour la reapreciation cinq livres, doit huit
5 ₰ ſols quatre deniers, ——— 8 ß 4 ₰

Miel de toutes ſortes eſtimé deux ſols ſix deniers la livre, qui revient pour quintal à douze livres dix ſols, doit une livre dix deniers, ——— 1 £ 10 ₰

Mirabolans,Embelicqs, & citrons confis,la livre eſti-
4 ₰ mée quatre livres, doit ſix ſols huit deniers, ——— 6 ß 8 ₰

Mirabolans Embelicqs, Citrons, Rebus bellois, & judes ſecs, chacun d'iceux eſtimé cinq ſols, doit cinq deniers, ——— 5 ₰

Mirrhe,la livre eſtimée trois ſols,doit trois deniers,— 3 ₰

Moutons & brebis, chacun eſtimé quarante ſols, doit
2 ₰ trois ſols quatre deniers, ——— 3 ß 4 ₰

Et pour la reapreciation dix ſols, doit dix deniers, ——— 10 ₰

½ Momie, la livre eſtimée douze ſols, doit un ſol, ——— 1 ß

Muſcade, la livre eſtimée vingt ſols, doit un ſol huit
1 ₰ deniers, ——— 1 ß 8 ₰

Muſc,la livre eſtimée deux cens cinquante livres, doit
1 £ 10 ₰ vingt livres ſeize ſols huit deniers, ——— 20 £ 16 ß 8 ₰

Muſquin ou Meſquin, la livre eſtimée ſept ſols ſix de-

niers,

niers, doit sept deniers obole, ———— 7 ₰ $\frac{1}{2}$

Meules de moulin de toutes sortes, la piece estimée
5 ß soixante livres, doit cinq livres, ———— 5 ℒ

Mules & mulets, tant à Selle qu'à porter Bât, estimez
5 ß soixante livres piece, doit cinq livres, ———— 5 ℒ

Et pour la reapreciation trente livres, doit deux
2 ß 6 ₰ livres dix sols, ———— 2 ℒ 10 ß

Mules & Mulets de la moyenne forme, estimez trente-six livres piece, doit trois livres, ———— 3 ℒ

Meules affiloires, estimées trois livres piece, doit
3 ₰ cinq sols, ———— 5 ß

## N

NOix muscades rompuë, la livre estimée douze sols, doit un sol, ———— 1 ß

Noix de galle, la livre estimée trois sols, doit trois deniers, ———— 3 ₰

Noix d'Inde, la livre estimée trois sols, doit trois den. 3 ₰

Noix de Cipre, la piece estimée six deniers, doit obole. $\frac{1}{2}$

Noix vomiques, la piece estimée six den. doit obole. $\frac{1}{2}$

## O

OLives d'Espagne, la livre estimée deux sols six deniers, qui revient le quintal à quatorze livres trois sols quatre deniers, doit une livre trois sols sept deniers, ———— 1 ℒ 3 ß 7 ₰

Olives de Genes, Provence & Languedoc, estimées trois sols la livre, doit trois deniers, ———— 3 ₰

Oppium, estimé vingt-cinq sols la livre, doit deux sols un denier, ———— 2 ß 1 ₰

Oppopanax, la livre estimée trente-deux sols, doit deux sols huit deniers, ———— 2 ß 8 ₰

Oranges, le millier estimé vingt sols, doit un sol huit
1 ₰ deniers, ———— 1 ß 8 ₰

Orpimem, la livre estimée cinq sols, doit cinq deniers, 5 ₰

Or & Argent trait & filé, la livre estimée vingt livres,
1 ß 8 ₰ doit trente-trois sols quatre deniers, ———— 1 ℒ 13 ß 4 ₰

Or & Argent traict & filé faux, la livre estimée cinq
5 ₰ livres, doit huit sols quatre deniers, ———— 8 ß 4 ₰

Orillons de toutes bêtes à faire colles, le quintal esti-
1 ₰ mé vingt sols, doit un sol huit deniers, ———— 1 ß 8 ₰

Orge, le muid estimé seize livres, qui revient la charge

à quarante

à quarante-quatre sols, doit trois sols huit deniers, — 3 ß 8 ₰
Et pour la reapreciation cinquante-six sols, doit
quatre sols huit deniers, — 4 ß 8 ₰

Ostade d'Angleterre de toutes sortes le quintal estimé septante livres, doit cinq livres seize sols huit
1 ß 10 ₰ deniers, — 5 £ 16 ß 8 ₰

P

PAille, la charetée estimée dix sols, doit dix den. 10 ₰

Papier blanc à écrire ou à imprimer de toutes sortes, le quintal estimé huit livres, doit treize sols
8 ₰ quatre deniers, — 13 ß 4 ₰

Parchemin de Bretagne, Normandie, & d'ailleurs, la grosse estimée vingt livres, doit trente-trois sols
1 ß 8 ₰ quatre deniers, — 1 £ 13 ß 4 ₰

Pastel ou poudre d'Ecarlate, la livre estimée trois livres dix sols, doit cinq sols dix deniers, — 5 ß 10 ₰

Pastel ou poudre de Gueldres, la livre estimée un sol,
5 ₰ doit pour quintal huit sols quatre deniers, — 8 ß 4 ₰
Et pour la reapreciation, le quintal estimé cinq
5 ₰ livres, doit huit sols quatre deniers, — 8 ß 4 ₰

Passemens, & tous autres ouvrages & tissures, Rubans, cordons, treisses, coiffes, & franges mêlées d'or & d'argent, crêpes & autres ouvrages, ou autre or & argent, la livre estimée dix-huit livres,
1 ß 6 ₰ doit trente sols, — 1 £ 10 ß

Passemens d'or & d'argent faux, la livre estimée six
6 ₰ livres, doit dix sols, — 10 ß

Passemens, Rubans, Cordons, & tissures de soye de toutes sortes & couleurs, la livre estimée huit li-
8 ₰ vres, doit treize sols quatre deniers, — 13 ß 4 ₰

Peaux de Mouton, de Bouc, & Chevre, avec la laine & le poil, la douzaine estimée trois livres, doit
3 ₰ cinq sols, — 5 ß
Et pour la reapreciation vingt sols, doit un sol
1 ₰ huit deniers, — 1 ß 8 ₰

Peaux de veaux tannées, accoûtrées en basanne, la douzaine estimée cinq livres, doit huit sols quatre
5 ₰ deniers, — 8 ß 4 ₰
Et pour la reapreciation quatre livres, doit six
4 ₰ sols huit deniers, — 6 ß 8 ₰

Peaux

Peaux d'Agneaux en laine, la douzaine estimée douze sols, doit un sol, ——— 1 ß

Pelleterie de quelques sortes & pays que ce soit, comme Renards, Loutres, Foynes, Pitois, Connils creus & ouvrez, & doubleaux, le quintal estimé quinze livres y compris les tonneaux, cordes, & serpillieres, & tout autre embalage, doit vingt-cinq
1 ß 3 δ sols, ——— 1 ℒ 5 ß

Pencedás, la livre estimée trois sols, doit trois deniers, 3 δ

Pignons, la livre estimée quatre sols, doit quatre deniers, ——— 4 δ

Pirette, la livre estimée deux sols, doit deux deniers, 2 δ

Pierre ponce, la livre estimée deux sols, doit deux deniers, ——— 2 δ

Pierre d'Aimand, la livre estimée quatre sols, doit quatre deniers, ——— 4 δ

Pistaches, la livre estimée quatre sols, doit quatre deniers, ——— 4 δ

Plomb, la livre estimée un sol, doit pour quintal huit
5 δ sols quatre deniers, ——— 8 ß 4 δ

Plumes d'Aûtruche en caisse non apprestées, le millier estimé cent livres, doit huit livres six sols huit de-
1 ß 4 δ niers, ——— 8 ℒ 6 ß 8 δ

Poisson frais gros, estimé quatre livres le quintal, doit
4 δ six sols huit deniers, ——— 6 ß 8 δ

Poisson frais menu, estimé quarante sols le quintal,
2 δ doit trois sols quatre deniers, ——— 3 ß 4 δ

Poisson salé de mer, comme Marsoüin, Baleine, Ton, Anchoyes, & tout autre poisson de mer, le quintal estimé sept livres dix sols, doit douze sols six deniers, ——— 12 ß 6 δ

Poix-Raisine de toutes sortes noire & blanche, la livre estimée un sol, qui revient le quintal à cinq li-
5 δ vres, doit huit sols quatre deniers, ——— 8 ß 4 δ

Pommes, Poires, & autres fruits, la charge de cheval ou jument, estimée vingt sols, doit un sol huit de-
1 δ niers, ——— 1 ß 8 δ

Pourcellets de six mois, estimez chacun trente sols, doit deux sols six deniers, ——— 2 ß 6 δ

Et pour la reapreciation dix sols, doit dix den. — 10 δ

Porcs & Truyes,eſtimez chacun quatre livres,doit ſix
4 ₰ ſols huit deniers, ———————— 6 ß 8 ₰

Et pour la reapreciation quarante ſols,doit trois
2 ₰ ſols quatre deniers, ———————— 3 ß 4 ₰

Poivre de toutes ſortes, la livre eſtimée quinze ſols,
doit un ſol trois deniers, ———————— 1 ß 3 ₰

Poullains,& Jumens,Mulles & Mullets pour labourer,
la piece eſtimée quinze livres, doit vingt-cinq
1 ß 3 ₰ ſols, ———————— 1 ₤ 5 ß

Et pour la reapreciation quinze livres, doit
1 ß 3 ₰ vingt-cinq ſols, ———————— 1 ₤ 5 ß

Pruneaux de toutes ſortes, la livre eſtimée huit deniers,qui revient le quintal à trois livres ſix ſols huit
deniers, doit cinq ſols ſix deniers, ———————— 5 ß 6 ₰

Et pour la reapreciation trente-quatre ſols,doit
deux ſols dix deniers, ———————— 2 ß 10 ₰

R

RAiſins de Damas,& de Corinthe,la livre eſtimée
quatre ſols, doit quatre deniers, ———————— 4 ₰

Raiſins & Figues de Languedoc & Provence,& autres,
eſtimez un ſol la livre, qui revient le quintal à cinq
5 ₰ livres, doit huit ſols quatre deniers, ———————— 8 ß 4 ₰

Reubarbe,la livre eſtimée douze livres,doit une livre, 1 ₤

Reupetroque,la livre eſtimée douze deniers, doit un
denier, ———————— 1 ₰

Roche de Bourras,la livre eſtimée cinquante ſols,doit
quatre ſols deux deniers, ———————— 4 ß 2 ₰

Reagal,la livre eſtimée quatre ſols,doit quatre den.— 4 ₰

Reglice,la livre eſtimée un ſol,doit un denier, ——. 1 ₰

Rozette,la livre eſtimée cent ſols, doit huit ſols qua-
5 ₰ tre deniers, ———————— 8 ß 4 ₰

Ris, eſtimé un ſol la livre qui revient à cinq livres le
5 ₰ quintal, doit huit ſols quatre deniers, ———————— 8 ß 4 ₰

S

SAffran de toutes ſortes,la livre eſtimée huit livres,
8 ₰ doit treize ſols quatre deniers, ———————— 13 ß 4 ₰

Sagapin, la livre eſtimée vingt-deux ſols, doit un ſol
dix deniers, ———————— 1 ß 10 ₰

Salgemme,la livre eſtimée trois ſols,doit trois den.— 3 ₰

Salvitre,la livre eſtimée trois ſols,doit trois deniers,— 3 ₰

Salicor

| | | |
|---|---|---|
| | Salicor ou Sambde, le quintal estimé trente sols, doit deux sols six deniers, | 2 ß 6 ₰ |
| | Sang de dragon fin, la livre estimée trente sols, doit deux sols six deniers, | 2 ß 6 ₰ |
| | Sang de dragon moyen, la livre estimée douze sols six deniers, doit un denier obole, | 1 ₰ ½ |
| | Savon de Castres, & Gayette, & tout autre pays, la livre estimée deux sols, doit deux deniers, | 2 ₰ |
| | Savon liquide, la livre estimée un sol, doit un denier, | 1 ₰ |
| | Sarquocolles, la livre estimée douze sols, doit un sol, | 1 ß |
| | Sebettes, la livre estimée sept sols six deniers, doit sept deniers obole, | 7 ₰ ½ |
| | Seigle, le muid estimé vingt livres, qui revient la charge à cinquante-trois sols quatre deniers, doit quatre sols cinq deniers obole, | 4 ß 5 ₰ ½ |
| | Et pour la reapreciation trois livres six sols six deniers, doit cinq sols six deniers obole, | 5 ß 6 ₰ ½ |
| | Sené de Levant, la livre estimée douze sols, doit un sol, | 1 ß |
| 2 ß 1 ₰ | Semences de Perles, la livre estimée vingt-cinq livres, doit quarante-un sol huit deniers, | 2 ₶ 1 ß 8 ₰ |
| 1 ₰ | Sel Ammoniac, la livre estimée vingt sols, doit un sol huit deniers, | 1 ß 8 ₰ |
| | Senegre, la livre estimée trois deniers, qui revient pour quintal vingt-cinq sols, doit deux sols un denier, | 2 ß 1 ₰ |
| 4 ß 7 ₰ | Serges drapées d'Italie, Lombardie & ailleurs, & de toutes couleurs, le quintal estimé cinquante-cinq livres, doit quatre livres unze sols huit deniers, | 4 ₶ 11 ß 8 ₰ |
| 1 ß 8 ₰ | Et pour la reapreciation vingt livres, doit trente-trois sols quatre deniers, | 1 ₶ 13 ß 4 ₰ |
| 5 ₰ | Soyes cuites & cruës de toutes sortes, la livre estimée cinq livres, doit huit sols quatre deniers, | 8 ß 4 ₰ |
| | Soulfre vif, la livre estimée un sol, doit un denier, | 1 ₰ |
| 2 ₰ ½ | Soulfre commun ou noir, la livre estimée six deniers, qui revient pour quintal à cinquante sols, doit quatre sols deux deniers, | 4 ß 2 ₰ |
| | Spica nardi, la livre estimée trente sols, doit deux sols six deniers, | 2 ß 6 ₰ |
| | Spica celtica, la livre estimée six sols doit six deniers, | 6 ₰ |
| | Spodex, la livre estimée six sols, doit six deniers, | 6 ₰ |
| | Squinais aborus, la livre estimée quatre sols, doit quatre | |

tre

| Denier S. André | | Droits Forains |
|---|---|---|
| | tre deniers, | 4 ₰ |
| | Squille marine, la livre estimée deux sols, doit 2. den. | 2 ₰ |
| 1 ₰ | Stecade, la livre estimée six sols, doit six deniers, | 6 ₰ |
| | Stinx, la livre estimée vingt sols, doit un sol 8. deniers, | 1 ß 8 ₰ |
| | Storax calami, la livre estimée quinze sols, doit un sol trois deniers, | 1 ß 3 ₰ |
| | Storax liquide, la livre estimée cinq sols, doit cinq den. | 5 ₰ |
| | Suif de toutes sortes, un sol six deniers la livre qui revient le quintal à sept livres dix sols, doit douze sols six deniers, | 12 ß 6 ₰ |
| | Sucre de toutes sortes six sols la livre, doit six deniers, | 6 ₰ |
| | Sublimé, la livre estimée quatre sols, doit quatre den. | 4 ₰ |
| | Sumac, la livre estimée un sol, doit un denier, | 1 ₰ |
| | **T** | |
| 1 ₰ | TAlech, la livre estimée vingt sols, doit un sol huit deniers, | 1 ß 8 ₰ |
| 16 ß 8 ₰ | Tapisserie fine de Paris, de marche ou haute lice, sans or, valeur de cent sols l'aune & au dessous, en ce compris, serpillieres, cordes, & tous autres embalages, le quintal estimé deux cens livres, doit seize livres treize sols quatre deniers, | 16 ₤ 13 ß 4 ₰ |
| 6 ß 3 ₰ | Tapisserie de Flandre & d'ailleurs, excepté feletin au dessous de cent sols l'aune dudit Paris, le quintal estimé septante-cinq livres, doit six livres cinq sols, | 6 ₤ 5 ß |
| 4 ß 2 ₰ | Tapisserie ou tapis de Filletin d'Auvergne, de Lorraine, & autres semblables, le quintal estimé cinquante livres, doit quatre livres trois sols quatre deniers, | 4 ₤ 3 ß 4 ₰ |
| 10 ₰ | Et pour la reapreciation dix livres, doit seize sols huit deniers, | 16 ß 8 ₰ |
| 5 ß | Tapis velus de Turquie ou d'ailleurs, le quintal estimé soixante livres, doit cinq livres, | 5 ₤ |
| | Tamarins, la livre estimée sept sols six deniers, doit sept deniers obole, | 7 ₰ ½ |
| 3 ß 1 ₰ ½ | Terebentine ou Bigeon de Venise, la livre estimée sept sols six deniers, revient le quintal à trente-sept livres dix sols, doit trois livres deux sols six deniers, | 3 ₤ 2 ß 6 ₰ |
| | Terebentine commune, un sol la livre, doit un denier, | 1 ₰ |

Turbith

| Denier S. André | | Droits Forains |
|---|---|---|
| 10 ₰ | Thurbith, la livre estimée dix livres, doit seize sols huit deniers, | 16 ß 8 ₰ |
| 4 ß 2 ₰ | Toilles blanches de toutes sortes, compris le linge délié, ouvré ou non ouvré pour table, le quintal estimé cinquante livres, doit quatre livres trois sols quatre deniers, | 4 £ 3 ß 4 ₰ |
| 1 ß 3 ₰ | Et pour la reapreciation quinze livres, doit vingt-cinq sols, | 1 £ 5 ß |
| 2 ß 1 ₰ | Toilles creuës de toutes sortes, compris le gros linge de table ouvré ou nõ ouvré, le quintal estimé vingt-cinq livres, doit quarante-un sol huit deniers, | 2 £ 1 ß 8 ₰ |
| 5 ₰ | Et pour la reapreciation cinq livres, doit huit sols quatre deniers, | 8 ß 4 ₰ |
| | Tourne-sol la livre estimée six sols, doit six deniers, | 6 ₰ |
| | Tutie, la livre estimée douze sols, doit un sol, | 1 ß |
| | **V** | |
| 1 ß 3 ₰ | VAches estimées quinze livres piece, doit vingt-cinq sols, | 1 £ 5 ß |
| 10 ₰ | Et pour la reapreciation dix livres, doit seize sols huit deniers, | 16 ß 8 ₰ |
| 6 ₰ | Verres de toutes sortes, excepté ceux de Venise dont est cy-dessus fait mention en l'article de la mercerie, le quintal estimé six livres, doit dix sols, | 10 ß |
| 3 ₰ | Et pour la reapreciation trois livres, doit cinq sols, | 5 ß |
| | Vermillon, la livre estimée dix sols, doit dix deniers, | 10 ₰ |
| | Verd de gris, la livre estimée quatre sols, doit quatre deniers, | 4 ₰ |
| | Vernis à peindre, la livre estimée vingt-cinq sols, doit deux sols un denier, | 2 ß 1 ₰ |
| 1 ß 8 ₰ | Verres en Table à faire vitres de toutes couleurs, la charettée estimée vingt livres, doit trente-trois sols quatre deniers, | 1 £ 13 ß 4 ₰ |
| | Veau estimé cinquante sols, doit quatre sols deux deniers, | 4 ß 2 ₰ |
| 1 ß 6 ₰ | Vin de quelque pays & endroit que ce soit, le muid mesure de Languedoc, estimé dix-huit livres, doit trente sols, | 1 £ 10 ß |
| 5 ₰ | Vinaigre & verjus mesure que dessus, le muid estimé cinq livres, doit huit sols quatre deniers, | 8 ß 4 ₰ |

| Denier S. André | | Droits Forains |
|---|---|---|
| | Vif argent, la livre estimée huit sols, doit huit den. | 8 ₰ |
| | Vitriol verd, la livre estimée deux sols six deniers, qui revient pour quintal à douze livres dix sols, doit une livre dix deniers, ——— | 1 ₤ 10 ₰ |
| 7 ₰ ½ | Vitriol blanc, la livre estimée un sol six deniers, qui revient le quintal à sept livres dix sols, doit douze sols six deniers, ——— | 12 ß 6 ₰ |
| 10 ₰ | Vieux linge, doit pour quintal seize sols huit deniers, | 16 ß 8 ₰ |
| | Vieux drapeaux, doit pour quintal quatre sols, ——— | 4 ß |

*Et pour les Marchandises & Danrées qui ne sont cy-dessus specifiées ny designées, lors qu'elles seront portées hors le Royaume, ou aux Provinces où les Aydes n'ont cours, elles seront appreciées & evaluées moderement, & les droits d'icelles payez à raison de vingt deniers pour livre, comme il est porté par l'Edit de reapreciation desdites marchandises; & un denier pour livre dudit denier S. André, aux endroits où il se paye.*

*Marchandises*

## *Marchandises & Danrées sujettes aux Droits de Traite-Domanialle, lequel droit se paye outre & par dessus les susdits droits.*

PREMIEREMENT.

| | |
|---|---|
| Pour chacune charge de bled, quinze sols, | 15 ß |
| Pour chacune charge de Mesteil ou Seigle, dix sols, | 10 ß |
| Pour chacune charge d'Orge, Avoyne, Legumes, sept sols six deniers, | 7 ß 6 ₰ |
| Pour chacun muid de vin mesure de Languedoc, suivant la supputation des mesures & liquidation dudit droit, faite sur les Edits & Declarations du Roy, & Arrests de son Conseil, trois livres seize sols, | 3 ₤ 16 ß |
| Pour chacun ballot de toille blanche de la grandeur accoûtumée, neuf livres, | 9 ₤ |
| Pour chacun ballot de Canevas ou Ollonne, treillis, & toute autre toille teinte, quatre livres dix sols, | 4 ₤ 10 ß |
| Pour chacune charge de chastaignes du poids de trois quintaux, dix sols, | 10 ß |
| Pour chacun Bœuf, Vache, Mullet, Cheval ou Jument de quelque qualité qu'ils soient trente sols, | 1 ₤ 10 ß |
| Pour chacun Pourceau, Mouton ou Brebis, cinq sols, | 5 ß |

*Au payement desquels droits toutes personnes seront contraintes comme pour les propres deniers & affaires du Roy, nonobstant tous Privileges, Franchises & exemptions, suivant le Bail du Fermier, & Arrests de verification d'iceluy de la Cour des Comptes, Aydes & Finances de Montpellier, du vingt-cinquiéme Octobre mil six cens quarante-un.*

www.ingramcontent.com/pod-product-compliance
Ingram Content Group UK Ltd.
Pitfield, Milton Keynes, MK11 3LW, UK
UKHW021130260726
13994UKWH00001B/77

9 782329 332710